장경동 목사의
**부흥하는 교회
살아있는 설교**

장경동 목사의
부흥하는 교회
살아있는 설교

• 초판 1쇄 발행 2013년 2월 12일

• 지은이 장경동
• 펴낸이 정종현
• 펴낸곳 도서출판 누가

• 등록번호 제20-342호
• 등록일자 제2008. 8. 30
• 주소 서울시 강서구 염창동 282-19 현대아이파크상가 B 102호
• 전화 02-826-8802 팩스 02-826-8803

• 정가 12,000원
• ISBN 978-89-92735-75-9 03230

장경동 목사의 목회 성공하기, 설교 성공하기

장경동 목사의
부흥하는 교회
살아있는 설교

장경동 지음

도서출판
누가

청중을 깨어있게 만들어야 하는 것은 설교자의 필수과제입니다. 청중이 말씀에 깨어있고, 꿀보다 더 달콤한 하나님의 말씀을 맛보게 하려면 먼저 정신을 차리도록 해야 하고 흥미진진한 눈빛으로 목사를 바라보게 해야 합니다. 그러나 피조물에 불과한 목사가 어떻게 청중의 마음과 정신을 그렇게 만들겠습니까? 그래서 많은 설교자들은 자신은 최선을 다해 설교하고 청중의 마음은 하나님의 손과 은혜에 맡길 뿐이라는 태도로 설교에 임합니다.

그러나 그것이 성경적 원리일지라도, 목사로서의 양심과 책임감은 거기에서 멈출 수 없습니다. 사도 바울의 간절하고 애타는 심정을 또 하나의 나의 원리로 삼을 수밖에 없습니다. 하지만 부족한 종은 재주가 미욱하여, 말씀을 붙잡고 가슴을 두드릴 때가 많고, 설교할 때 청중의 힘없는 눈빛을 바라보고 졸음을 못이기는 모습을 보면 정말 견딜 수 없이 괴롭고 안타까웠습니다. 해서, 청중을 웃겨서라도 졸음을 깨우고 정신을 차리게 해주자. 재밌게 말씀을 먹여주자고 결심했고, 그 방법을 찾으며 부단히 노력하다보니, 어느새 "웃기는 목사," "재밌는 설교"가 되었습니다. 그러나 그것은 수단입니다.

그렇습니다. 청중을 아무리 재밌게 만들어도, 개그맨보다 더 웃겨도 정작 말씀이 부족하면 그 모든 것이 헛되기 때문입니다. 한바탕 크게 웃는 것도 즐거운 마음을 갖는 것도 건강과 행복한 삶에 도움이 된다지만 말씀이 없으면 영원한 구원을 받지 못하고, 말씀의 함량이 미달하면 기력이 없고 맥없는, 결국 무익하고 병든 양 밖에 남지 않기 때문입니다. 그러므로 설교자가 준비해 두어야 할 결정타는 "웃음코드"가 아니라 잘 준비된 말씀에 있습니다.

본서는 말씀아카데미에서, 어떻게 하면 좋은 설교자가 되고 좋은 설교를 준비할 수 있는지에 관해 동역자들과 함께 한 것들을 정리한 것입니다. 설교학이라는 학문적 이론의 차원에서 잘 정돈된 학설이 아니라 실제적 차원에서 나의 경험과 깨달음을 정리하면서 동역자들과 나눈 기록들입니다.

해놓은 밥을 먹는 것은 밥을 하고 반찬을 준비하는 것보다 쉽습니다. 10분이면 먹을 수 있는 식사를 준비하기 위해, 주부는 가족들의 건강을 생각하며 그 20배에 해당하는 시간을 쏟아 붓습니다. 게으른 주부는 마트에 가서 햇반을 사다가 전자렌지에 돌려 식탁에 내놓습니다. 그리고는 자기 편하기 위한 게으름을 간편 이라는 단어로 손쉽게 미화합니다. 이런 시대에 나는 이 책을 통해 자기 손으로 농사를 지어 알곡을 수확하여 가족들을 먹이는 농부 겸 주부가 되라고 말하고 있습니다. 설교에 관한 내 가치관에 동의하는 분들에게 저는 손을 내밀고 싶습니다. 우리가 함께 갈 수 있는 만큼이라도 손을 붙잡고 함께 가자는 것입니다. 우리의 맞잡은 손을 통해, 말씀에 더욱 충만하고 능통한 사역자들이 많이 나와 다음 세대를 만들어가기를 진심으로 원합니다.

2013. 1.

장 경동 목사

설교자가 마음과 정성을 다하여 쓰는 것은
설교자를 부르신 하나님의 위대한 명령을
받아 적고 되새김질하는 것이다.
무슨 의미인지 알아듣고 깊은 것을
들여다 볼 눈이 열릴 때까지 반복하는
자세야말로 하나님을 영화롭게 하는
올바른 자세이다.
하나님의 임재하심이 함께 하는
성공적인 설교는 여기에서 시작된다.

I.

성공을 연습해야
성공한다

나는 단지 은혜를 끼칠 목적으로만 설교하지 않는다. 성공적인 목사로 남고 싶다. 그렇게 되기 위해서는 반드시 설교에 성공하기 위해 철저히 준비한다. 대개 한편의 설교에 A4 여섯 장 정도의 원고를 준비한다. 설교원고를 준비하는 일은 누구나 그렇겠지만 나 역시 성경본문을 읽는 것으로 시작한다. 처음에는 성경본문을 확정하기 위해 충분히 만족스러울 때까지 반복해서 읽는다. 그리고 원고를 작성하지만 설교원고를 만족스럽게 작성하였다고 해서 설교준비가 끝난 것은 아니다. 설교를 하면서 반드시 끊어 읽어야 할 부분에 일일이 빗금을 치고, 필요한 부분에 밑줄을 치는 등의 작업도 설교준비의 중요한 부분이다. 끊어 읽어야 할 부분에 빗금을 치는 일은 특히 중요하다. 끊어야 할 곳에서 잊지 않고 반드시 끊어 읽기 위해서다. 설교의 가치는 목사가 강대상에서 말한다는 것보다는 목사의 말을 회중이 명확하게 알아듣는 데 있다. 설교를 준비할 때 문장을 소리 내어 읽는 것이 어느 부분에서 명확하게 끊어주어야 회중이 헷갈리지 않는지를 찾아내기가 훨씬 쉽다. 그래서 표시를 해둔다. 목사가 제 흥에 도취되어 떠들다가 엉뚱한 의미를 전달하면 안 된다. 원고를 보고 그대로 읽는 훈련을 해두어야 한다. 이 요령과 훈련은 생각 밖으로 중요하다. 예를 들어 보자.

"오늘도참좋은 날성스러운주일아침에…"

이런 식으로 말하는 사람이 의외로 많다. 우리나라 사람이 우리나라 말로 하니까 대충 알아들어 문제가 없다고 생각하고 계속해서 이렇게 말한다. 하지만 크게 성공한 설교자들 가운데 표준어보다 사투리를 쓰는 사람들이 의외로 많다. 표준어는 단조로워서 귀에 쏙쏙 박히게 설교하기가 쉽지 않지만 사투리는 특유의 억양과 리듬이 살아 있다. 그래서 사투리가 어느 정도 가미된 언어가 대중적 설교에 유리한 면이 있다. 설교를 위한 발성훈련 없이 대충 말해도 알아들을 수 있는 이유는 문장에 특별한 용어가 없기 때문이고, 그 말투에 익숙해져 있기 때문이다. 그래서 문장에 복잡한 내용이 들어가거나, 설교자의 말투에 익숙하게 길들어 있지 않으면 알아듣기 힘들다. 자, 아래 문장을 보자.

"오늘도참 / 좋은날성스러운 / 주일아침에…"

"오늘도 / 참 / 좋은날 / 성스러운 / 주일아침에…"

"오늘도 / 참- 좋은 날 / 성스러운 주일 / 아침에…"

이 세 문장을 장단고저를 떠나서 먼저, 빗금친 부분에서 끊어서 읽으면서 말이 주는 느낌과 미묘한 차이를 느껴보라. "성스러운주일 아침에"라는 부분만 다시 확인해 보자.

"성스러운주일아침에"

"성스러운 / 주일아침에"

"성스러운주일 / 아침에"

"성스로운 / 주일 / 아침에"

좋은 설교의 미덕은 청중이 알아듣기 쉽게 정확하게 전달해주는 데에 있다. 또박또박 발음해주고 끊어주어야 듣는 사람이 쉽게 알아 듣는다. 설교의 내용이 들을만할수록, 충실도가 높을수록 평신도 입장에서는 그만큼 어려운 설교일 수 있다. 그런데 설교자가 사용하는 말투에 신경을 쓰다보면 당연히 내용에서 놓치는 부분이 많아진다. 알아듣기가 쉽지 않으면 대충대충 듣게 되고 무심하게 흘려버리는 것이 사람이다. 그래서 설교자는 설교원고를 악보처럼, 강약 고저장단을 나타내는 기호를 표시해놓고 설교를 연주하듯 하는 것이 이상적이다. 그렇게까지는 못해도 또박또박 알아듣기 쉽게 말해주기 위해 미리 읽는 연습을 해두는 것이 현명하다. 꾸준히 연습해야 읽는 실력도 는다. 끊어 읽는 연습을 하지 않는다는 것은 청중을 지루하게 만들고 더 이상 듣고 싶지 않도록 만드는 지름길이 된다. 그러므로 끊어 읽기를 연습하지 않는 것은 실패를 연습하는 셈이다. 실패를 반복적으로 연습하면서 성공을 간절히 기대해봤자 성공할 리가 없다. 성공을 원한다면 성공을 연습하라.

나는 설교원고를 여섯 매정도 준비한다고 언급했다. 대개의 설교자들은 감동이 오는 본문을 찾아 대강 훑어보면서 이 메시지를 전하면 되겠다 하는 감이 오면, 그 메시지를 대지와 소지로 나누고 그 대지와 소지를 설명해줄 예화를 덧붙인다. 이것은 성경의 말씀 그 자체보다는 설교 준비자의 머릿속에 있는 생각을 정리해서 말하는 것에 불과할 때가 많다. 그래서 설교자가 한 교회에서 설교를 많이 하다보면 자기도 모르는 사이에 판박이처럼 늘 똑같은 설교를 하게 된다. 이런 결과를 피하거나 숨기기 위해 예화에 더 매달린다. 이렇게 되면 사실상 성경본문 자체를 연구하고 증거 하는 시간이 줄어든다. 악순환인 셈이고, 이 방법이 성공할수록 오히려 악한 결과를 벗어나지 못하게 된다. 결과적으로 볼 때, 이런 방식을 반복하는 설교자는 아무리 말재간이 좋아도 이미 실패의 길에 들어선 셈이다.

나의 방법을 말하자면, 나는 설교를 작성할 때 성경본문을 잡은 뒤, 그 본문을 별도의 용지에든 이면지에든 대학노트에든 차례대로 옮겨 쓴다. 본문 그대로 한 절씩 쓰기도 하고 한 문장씩 쓰기도 한다. 한 문장을 한 단위로 해서 옮겨 쓰는 것이 더 낫다. 이 방법은 학부 때 국문학을 가르치던 교수님이 내준 숙제로부터 힌트를 얻은 것이다. 1학년 국문학 개론을 가르치던 그 교수님은 한글 성경을 노트에 현대의 맞춤법과 띄어쓰기에 맞춰 써오라는 숙제를 내주곤 하셨다. 생각보다 어려운 숙제였다. 하지만 실제로 해보니 성경의 의미에 대해 깊이 생각하게 만드는 좋은 방법이었다. 맞춤법과 띄어쓰기를 이리저리 해보면서 성경의 단어와 문장의 의미, 내용의 흐름을 좀 더 정확하게 이해하려고 애를 쓰게 되기 때문이다. 그것은 마치 조종사가 수백, 수천 시간을 비행하고 셀 수 없이 안전점검을 한 탓에 눈을 감고도 무엇을 점검해야 할지 줄줄 외우면서도 조종석에 앉을 때마다 별도의 체크리스트와 일일이 대조하면서 안전점검을 하는 것과도 같다.

설교자가 설교를 준비하기 위해 각종 자료를 참고하지만 성경과 진정으로 씨름하지 않는다면 어떻게 될까? 불완전한 인간이 몇 번 설교해본 뒤에 더 이상 씨름하지 않아도 된다고 여겨도 될 만큼 가벼운 부분이 있을까? 설교자가 씨름할 필요성을 느끼지 않는 본문이라면 본문을 잘못잡은 것이다. 씨름하면서 준비하지 않은 설교는 신자들에게 생기와 능력을 불어넣어주지 못 할 것이다. 그렇게 무심하고 게으른 설교자는 영양실조에 걸리고 성령 하나님은 역사하지 않으실 것이다. 설교자는 청중보다 성경을 깊고 자세히 읽어야 한다. 깊이 파고 내려가야 한다. 그 가장 쉬운 방법은 쓰는 것이다.
훈련이 충분히 안 된 사람은 성경말씀이 가슴에 와 닿을 때까지 반복해서 쓰는 것이 좋다. 쓰면서 내용상 서로 연결된 부분, 주장과 부연설명, 인과관계 등을 확실하게 감을 잡고 그 각 부분을 좀 더 깊이 연구하면 된다. 문장의 내용은 먼저 저자인 하나님께서 마음에 품으신 생각이다. 하나님이 자신의 생각을 사람들이 알아들을 수 있는 어떤 방식으로 표현해주신 것이 문장 즉, 성경본문이다. 문장의 구성방식을 이해해야 정밀하고 올바른 내용파악이 가능하다. 성경 구절이나 문장의 각 부분을 파악하거나 확인할 때 가장 쉬운 요령은 **육하원칙**에 입각하는 것이다. 하나의 문장은 생각의 한 단위이다. 명확한 생각은 육하원칙에 거의 정확하게 맞아 떨어진다. 그러므로 성경을 틀림없이 파악하였는지를 스스로 확인하고 훈련하는 기본적인 방법이 **육하원칙**이다.

- who(누가): 문장의 주어, 행위자, 주체, 말하는 자를 정확히 확인한다.
- what(무엇을): 행위자가 무엇을 하였는지, 무엇을 하라는지, 그 내용을 확인한다.
- when(언제): 그 행위의 시점이 언제인지를 확인해야 한다. 행위 혹은 동작이 여럿이고 먼저 해야 하는 동작과 나중에 하는 동작이 구별되는지, 동시에 해야 할 동작인지, 순서와는 아무 상관없이 나열한 것인지도 따져봐야 한다. 본문으로 정한 구절에서 알아내지 못한다면 본문의 앞뒤 구절을 통해 찾아야 한다.
- where(어디에서): 주어가 말하는 장소든 그 행위를 실행해야

하는 장소든 그 장소가 어디이며 그 장소가 특별한 의미가 있는 지를 살펴야 한다. 장소를 무심코 보는 경우가 많은데 처음 볼 때와는 달리 관점을 달리해서 보면 장소에 특별한 의미가 있는 경우가 많다.

- why(왜): 행위자가 그 행위를 실행하거나, 말하는 자가 그렇게 말하는 이유를 밝힌다면 그 이유에 주목하고 이해해야 한다. 읽는 자가 지레짐작으로 판단하는 것은 주제넘은 짓이다. 본문 말씀이 이유를 제시하는 그대로 이해하는 자세가 되어 있어야 한다.

- how(어떻게): 본문의 주어가 어떻게 실행하였는지, 독자에게 요구하는 실행방법을 정확하게 이해해야 청중에게 정확한 설교 를 할 수 있다.

어디에, 어떤 방법으로, 어떤 식으로 분석해야 하는지를 처음에는 묻지도 따지지도 말라. 그 이유를 납득하는 것 보다는 일단 쓰는 것 자체가 중요하다. 눈으로 보고 머릿속으로 생각하는 것만으로는 결 코 충분하지 않다. 손으로 쓰는 것 역시 두뇌를 좀 더 깊이 자극하는 방법이다. 눈으로 보고 생각하는 것은 그 자리에 가만히 있는 것이 고, 손으로 옮겨 쓰기 시작하는 것은 성공을 향해 발걸음을 옮기는 것이라고 생각하라.

성경본문을 손으로 쓰면서, 설교를 할 때 청중에게 무엇을 말해주 어야 하는지, 어느 부분을 어떻게 강조해야 하는지, 성령님의 도움을 구하는 절실한 기도를 하라. 성령의 인도하심을 받아 깨닫게 되면 또 다른 종이에 정리해서 기록한다. 이렇게 하면 설교의 요지를 발전시키기 쉽다. 설교의 요점들이 정리되면 설교 대지와 소지라는 설교의 골격을 잡기가 훨씬 더 쉬워진다. 그런데 필요하다면, 그리고 할 수만 있다면, 하나의 본문을 가지고 여러 개의 골격을 잡도록 한다. 설교자는 설교자이지 청중이 아니라는 점을 항상 명심하셔야 한다. 설교자가 마음에 드는 골격은 설교자의 관점에서 설교하고 싶은 것이지 그것이 반드시 청중에게 유익을 주는 것은 아니다.

몇 개의 골격을 정리한 뒤에 해야 할 일은 각 골격을 통해 전달해야 할 메시지의 핵심을 혼자서 설명하는 것이다. 가급적이면 소리를 내서 말해야 한다. 메시지를 준비하면서 소리 내어 말해보는 것은 넋두리가 아니다. 단지 초보자가 하는 하찮은 것이 아니다. 베스트셀러 작가들이 자신의 문장을 최고 수준으로 다듬기 위해 사용하는 기본적이면서도 강력한 방법이다. 탁월한 설교와 연설을 위한 가장 기본적이면서도 효과적인 방법이다. 자기가 들어보고 가장 말이 된다싶은 것을 골라서 설교로 다듬는다. 그런데 여기에서 한 단계 더 나아가는 것이 좋다. **예행연습**이라는 단계이다.

자신의 설교를 좋은 설교를 넘어 탁월한 설교로 발전시키고 싶을 때, 설교자로 성공하고 싶을 때, 예행연습은 필수이다. 거의 모든 실패의 공통적인 원인은 연습부족이다. 그리고 모든 실패를 극복하기 위한 최선의 방책은 연습이다. 최고의 실력자는 최고의 연습벌레들이다. 설교의 영역에서도 별반 다르지 않다. 설교 연습을 혼자 해도 좋지만 아내를 그리고 가능하다면 자녀들도 앞에 앉혀놓고 하는 것이 좋다. 왠지 쑥스럽다고 느껴진다는 것은 아직 뭔가 부족하다는 의미이다. 아내와 자녀들 앞이라 설교하기가 어렵다면 성공적인 설교자가 되기 어렵다. 목사의 아내를 어설프게도 사모라는 이름으로 부른다. 사모라는 이 명칭은 목사와 혼인관계에 있는 여자를 예우하는 호칭에 불과한 것이 아니다. 사모는 남편인 목사의 설교를 거의 다 듣고 그 교회 청중들을 낱낱이 잘 알고 청중들의 반응을 항상 예의주시한다. 담임목사의 사모는 더 하다. 게다가 다른 목사님들의 설교도 많이 들어본다. 남편인 목사보다 설교 듣는 것과 목회에 대한 감이 탁월한 사모도 많다. 그러므로 사모가 은혜 받는 설교는 성공가능성이 매우 높다. 설교를 만들고 연습하는 이 과정을 반복하는 것이 설교자의 과업이다. 이렇게 해서 회중이 은혜 받는 좋은 설교를 만들면서 성공적인 설교자가 되어가는 것이다.

설교의 골격만 가지고도 사모님과 자녀들을 모아놓고 예행연습을 하거나 설교의 내용을 설명하고 대화를 해본 뒤에, 그 반응에 따라 원고 한쪽 구석에 A, B, C 등급을 표시한다. A는 좋은 반응이 있는 경우, B는 연구 보완이 필요한 경우, C는 그 이하의 경우를 나타낸다. 이렇게 준비한 원고를 먼저, 새벽예배 때 사용해 보는 것이 좋다. 새벽예배는 그래도 은혜를 사모하는 성도들이 오기 때문에 부담감이 적다. 새벽설교 할 때에 좋은 반응을 보인 원고에 "A"를 하나 더 써넣는다. 이렇게 더블 A를 받은 자료를 별도의 선반에 간직해 두고, 6개월 정도의 여유를 갖고 각종 자료와 예화로 보충하고 다듬기를 한다. 다듬으면서 숙성시키고 발효시키는 과정을 거쳐야 한편의 성공적인 설교가 마련된다. 그렇게 충분히 숙성시킨 뒤에 주일 낮 예배에서 사용한다. 은혜가 되지 않는 원고를 사용해서는 안 된다. 아까워서 사용하고 싶다면 근본적이고 획기적인 개선을 한 뒤에, 은혜가 되는지 미리 확인해 본 뒤에 사용하도록 한다.

자신이 섬기는 교회의 주일 낮 예배에서 많은 은혜를 끼친 설교라면 다시 두 장 정도로 요약해 놓는다. 본 설교 전체를 충분히 숙지하고 거의 암기하다시피한 뒤라도 별도의 요약본을 만들어둔다. 외부에서 설교 요청이 들어오면 그 요약본은 원고 전체를 복기復棋하는 데 도움을 준다. 이 요약본을 부흥회에 다니면서 사용할 수도 있고, 다른 곳에서 설교할 때도 언제든지 사용할 수 있는 준비된 설교 문이 될 것이다. 이 두 장의 설교 요약본은 훨씬 자연스럽게 설교 그 자체에 집중할 수 있고 능수능란하게 설교를 할 수 있도록 도움을 준다.

1. 복고식腹考式 설교에 도전하라

옛 세대의 유명한 부흥사들은 원고를 보지 않고, 심지어 원고도 없이 몇 시간씩 청중을 사로잡는 설교를 하였다. 마치 원고를 다 외워서 하는 것 같았다. 그러나 외우는 것은 원고를 머릿속에 집어넣는 것이다. 암기는 교수나 강사처럼 단순히 지식을 전달할 때 그 강의내용을 교수의 머릿속 혹은 교재에서 학생의 머릿속 저장장치로 옮기는 행위라고 보면 된다. 암기는 이해를 필요로 하지 않는다. 암기하다 이해가 되는 것은 피상적인 경우가 많고 우연히 발생하는 일이다. 그러므로 감동을 주고 은혜를 끼치는 설교는 원고를 암기하는 것에서 나오지 않는다. 이해를 해야 머리에서 심장으로 내려간다. 뱃속에서 충분히 소화를 해야 설교자의 심장보다도 더 깊은 곳까지 내려간다. 설교원고는 그런 과정을 거쳐 설교자와 하나가 된다. 그런 뒤에야 배속 깊숙한 곳에서 치솟아 올라와 심장을 벅차게 하고 입으로 튀어나와 청중에게 감동과 은혜를 줄 수 있는, 영혼을 흔들고 골수를 쪼개는 설교가 된다.

그런데 만약, 목사가 틈틈이 원고를 들여다보며 설교하고, 심지어 원고를 뒤적뒤적 넘긴다면 설교자도 설교에 집중을 못하고 그 설교를 듣는 청중도 집중해서 듣지 못한다. 설교가 매끄럽든 그렇지 않든 그것은 큰 문제가 아니다. 말더듬이도 유능한 설교자가 될 수 있다. 탁월한 설교를 하기 위해서는 설교원고를 강대상에 올려두기만 하고 설교하는 동안 계속해서 성도들과 눈을 마주쳐야 한다. 그렇지 않고, 준비한 원고를 뒤적거려가며 책을 읽듯이 설교를 하게 되면 듣는 성도들은 설교자를 의심하게 된다. 성도들이 설교자에게 집중하지 않게 된다.

설교자의 사명은 은혜로운 설교원고를 준비하는 데 있지 않고 청중에게 은혜를 끼치는 데 있다. 그렇다면 설교자는 설교원고를 이해하고 암기하는 것으로 만족해서는 결코 안 된다. 은혜가 된다고 확신되는 원고를 수없이 반복적으로 숙성시켜 심장에 담고 뼛속 깊숙이 집어넣고 온 몸의 세포 하나하나에 담아야 한다. 이렇게 한 뒤에야 성도들의 눈을 보면서 설교하는 수준을 뛰어넘고, 성도들을 사로잡는 수준을 넘어 눈으로 대화를 하면서 여유롭게 설교할 수 있는 수준이 될 수 있다.

원고가 아니라 청중을 보면서 설교하는 수준만으로는 성공적인 설교자가 될 수 없다. 청중의 눈이 아니라 눈동자를 보아야 한다. 청중에게 설교를 귀로만 듣게 해서는 안 된다. 귀는 두뇌로 연결되어 있다. 귀를 자극하고 두뇌에 전달된 설교는 유식한 청중을 만들 수 있다. 그런데 은혜와 감동은 마음이 움직이는 것이다. 그러므로 마음의 창인 눈을 통해서도 설교의 메시지를 넣어주어야 한다. 청중의 눈동자를 바라보라. 적어도 청중의 눈동자에 눈물이 맺히는지, 복음을 기쁘게 받아들이는지 등을 설교자의 눈으로 확인하면서 말씀을 증거해야 한다.

그러면, "언제 그걸 다 봅니까?"라고 의아해 하는 이들도 있다. 물론 반드시 모든 성도의 눈을 다 볼 필요는 없다. 단지 몇 명만이라도 보면 된다. 처음에는 설교자의 눈에 들어오는 대로 강단에서 제일 가까운 앞줄을 보면 된다. 뒤에 앉아 있는 성도들도 거의 같은 감정을 느낀다고 생각하면 된다. 설교자가 훈련이 되면 시야가 점점 넓어지고 세세한 것까지 눈에 들어온다. 청중들의 눈에 감동의 눈물이 흐르고 있다면 그 감정이 반전이 되지 않도록 필요한 만큼 끌고 간다. 청중들이 계속 울 수 있도록 만들어야 한다. 그런 후에, 설교자가 원하는 시점에서 청중들이 웃을 수 있도록 맥락을 전환시킨다. 필요하다면 그 반대의 경우로도 할 수 있어야 한다. 이것이 설교자의 역량이다. 이 역량을 키우기 위해 준비하고 연습하는 것이다.

명심해야 할 것은 설교는 내용 전달이 전부가 아니라는 점이다. 내용은 단지 지식일 뿐이다. "아! 그렇구나"라는 깨달음을 전달해주는 것은 설교자가 받은 사명의 매우 중요한 부분이지만 그것이 사명의 전부가 아니고 거기에서 끝나지도 않는다. 탁월한 설교자는 내용 전달에 있어서만이 아니라 **감정 전달**에서도 탁월하다. 설교자가 치러야 할 영적 전쟁은 마음의 싸움이고, 마음을 사로잡고 움직이도록 해야 하는 싸움이다. 감동 즉, 감정 전달은 결코 소홀히 해서는 안 되는 핵심요소이다. 성도들이 예배 시간에 "은혜 받았다"라고 하는 말은 "감동이 되었다"라는 말로 바꿔 말할 수 있을 정도이다. 그 말씀에 나 자신이 감동이 되었고, 설교자의 주장대로 하고 싶은 마음이 생겼다는 의미이다.

그렇다면 당연히 설교자에게 먼저 깨달음이 있어야 하고 감동도 있어야 한다. 설교자가 깨닫지 못한 것을 깨닫게 해줄 수 없고 감동하지 않은 것을 감동시킬 수 없다. 설교는 본문 메시지의 전달이다. 그렇다면 설교는 결국 설교자가 먼저 본문으로부터 전달받은 메시지를 다시 청중에게 전달해주는 것이다. 하지만 진정한 설교는 단지 문자 메시지 전달의 차원이 아니라 그 문자 속에 담겨 있던 은혜와 진리를 전달해 주는 것이다. 그렇다면 설교자가 깨우치지 못하였다면 어떻게 남들을 깨우쳐주고 설교자가 재미를 느끼지 못한 것으로 어떻게 남들을 재미있게 해주겠는가?

설교하는 나 자신이 100도의 열정으로 설교해도 그 열정이 그대로 다 전달되지 않는 법이다. 전달과정에서 열이 식어서 청중에게 전달될 때 50도, 60도도 될까 말까 한다. 그런데, 내가 50도의 열정으로 설교한다면 청중에게 10도나, 20도의 열기라도 전달될 수 있기나 할까? 미지근한 것이 더 빨리 식는다. 설교자가 열정적으로 설교를 해야 듣는 성도들이 조금이나마 감동을 받는 것이지, 열정 없이 냉랭한 태도로 설교를 한다면 청중들이 냉담한 반응을 하는 것은 지극히 당연한 일이다.

2. 연습부재 : 열정을 식히는 지름길

설교자는 의욕이 넘쳐야 한다. 의욕 없는 설교자를 견뎌야 하는 청중의 입장을 생각해보라. 의욕이 넘쳐 실수하는 설교자는 은혜를 끼칠 수 있지만 의욕 없는 설교자는 무기력과 상처를 줄 뿐이다. 설교자는 설교단 위에서 뜨겁게 불타오를 준비가 되어 있어야 한다. 냉랭하게 식은 채 그대로 있거나 마음먹은 대로 되지 않는 설교자는 대개 마음으로만 원할 뿐, 기본적인 것을 준비하지 않기 때문이다. 설교자가 뜨거운 열정과 의욕을 갖는 것은 그리 어렵지 않은 일이다. 뜨거운 열정의 불길은 틈만 나면 쓰는 것으로 시작한다. 시간을 만들어서 쓰고 또 쓰는 것은 불꽃을 일으키는 것이다. 매일 초고를 만들어야 한다. 제사장이 매일 성막의 등대에 기름을 채우고 향단의 향을 새 것으로 바꾸는 것처럼 하라. 초고를 매일 구약 2장, 신약 1장씩 만들면서 1년에 신구약성경 전체를 끝내겠다는 목표를 세우고 도전하라. 일 년에 성경 전체를 철저하게 필사하라. 설교를 준비하는 동안 다 쓰도록 하라. 성경을 많이 읽는 것이 유익하다면 철저히 필사하는 것은 얼마나 더 유익하겠는가? 무엇보다도 말씀으로 인해 열정이 뜨겁게 불붙을 것이다.

마태복음 5:21-26절을 통해 함께 연습해 보자.

기초단계 : 문장 분석과 이해

몇 번이고 쓰다보면 이 본문은 다음과 같이 다섯 개의 문장으로 구성되어 있다는 것을 알게 된다.

> 하나. 옛 사람에게 말한바 살인하지 말라 누구든지 살인하면 심판을 받게 되리라 하였다는 것을 너희가 들었으나(21절)

> 둘. 나는 너희에게 이르노니 형제에게 노하는 자마다 심판을 받게 되고 형제를 대하여 라가라 하는 자는 공회에 잡혀가게 되고 미련한 놈이라 하는 자는 지옥 불에 들어가게 되리라(22절)

> 셋. 그러므로 예물을 제단에 드리려다가 거기서 네 형제에게 원망들을 만한 일이 있는 것이 생각나거든 예물을 제단 앞에 두고 먼저 가서 형제와 화목하고 그 후에 와서 예물을 드리라(23-24절)

> 넷. 너를 고발하는 자와 함께 길에 있을 때에 급히 사화하라 그 고발하는 자가 너를 재판관에게 내어 주고 재판관이 옥리에게 내어 주어 옥에 가둘까 염려하라(25절)

> 다섯. 진실로 네게 이르노니 네가 한 푼이라도 남김이 없이 다 갚기 전에는 결코 거기서 나오지 못하리라(26절)

먼저 첫 번째 문장을 쓰고 육하원칙에 따라 밑줄도 긋고 빗금도 치면서 살펴보라. 육하원칙은 여러 개의 문장을 모은 문단의 내용을 정리할 때 좋고, 하나하나의 문장을 살펴볼 때는 영어문법의 8품사를 응용하여 따져보는 것도 좋다. 하지만 설교자는 하나하나의 문장에 치중하는 것에서 그치지 않고 설교 즉, 말과 글에 능통해야 하기 때문에 처음부터 육하원칙으로 연습하는 것이 더 좋다고 본다. 그러면 마태복음 5장 21절은 대강 아래에 예시한 것처럼 3개의 덩어리로 구성되어 있음을 알게 된다.

> 옛 사람에게 말한바 살인하지 말라 누구든지 살인하면 심판을 받게 되리라 하였다는 것을 / 너희가 / 들었으나

첫 번째 부분은 **무엇을**에 해당한다.
두 번째 부분은 **누가**에 해당한다.
세 번째 부분은 **동작**에 해당한다.
그런데 육하원칙의 "무엇을"에 해당하는 부분도 영어문법에서는 종속절이라고 하는 두 개의 소 문장으로 되어 있다. 이 부분도 다음과 같이 세 부분으로 세분된다.

> 옛 사람에게 / 말한바 / 살인하지 말라 누구든지 살인하면 심판을 받게 되리라 하였다는 것을

첫 번째 부분은 "누구에게" 즉, "그 말을 들은 사람들은 누구냐"이다.

두 번째 부분은 "행위자가 무엇을 하였느냐"이다.

세 번째 부분은 "옛 사람에게 말해준 내용이 무엇이냐"이다.

21절의 이 종속절(소 문장)에서 "옛 사람"은 누구인지 즉, 누가 누구에게 말해준 말인지를 분명하게 밝히지 않는다. 여기에서 "옛 사람"은 말을 듣는 자이고 말하는 자는 따로 있다. 앞뒤 문맥을 살펴보면 말하는 자는 "모세"임이 분명하다. 따라서 모세의 말을 듣는 위치에 있는 "옛 사람"은 "구약 성도들" 혹은 "구약시대의 유대인들"이다. 그러므로 21절을 의미 중심으로 다시 정리하면 다음과 같은 문장이 된다.

> 너희는 모세가 구약시대의 유대인들에게 살인하지 말라 누구든지 살인하면 심판을 받게 된다고 말하였다는 것을 들어서 알고 있다.

"너희가…들어서 알고 있다"라고 마태복음 본문을 말한 사람이 누구인지도 확인해야 한다. 바로 22절에서 "나는"이라고 말한 화자話者인데 거슬러 올라가면 5장 1절과 2절에서 "예수께서 무리를 보시고 산에 올라가 앉으시니 제자들이 나아온지라 입을 열어 가르쳐 이르시되"라고 화자를 예수님으로 밝힌 뒤에 말하는 이가 바뀌지 않고 26절까지 이르렀다는 것을 알 수 있다. 소위 산상수훈이라는 맥락 가운데 21절과 22절은 예수님께서 모세의 법과 예수님 자신의 법에는 차이점이 있음을 지적하신다. 그리고 23절과 24절에서 그 차이점이 어떤 것인지를 예를 들어 설명하신다.

우리는 모세의 법을 옛 법이라고 하고 예수님의 법을 새 법이라고 말할 수도 있다. 하지만 모세의 법을 이제는 버리라는, 구약을 폐기하라는 의도가 아닌 것도 분명하다. 예수님은 옛 법을 완성하러 오셨다는 점을 감안하면 "옛 법과 새 법" 혹은 "율법과 복음" 이렇게 이분법적인 제목을 잡기보다는 "법의 수준"이라고 정하고, 예수님은 우리가 법을 얼마나 수준 높게 지킬 것을 요구하는지에 역점을 두는 것이 옳다. 그리고 설교자는 예수님께서 직접 예시한 24절의 정신을 먼저 절실하게 느끼지 않으면 안 된다.

예물을 제단 앞에 두고 먼저 가서 형제와 화목하고 그 후에 와서 예물을 드리라 _마 5:24

이 구절에서는 다음 두 가지 교훈을 절실하게 느껴야 한다고 본다.

첫째, 제사 즉, 하나님과의 화목 혹은 자신의 속죄보다도 형제와의 "화목"이 우선적으로 중요하다.

둘째, 모세의 법은 행위자가 법을 준행하였느냐 즉, 했느냐 안 했느냐는 것에 초점이 있다. 하지만 예수님의 법은 더욱 근본적으로 들어간다. 행위자가 아닌 상대자 혹은 주변인들의 마음상태를 고려할 것을 요구하고 화목한 가족공동체를 먼저 이룰 것을 요구한다.

동일한 설교가 동일한 효과를 낳지 않는다. 은혜 받는 교회도 있고 갈등이 생기는 교회도 있다. 설교자의 미숙함 때문에 문제가 생기는 경우도 많다. 예를 들면, 큰 교회에 가서 설교하다가 교회가 춥다고 말하면 히터를 헌물 하는 신자가 나온다. 교회가 크다보니 사람도 많아서 커튼은 김 집사가 하고, 히터는 박 집사가 하는 식으로 분담하니 부담이 적다. 그런데, 작은 교회에서, "어젯밤, 추워서 혼났습니다! 난로 그거 얼마 하지도 않던데…"라고 말하면 회중 가운데 "지난번에 커튼도 내가 했는데, 이제는 나보고 히터도 사다놓으란 거야 뭐야?"라는 반응이 나온다. 그러다가 다음에 필요한 물건이 하나 더 생기게 되면 정말 부담을 느끼면서 "역시, 작은 교회는 아무나 다니는 것이 아니야, 너무 힘들어! 작은 교회를 섬기는 것은 내 은사가 아니야!"라고 생각하여 급기야는 교회를 옮기기까지 한다. 왜냐하면 성도 수가 적은 교회에서는 헌금, 헌물의 요구를 대부분 자기에게 내라는 의미로 받아들이기 쉽기 때문이다.

교회에 커튼이 필요하다, 히터가 필요하다, 무엇이 없다고 사실을 말할 뿐이더라도 듣는 성도들은 헌물을 요구하는 것으로 받아들여 부담을 느끼기 쉽다. 그러니 설교자는 청중이 적을수록 말씀을 적절히 가려서 해야 한다. 그렇지 않으면 교회에 무익한 갈등과 분란을 일으키고 만다. 세상의 법은 "내가 이렇게 말하는 것은 사실을 알려 주기 위한 것이고 그러니 너는 상처로 받아들이지 말라"라는 수준이지만 예수님의 법은 "다른 사람이 네 말과 행위에서 상처를 받고 너를 원망하게 만들면 네 잘못이다"라는 수준이다.

그러므로 설교자는 언제나 주의 깊어야 하고 세심하게 배려할 줄 알아야 한다. 예를 들어서, 청중의 수준이 아이와 같다면 "묽게," "부드럽게" 설교하거나 말해야 한다. 자신이 도전을 받았다고 그 내용을 그대로 직설적으로 말해주면 안 된다. 눈을 부라려 가면서 "똑바로 하세요!", "한 달란트 받은 성도처럼 살면 안 됩니다!", "지옥이 있다는 사실을 명심하시기 바랍니다!"라고 말하면 안 된다. 말은 맞지만 처방이 틀렸다. 누가 지옥이 있는 걸 모르겠는가? 성도 수가 적은 교회에서 그런 식으로 부담을 주는 설교를 하면 성도들은 크고 쉽고 편한 교회로 옮겨 좀 더 쉽게 천국에 가려고 할 것이다. 목사는 자기가 섬기는 그 교회가 전부이지만 성도들에겐 그렇지 않다. 본문을 분석하는 작업은 동시에 이해하는 과정이다. "이해" 자체가 구체적이면 그만큼 실제적이 되고 설교자 자신의 삶과 주변에서 "적용사례"를 쉽게 찾을 수 있다.

여기까지만 해도 잘 정리해도 복음적인 설교를 작성할 수 있다. 그래도 성경본문으로 더 깊이 파고들어가 보자.

심화단계 : 연구

마태복음 5장 21절에서 26절을 본문으로 삼았을 때 그 제목을 "법의 수준"으로 잡는 것이 좋다고 앞에서 언급하였다. 그렇다면 "법"에 대해 좀 더 깊이 분석하고 정리하고 이해하는 작업을 해야 한다. 그래야 설교에 무게를 더할 수 있다. 평상시에 깊이 공부해놓았다면 모르겠지만 평상시 지식수준으로 설교를 준비하면 평상시 수준의 설교를 벗어나지 못한다. "법이란 무엇인가?"와 "성경에서는 몇 가지 법을 말하는가?"라는 질문이 이 심화단계를 시작하는 기본적인 출발점이 될 것이다. 정리하자면, 설교자는 다음과 같은 단계로 연구를 해야 한다는 의미이다.

첫 번째 연구는 "율법 즉, 토라Torah가 무엇이냐?"라는 질문을 중심으로 한다. 이것은 "구약성경 혹은 옛 언약이 무엇이냐?"라고 묻는 것과 같다. 따라서 어쩌면 평생에 걸친 연구작업일 수도 있지만 설교자는 반드시 신학자의 방식으로 정리할 필요는 없다. 오히려 불필요하게 어려워진다. 그렇더라도 신학개론서에 나온 것을 베껴서 평생 써먹는 것도 말이 안 된다. 성도들이 설교할 때 자연히 갖게 될 의문에 간단명료하게 대답할 준비를 하지 않는다는 것은 지도자의 자세가 아니다.

두 번째 연구는 "구약시대의 율법을 오늘날 우리가 여전히 관심을 가질 필요가 있는가?"라는 질문을 중심으로 한다. 이 질문에 대한 답변을 정리한 것이 율법의 세 가지 용도usage라는 개념이다. 이것은 종교개혁신학의 역사에서 매우 중요한 주제이기도 하다. 제1용도는 규범적 용도, 제2용도는 죄를 책망하는 용도, 제3용도는 정치적 혹은 시민적 용도이다. 율법을 존중하면서도 율법폐기론과 율법주의라는 두 오류에 빠지지 않는 올바른 율법관이 무엇인지에 관한 오랜 논쟁과 연구를 통해 정립한 개념이다. 이러한 통찰력과 분별력을 가지고 연구를 해야 극단적 오류에 빠지지 않는다. 성도들도 마찬가지이다.

세 번째 연구는 "성경은 몇 가지의 법을 언급하고 있는가? 그리고 그 법은 서로 어떤 관계에 있는가?"라는 질문에 대한 답을 찾는 과정이다. 위에서 언급한, 두 번째 연구는 신학사적 문제라면 이 세 번째 연구는 성경 전체의 맥을 "법"을 중심으로 짚어보는 것이다.

단계	법의	종류	특징
1	무법(無法)	벧전 4:3, 벧후 2:7	죄악의 관영과 심판, 홍수심판, 소돔과 고모라
2	양심의 법	롬 2:15	자율적 질서와 도덕적 삶, 인본주의화 가능성
3	율법	출 34:6-7	규범적 질서와 통치, 행위중심과 위선의 가능성
4	은혜의 법	롬 6:15	믿음과 성령의 능력, 하나님 나라의 실현가능성
5	하늘의 법	욥 38:33	영화의 단계, 천상에서 실현되는 하나님 나라

여기에서 도표로 정리한 것이 모범답안은 아니라는 것, 각 항목은 매우 압축되어 있다는 것, 그리고 이런 식의 도표를 보여주고 간단히 설명해주는 것이 설교가 아님을 유념해야 한다. 위 도표는 본문 연구와 설교의 준비가 설교자의 머릿속에서 어떻게 진행되어야 하는가를 설명하기 위한 간단한 시도 혹은 샘플이라고 보면 된다. 그러므로 여러분은 이 도표를 확장하고 발전시켜야 한다. 장단점과 각단계를 정확하게 예시하는 사례들을 정리해서 덧붙이는 방식으로이 도표를 발전시켜도 좋다.

반드시 이 방식으로만 진행해야 한다는 의미도 아니고, 처음부터단박에 여기까지 도달해야 한다는 의미도 아니다. 그리고 결코 쉬운일도 아니다. 그렇다고 포기하면 정말 방법도 대책도 없다. 간절한마음으로 기도한 뒤에, 책상 작업을 시작하라. 설교준비가 척척 이뤄진다면 그리고 성도들이 충분히 은혜를 받는 설교 작성법을 알고 있다면 기존의 자기 방법대로 하면 된다. 그러나 설교준비가 막막하다 싶으면, 무엇을 해야 좋을지 모른다면 일단 본문 쓰기를 시작하라. 같은 문장을 반복해서 쓰라. 지겹다고 느껴지더라도 중단하면 안 된다. 하찮은 것이라고 경멸해서도 안 된다. 살아 계신 하나님의 능력의 말씀이다. 목사는 그 말씀을 전달하여 능력을 일으키는 도구로 부름 받은 사람이다. 설교는 그 말씀을 전하는 가장 중요하고 고귀한 사명수행이다. 그러므로 설교자가 마음과 정성을 다하여 쓰는 것은 설교자를 부르신 하나님의 위대한 명령을 받아 적고 되새김질하는 것이다. 무슨 의미인지 알아듣고 깊은 것을 들여다 볼 눈이 열릴 때까지 반복하는 자세야말로 하나님을 영화롭게 하는 올바른 자세이다. 하나님의 임재하심이 함께 하는 성공적인 설교는 여기에서 시작된다.

II.

진리를
단단히 붙들라

진리는 히브리어로

"에메트"אֱמֶת라고 한다. 만일 "에메트는 진리이다"라고만 말하면 듣
는 사람은 그냥 그런가보다 하고 무심코 지나칠 것이다. 무릎을 탁
치면서 "아하, 진리란 그런 것이구나!"라고 할 수 있도록 설명해주
는 것이 목사의 일이다. "진리는 진리이다 그러니 이 말이 무슨 뜻인
지는 네가 깨달아라"라는 식으로 설교하기보다는 "진리"의 본질에
부합하는 최소한의 설명이라도 해야 한다. 목사는 그렇게 하도록 부
르심을 받는 직분이다.

"에메트"라는 단어의 첫 음절 "에"의 자음문자 "알렙א은 히브리어
알파벳의 첫 문자이다. 마지막 음절 "트"는 마지막 문자 "타우"ת이
다. 히브리어 알파벳은 모두 24개의 문자이고, "에메트"라는 단어의

가운데 음절 "메"는 13번째의 알파벳 "멤"ם이다. 그래서 "진리"라는
말은 처음과 중간과 마지막이 일직으로 똑같이 놓인 것을 가리킨다
고 이해할 수도 있다. 가다가 휘어지지 않고 흔들리지 않고 끝까지
단단하다는 속뜻을 갖는다. 그래서 믿고 의지해도 되는 것을 가리킨
다. 영어단어 "truth"과 "true"의 어원적 의미도 그와 비슷하다. 아침
에는 교인 같았다가 점심에는 세상 사람들과 같고 저녁에는 또 다른
모습을 보여주는 그런 사람은 진리에 거하는 사람이 아니라는 의미
이다. 진리에 거하는 사람은 시작과 과정과 끝이, 앞과 뒤가, 겉과
속이 한결같이 똑같이 나가는 사람이다. 이것이 판단기준을 제시하
는 성경의 방식이다. 예를 들면, 성경에 술을 먹지 말라는 구절이 어
디에 있느냐고 묻는 사람에게 성경은 술을 먹기 전과 먹은 후가 동
일하면 된다고 답하는 식이다. 마시지 말라는 말을 참 묘하게 그러
나 지혜롭게 하지 않는가?

　목사는 하나님의 진리와 은혜를 전달해주는 도구, 통로로 부름 받
은 사람이다. 은혜가 충만하고 진리의 속성을 닮지 않고 어떻게 은
혜와 진리를 전달해주는 도구가 되겠는가? 성공적인 목사가 되고자
한다면 옆에서 보기에도 단단함과 안정감이 있어야 한다. 다른 사람
이 보기에, "저 따위가 목회를 하는 거여? 뭐여? 저 사람이 목사여?"
이런 소리를 들어서는 안 될 것이다.

　반면에 거짓은 히브리어로 "쉐케르"שקר라고 한다. 쉐케르는 글자
모양 자체부터 기우뚱 거린다. 보통은 "진리와 거짓"이라고 이분법
적으로 대립시키지만 실상은 "진리"는 처음부터 실체였지만 거짓은

실체가 아니다. 그러니 대조 혹은 대립의 여지가 없다. 진리가 변질된 것이 거짓이다. 거짓은 처음부터 진리에 대립하는 실체로 존재하였던 것이 아니다. 처음에는 없었다. 처음에는 진리뿐이었다. 그러다가 진리가 진리 됨을 잃어버렸을 때부터 진리였던 그것이 거짓으로 나타나기 시작한다. 진리는 본래 절대적이지만 인간에게 주어질 때 인간의 부족과 잘못으로 변질될 수 있다. 다시 말하면, "겉과 속이 일치하는 것" "변함이 없이 똑같은 것"이라는 말은 이미 실제로 무엇인가가 그렇게 존재하고 있어야 할 수 있는 말이다. 그러니까 하나님께서 솜씨 있게 만드신 처음 것을 "진리" 즉, "참"이라고 생각하면 된다. 그 "참"의 상태가 변질되어 본래 상태를 잃어버린 것을 "거짓"이라고 부를 뿐이다. "진리"라는 좋은 상태에서 "거짓"이라는 나쁜 상태로의 이 변질을 "부패"라는 단어로 나타내기도 한다.

간단히 배추를 예로 들어 설명하면, 배추가 겉이든 속이든 건강하게 잘 자라고 맛있으면 "진리"이고 처음에 그 좋던 놈이 시들고 썩어서 맛이 없게 된 것이 "거짓"이다. 그래서 우리는 속아서, 겉만 보고 잘못 샀다고 말한다. 이것이 거짓의 정체이다. 빛과 어둠을 예로 들어 다시 설명해보자. 빛은 실체이고 어둠은 빛이 없는 상태를 가리킨다. 존재하는 실체와, 그 실체가 존재하지 않는 상태는 서로 대립할 수 없다. 빛이라는 실체가 존재하는 상태를 "밝음"이라고 하고 빛이 없는 상태를 "어둠"이라고 부른다. 대조시킬 수 없는 것을 대조시키는 것은 두 상태를 우리가 쉽게 이해하기 위한 것이다. 빛과 어둠이 싸워 빛이 이기면 광명한 세상이 되고 어둠이 이기면 흑암의 세상이 된다는 것은 정확한 표현이 아니다. 태양이 우리에게 빛을 보내면 낮이고 태양 빛이 없으면 어둠이다.

"진리"에 속하면 안정을 누린다. "거짓"에 속하면 언제 터질지 모르니 불안하고 결국 넘어지게 되어 있다. 인생이든, 가정이든, 목회든 마찬가지다. 아슬아슬하게 살아서는 안 된다. 뒤뚱뒤뚱 걷는 사람을 보면 얼마나 불안한가? 퐁당퐁당 뛰어다니는 아이를 보면 이쁘기도 하지만 어디에 부딪히지 않을까 걱정이 앞서지 않는가? 거짓이 크면 실패의 위험이 큰 만큼 성공의 가능성도 작아진다.

거짓이 무엇인지를 유대인들의 수신학數神學으로도 설명할 수 있다. 수신학은 히브리 문자로 숫자를 표기하던 것에서 발전시킨 것이다. 절대적으로 신뢰할만한 것은 아니지만 그럴듯하다. 거짓을 히브리 단어로 "쉐케르"라고 한다. 그 첫 문자 "쉐"는 300, "케"는 100, "르"는 200이라는 숫자이기도 하다. 그래서 "쉐케르" 세 문자를 수로 환산하면 600인데, "0"은 영零 즉, 숫자가 없는 빈자리라는 의미이므로 "600"은 "6"이다. 그런데 "6"은 뒤집으면 "9"가 된다. 그래서 "6"을 써서 주면 다른 사람은 이것이 "6"인지 "9"인지 헷갈릴 때가 많다. 그래서 포켓볼은 숫자가 적힌 15개의 당구공을 사용하는데 "6"번 공과 "9"번 공을 숫자만 써넣으면 도저히 구별할 수 없어 "6"번 공의 숫자에 밑줄을 친다.

이처럼 거짓이라는 것은 자칫하면 진리처럼 보인다. 마귀는 거짓을 진리처럼 보이게 하려고 갖은 술수를 다한다. 거짓에 진리의 외피를 걸쳐서 그 전체가 진리인 것처럼 보이게 만든다. 양은 그냥 나오면 양이다. 이리도 그냥 나오면 이리이다. 그런데 이리는 그냥 나오지 않고 양의 탈을 쓰고 나온다. 이리가 아니라 양이라고 생각하게 만든다. 이것이 거짓이며 속임수이다. 그럴 때 양과, 양의 탈을 쓰고 온 이리, 둘 중에서 누가 더 양 같아 보일까? 이리가 더 양 같아 보인다. 왜냐하면 양은 자신이 양이기에 굳이 양처럼 보이려고 노력하지 않는다. 하지만 이리는 자신이 양이 아니기에 양처럼 보이기 위해 무슨 짓이라도 한다. 진짜는 굳이 진짜로 보이기 위해 노력하지 않지만 가짜는 진짜처럼 보이기 위해 무슨 짓이라도 해서 진짜처럼 보이게 만든다.

신앙생활도 마찬가지다. 마음에서 우러나와 헌금을 많이 하는 사람은 굳이 많이 하는 것처럼 보이려고 애쓰지 않는다. 실제로 헌금을 많이 하기 때문이다. 하지만, 헌금을 많이 하지 않는 사람이 헌금을 많이 하는 것처럼 보이려고 티를 낼 때가 있다. 헌금봉투에 만 원짜리든 오만 원짜리든 고액권을 그냥 넣으면 되는 때에도 굳이 천원짜리로 바꿔서 봉투를 두툼하게 만들어서 내는 경우가 있다. 이것이 자연인의 자연스러운 본성이다. 우리 속에는 이처럼 거짓 끼가 참 많이 있다. 6이면 그냥 6으로 나오면 되고, 회개하고 변화 받아서 9가 되면 되는데, 자꾸 뒤집어서 이미 9가 된 것처럼 보이려고 한다. 평신도이든 목회자이든 사람이기에 별반 다르지 않다. 그런데 목사는 진리를 전하는 도구이다. 그런 도구가 평신도와 다를 바 없이 뒤집히면, 흔들리면, 거짓의 도구가 된다는 점에 특히 유념하고 근신해야 한다.

나는 오늘 이 땅의 신자들과 목회자들이 각자에게 주어진 사명을 이루는 삶을 살지만 무엇보다도 그 삶의 중심에 진리와 진실의 안정감이 확고히 자리 잡고 있기를 바란다. 그래서 각자의 삶을 통해 하나님의 은혜와 진리가 더욱 잘 드러나기를 소망한다. 그런 점에서 목사의 소명은 각각 자신의 삶과 사역 특히, 설교가 그 시작과 과정과 끝이 똑같이 되도록 애를 쓰는 것에서 시작해야 한다는 것이 나의 생각이다. 진리이신 예수님께서 어제나 오늘이나 영원토록 동일하신 것처럼 말이다.

예수 그리스도는 어제나 오늘이나 영원토록 동일하시니라 _히 13:8

우리 모두는 언제나 변함없이 동일한 은혜와 진리의 삶을 살아야 한다. 무엇보다도 설교가 동일해야 한다. 목사의 설교가 예수님께서 말씀하시는 것과 동일하고, 소명을 받고 목사 안수를 받을 때나 은퇴할 때나 똑같은 열정과 복음적인 내용으로 일관되고 변함없이 은혜가 충만하도록 노력해야 한다. 하나님과의 관계도 꾸준하게 동일한 관계를 유지해야 한다. 다른 사람이 보고 "저 목사를 보고 있으면 뭔가 아슬아슬혀"라고 말하게 된다면 6과 9를 엎치락뒤치락하는 삶을 살고 있는 것이다. 그런 목사는 결코 성공적인 사역자가 될 수 없다. 흔들리는 설교를 통해 어떻게 성공하겠는가? 성공적인 사역자가 되려면 한결같이 은혜와 진리가 충만해야 한다. 한결같이 꾸준히 노력하여 채워 넣어야 그렇게 된다.

이제 창세기 11장 27절에서 32절 말씀을 가지고 함께 설교를 만들어보자. 여기에서는 앞장에서처럼 기초단계: 문장 분석과 이해, 심화단계: 연구의 방식을 자세하게 연습하지는 않겠다. 하지만 앞장에서 언급한 것처럼 반복적으로 쓰고 또 쓰면서 점점 더 깊이 이해해 들어가고, 별도의 종이에 분석하고 핵심요점을 찾아서 심층적으로 연구하는 것은 언제나 기본임을 명심하라. 거기에 "메모하고 도표를 작성하는 방식"도 적절히 덧붙여 사용하면 좋다. 족보를 나열하는 본문을 파악할 때 유용하다.

 창세기 11:27-32

데라의 족보는 이러하니라 데라는 아브람과 나홀과 하란을 낳고 하란은 롯을 낳았으며 하란은 그 아비 데라보다 먼저 고향 갈대아인의 우르에서 죽었더라 아브람과 나홀이 장가 들었으니 아브람의 아내의 이름은 사래며 나홀의 아내의 이름은 밀가니 하란의 딸이요 하란은 밀가의 아버지이며 또 이스가의 아버지더라 사래는 임신하지 못하므로 자식이 없었더라 데라가 그 아들 아브람과 하란의 아들인 그의 손자 롯과 그의 며느리 아브람의 아내 사래를 데리고 갈대아인의 우르를 떠나 가나안 땅으로 가고자 하더니 하란에 이르러 거기 거류하였으며 데라는 나이가 이백오 세가 되어 하란에서 죽었더라

성경의 이런 부분은 무의미한 반복처럼 보인다. 대부분의 사람들은 성경에 있으니까 무심하게 읽는다. 그런데 성경을 "그냥" 혹은 "무턱대고" 읽는 것은 글러먹은 태도이다. 기가 막힌 보물이 있다고 믿고 부지런히 파고 또 파는 것이 바로 열정이고 그런 열정이 있어

야 한다. 성공적인 목사가 되기 원한다면 그러한 열정은 선택사항이 아니라 필수사항이다. 하나님께서 열정을 불어넣어주시기를 기대해야 하지만, 목사는 스스로 열정의 불씨를 계속해서 살려내야 하고 더 크게 타오르게 해야 할 책임도 있다. 열정을 일으키고 용광로처럼 뜨겁게 타오르게 할 성경 읽기를 해야 한다. 이러한 성경 읽기는 성경 옆에 메모장을 놓고 필기도구를 손에 쥐고 읽는 것이다. 성경 본문에 밑줄치고 메모하는 것은 그다지 좋은 방법이 아니다. 나중에 다시 읽을 때 더욱 새롭고 더욱 깊게 읽는 것을 방해하기 때문이다. 그래서 성경본문 전체를 노트에 옮기고 줄을 긋고 빗금을 치는 작업을 한다. 이것은 성경본문의 깊은 곳으로 들어가는 한 방법이다. 그리고 필요하다면 다른 메모노트에 다시 요약하고 도표를 만들기도 해야 한다. 종이를 아끼지 않는 것이 원칙이다.

　그런데 메모-요약 단계에서는 섣부른 예단豫斷은 금물이다. 설교자의 시야는 아직 본문의 테두리 혹은 표면의 맨 위층에 있을 뿐이고 이제 막 삽을 들어 밑으로 파내려가기 시작했기 때문이다. 예를 들면 "하란이 그 아비 데라보다 먼저 고향 갈대아인의 우르에서 죽었더라"라는 구절을 쓰면서 혹시 "하란"이 방탕해서 아버지와 형제들 보다 먼저 죽은 것은 아닐까 생각되고, "나홀의 아내 이름은 밀가니 하란의 딸이요 하란은 밀가의 아버지이며"라고 쓰면서는 "아니, 삼촌이 동생의 딸하고 결혼했네, 뭐 이런 집구석이 있어"라는 느낌이 온다고 해서 그대로 메모노트에 그렇게 기록하는 것은 설혹 사실이 그렇더라도 이 단계에서는 그렇게 단정하는 것을 피하는 것이 좋다. 성경은 믿음의 뿌리를 중시한다. 나홀과 조카인 밀가 사이에서 태어난 브두엘의 딸이 다름 아닌 리브가이다. 그리고 이삭과 리브가는 나중에 야곱에게 나홀의 집으로 가서 아내감을 찾으라고 신신당부한다. 나홀과 하란을 방탕하다고 비난한다면, 이삭과 리브가의 당부와 야곱의 실천을 납득하기 어렵게 되고 설명이 안 된다.

기초단계 : 문장 분석과 이해

본문을 읽고 쓰면서 다음과 같이 요약하여 메모해보았다.

[본문 : 창 11:27-32]

- 본문의 목적: 아브라함의 족보(갈대아 우르에서 하란까지)
- 아버지 데라: 아브람, 나홀, 하란, 세 아들을 낳았다.
- 하란 즉, 아브라함의 막내동생은 데라보다 먼저 우르에서 죽었다.
- 하란은 아들 롯, 그리고 밀가와 이스가 두 딸을 두었다.
- 하란에서 아브람은 사래, 나홀은 하란의 딸 즉, 조카인 밀가와 결혼하였다.
- 데라는 아브람과 사래, 나홀과 밀가, 롯, 이스가를 데리고 가나안으로 갈 목적으로 하란으로 갔다.
- 데라는 하란에서 205세에 죽었다.

이 내용을 좀 더 명확하게 파악하기 위해 도표로 그려보았다.

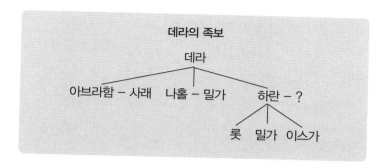

데라의 족보

데라

아브라함 – 사래　나홀 – 밀가　하란 – ?

롯　밀가　이스가

이렇게 파악하고 정리한 뒤에는, 어떤 질문이 적절한지 생각해야 한다. 적절한 질문을 찾아내고 그 질문에 대한 답을 얼마나 철저히 찾아보느냐가 중요하다. 창세기 11장에 이 족보가 등장하는 것은 하나님께서 믿음의 조상으로 택하신 아브라함을 12장에서부터 본격적으로 소개하기 위한 것이다. 그리고 나홀이 동생 하란의 딸인 밀가와 결혼하여 브두엘을 낳고 브두엘은 이삭의 아내가 되는 리브가를 낳았고 이삭과 리브가는 에서와 야곱을 낳았고, 야곱은 브두엘의 아들 라반의 사위가 되었다는 가계의 흐름을 설명하기 위한 것으로 보인다. 그렇다면 거룩한 족장들의 계보는 데라의 두 아들, 아브라함과 나홀의 테두리 안에 있는 셈이다. 그리고 이 계보에서 하란의 자손 롯이 어떻게 벗어나게 되었는지 그 단초를 보여준다는 의미도 있다.

심화단계 : 연구

설교를 준비할 때 설교자는 성경말씀의 표면 아래로 깊이 파고들려는 열정이 있어야 한다. 영적 통찰력이 있어서 그냥 깊이 보이면 얼마나 좋을까? 선지자처럼 하나님께서 메시지를 입술에 넣어주시면 얼마나 좋을까? 그러나 선지자는 하나님으로부터의 메시지가 있을 때만 등장한다. 반면에 목사는 최소한 매일 새벽, 수요일, 금요일, 주일에 등단해야 한다. 설교는 목사의 규칙적인 과업이다. 하나님께서 말씀을 주실 때만 예배드리고 설교할 수 없는 노릇이다. 그래서 항상 말씀을 연구하고 깨닫고 가르칠 준비를 끊임없이 부지런히 해놓아야 한다.

창세기 11장의 정황을 깊이 있게 파악하기 위해서는 가급적 많은 질문을 하고 충실히 답을 찾으면 좋다. 적어도 기본적으로는 다음 두 질문을 해야 한다.

첫째, 하나님께서 데라와 아브라함에게 갈대아 우르를 떠나도록 하신 이유와 계기는 무엇일까?

둘째, 똑같이 데라의 후손이고 똑같이 가나안으로 들어갔는데 왜, 어디에서 아브라함과 롯의 운명이 갈라졌는가?

이 두 질문에 대한 적절한 답을 최선을 다해 찾아보라. 각종 자료를 뒤져보면 다음과 같은 교훈들이 드러난다.

1. 우상숭배의 흐름을 끊어라

성경 어디에서도 데라가 갈대아 우르에서 어떤 일을 하였는지, 신앙이 어떠했는지를 명백하게 말해주지 않는다. 다만 여호수아 24장 2절에서 "옛적에 너희의 조상들 곧 아브라함의 아버지, 나홀의 아버지 데라가 강 저쪽에 거주하여 다른 신들을 섬겼으나"라고 한 부분을 보면 데라 뿐만 아니라 아브라함과 나홀까지도 갈대아 우르에서 살면서 우상숭배에 물들기 시작하였다고 짐작할 수 있다.

유대인들의 전설에 따르면, 데라 가족이 갈대아 우르를 떠나기 몇 해 전에 아브라함이 여호와 하나님을 믿는 신앙을 확고하게 갖게 되었다. 그 다음 전설은 데라가 본래 우상을 만들어 팔던 사람이었는데 아브라함이 가업을 중단시켰다고 전한다. 성경에는 없지만 이 전설을 잘 다듬으면 좋은 예화가 될 것이다. 난 다음과 같이 다듬어 사용하였다.

갈대아 우르는 고대에 커다란 도시였고 우상숭배가 발달해서 우상을 만들어 파는 직업은 돈을 많이 벌 수 있는 좋은 직업이었습니다. 아브라함의 아버지 데라는 그런 우상 장수였습니다. 데라는 우상을 잔뜩 만들어서 창고에 쌓아두고 있었습니다. 어느 날 데라는 외출하면서 우상을 파는 일을 큰 아들 아브라함에게 맡겼습니다.

-아브라함아! 아버지가 나갔다가 올 테니 물건을 잘 지켜라.

-예, 아버지! 걱정 말고 다녀오세요.

아버지가 나간 후 아브라함은 우상을 보관하는 창고 문을 열었습니다. 우상이 엄청 많았습니다. 아브라함은 몽둥이를 들고 그 우상들을 머리, 팔, 다리 할 것 없이 다 부수어버렸습니다. 그런 후 제일 큰 우상 손에 몽둥이를 들려놓았습니다. 그리고는 창고 문을 닫아버렸습니다.

아버지 데라가 돌아왔습니다.

-그래 별일 없었지?

-창고 안에서 큰 싸움이 났습니다. 무서워서 혼났습니다.

데라는 아브라함의 말을 듣고 깜짝 놀라서 창고로 뛰어갔습니다. 창
고 문을 열자 우상들이 모조리 부수어져 있는 것이 아니겠습니까?

-아브라함아! 이리 와 봐라! 이거 어떻게 된 거냐? 누가 다 부숴버
렸어?

-아이고, 아버지! 그렇지 않아도 이 창고 속에서 우르릉 쾅쾅 소리
가 나길래 어쩐 일인가 와 봤더니 저 큰 놈이 작은 놈들을 말 안 듣
는다고 다 때려 부숴버렸어요. 자, 보세요. 저기 몽둥이가 들려 있
잖아요?

-야, 이놈아! 눈이 있어도 보지 못하고, 귀가 있어도 듣지 못하고, 발
이 있어도 걷지 못하고, 손이 있어도 만지지 못하는 것이 어떻게 부
숴버렸단 말이냐?

아브라함은 아버지의 말을 되받아서 이렇게 말했습니다.

-아버지! 그럼, 눈이 있어도 보지 못하고, 귀가 있어도 듣지 못하고,
발이 있어도 걷지 못하고, 손이 있어도 만지지 못하는 것이 어떻게
복을 준다고 그걸 만들어 파세요?

이렇게 해서 데라도 우상을 만들어 파는 일을 중단하게 되었고 아예
갈대아 우르를 떠날 각오도 기꺼이 하게 되었습니다.

2. 좋은 믿음의 맥을 만들라

바울은 믿음과 구원은 혈통이나 육정으로 되는 것이 아니라고 말

한다. 그러나 믿음 좋은 아버지가 자녀를 믿음 좋은 사람으로 양육하려고 애를 쓰고 자녀들은 부모의 좋은 믿음을 본받으려고 최선을 다해야 하는 것은 사람의 당연한 도리이다. 하나님은 그런 가계에 많은 축복을 주신다. 설교자는 이 점을 성도들에게 설득력 있게 가르쳐야 한다. 그런데 잘 가르치는 것만이 목표가 되어서는 안 된다. 성도들이 열심히, 잘 행하도록 만드는 것이 결정적으로 중요하다. 청중을 늦지 않도록, 가급적이면 빨리 서두를 마음을 갖도록 만들고 적절히 실행에 옮기도록 만드는 것이 설교자가 역점을 둬야 하는 부분이다. 이 점에서 학자 혹은 교수와 목회자가 차이가 난다. 학자는 글로, 교수는 강의로 주장하면 그것으로 끝이다. 하지만 청중이 진리를 이해하고 동의하게 만드는 것만으로는 참다운 신자가 되지 않는다. 목회자는 반드시 청중으로 하여금 행동으로 옮기고 그 결실을 맛보게 해서 진실되고 참된 신자가 되도록 해야 한다.

그러므로 목회자는 설교할 때 청중의 마음속에 나도 그렇게 하고 싶다는 마음을 갖도록 설교해야 한다. 그것이 잘하는 설교이다. 그래서 설교자는 어떤 교훈이 있으면 그 교훈을 실행방안으로 구상해서 청중의 마음에 어디 한 번 선택해보라고 도전하는 것이 좋다. 그래서 설교할 때 설득력 있는 선택지를 제시해 주고 좋은 선택방향이 무엇인지를 함께 생각하는 과정을 갖는 것이 좋다.

3. 청중의 실행까지 목사의 책임영역이다

나는 "인생의 네 박자"라고 나 스스로가 이름붙인 방법을 사용한다. 사실 그 원리는 매우 간단하다. 생물 시간에 배운 남성, 여성을 결정해주는 성염색체 조합을 생각하면 된다. 가로축에 두 개의 조건, 세로축에 2개의 조건을 나열하고 그것들을 조합하면(2×2) 실제로 가능한 4개의 선택지가 나온다. 그 4개의 선택지를 설명하고 제시하면서 무엇이 가장 좋은지, 지금은 어디에 있는지를 보게 하면, 청중이 무엇을 하고 싶은지, 어떻게 하면 되는지를 쉽게 생각하고 결정한다. 사람은 두 개를 놓고 하나를 선택하라면 어려워한다. 자장면 먹을래 짬뽕 먹을래 라고 물으면 아무것도 아닌 이런 문제를 놓고 고심하다가 오히려 질문자에게 네가 먹고 싶은 것을 고르라고 답한다. 기껏해야 자장면 하나하고 짬뽕 하나 시켜서 나눠 먹자고 한다. 양자택일 자체가 어려운 것이다. 반대로, 양자택일 방식은 현실을 지나치게 단순화한다고 무시해버리기도 한다. 왜 꼭 둘 가운데 하나를 골라야 되느냐고 따지는 사람이 반드시 있다. 이런 반론은 정당한 지적이기 때문에 양자택일 방식으로 접근하는 설교자의 신뢰도는 자연히 낮아진다. 청중은 주로 귀로 듣기 때문에 선택지를 많이 주고 골라잡으라고 해도 골 아파한다. 경험적으로 볼 때, 네 개가 좋다. 아래 표는 "네 박자 인생"이라는 내 방식을 도표로 간단히 보여준다.

세로축 \ 가로축	A	B
+	A+	B+
−	A−	B−

개념을 설명하려고 기호로 표시했다. 하지만 설교자는 말로 설명해야 하니까 문장으로 바꾸면 아래와 같다.

세로축 \ 가로축	좋다	나쁘다
아버지	아버지 좋다	아버지 나쁘다
아들	아들 좋다	아들 나쁘다

이제 현명한 독자들은 창세기 11장의 족보에서 아버지 데라와 아들 아브라함의 경우를 놓고 다음과 같은 선택지를 만들 수 있다는 것을 알아챘을 것이다.

	믿음 좋은 아버지	믿음 없는 아버지
믿음 좋은 자녀	믿음 좋은 아버지, 믿음 좋은 자녀	믿음 없는 아버지, 믿음 좋은 자녀
믿음 없는 자녀	믿음 좋은 아버지, 믿음 없는 자녀	믿음 없는 아버지, 믿음 없는 자녀

이 네 가지 선택지는 인생의 갈림길에서 실제로 부딪힐 가능성이 높은 선택지가 아닌가? 현실적이고 함께 생각하면서 제시하기 때문에 청중들도 일단은 자기 입장에 대입해 보고 하나를 선택하고픈 마음을 쉽게 갖는다. 설교자는 이렇게 해서 청중과 하나가 된다. 그러면 설교의 설득력도 높아진다. 인생의 네 박자에서 확인한 선택지를 다시 한 번 정리해 보자.

① 아버지도 믿음이 좋고 자녀도 믿음이 좋다.

② 아버지는 믿음이 없고 자녀는 믿음이 좋다.

③ 아버지는 믿음이 좋고 자녀는 믿음이 없다.

④ 아버지도 믿음이 없고 자녀도 믿음이 없다.

①이 가장 좋고, ④가 가장 나쁘다. 청중들 가운데 ②이나 ③상황에 있는 사람들도 있다. 이 사람들은 벌써 마음속으로 ①이 되고 싶다는 생각을 자연히 갖는다. 이러면 설교는 상당히 성공적이 된다. 설교자가 성경을 좀 더 연구해서 다음과 같이, 네 개의 경우에 해당하는 인물들을 제시하고 설명하면 금상첨화이다. 엄숙한 예배가 아닌 경우에는 성도들보고 각 경우에 해당하는 성경 인물들을 말해보라고 해도 된다.

①에 해당하는 예는 누가 있을까? -아브라함과 이삭, 이삭과 야곱, 야곱과 요셉…

②에 해당하는 예는? -데라와 아브라함…

③에 해당하는 예는? -사무엘과 두 아들…

④에 해당하는 예는? -제사장 엘리와 그의 두 아들인 홉니와 비느하스…

그러면 여러분들은 지금 이 순간, 몇 번에 속하는가? 내 아버지는 내가 어찌할 수 없지만 나 자신은 내가 결단을 내리면 되니까 나부터 좋은 아버지가 되어야 하지 않을까? 비록 좋은 아버지를 만나지 못했을지라도 좋은 자식은 될 수 있다. 내가 그렇게 변하면 되니까 말이다.

자, 창세기 11장의 족보에서 얻는 가장 중요한 교훈은 무엇인가? 데라가 우상을 숭배하고 우상을 만들어 팔아 부를 누리는 직업과 태도는 아들인 아브라함에게로 전달될 수 있었지만 아브라함은 참 하나님을 향한 참 믿음으로 그 흐름을 끊었다는 교훈이 아닌가? 이 교훈이 설교를 듣는 청중에게 도전이 되어야 한다. 그래서 어둠과 죄가 지배하는 가문에서 빛과 축복이 보장된 가문으로 돌아서는 결단을 하게 해야 한다.

이제 창세기 13장 8절을 다뤄보자.

창세기 13:8, 9

아브람이 롯에게 이르되 우리는 한 친족이라 나나 너나 내 목자나 네 목자나 서로 다투게 하지 말자. 네 앞에 온 땅이 있지 아니하냐 나를 떠나가라 네가 좌하면 나는 우하고 네가 우하면 나는 좌하리라

기초단계 : 본문의 상황과 맥락

본문의 앞뒤 문맥을 쓰면서 다음과 같은 요점을 파악하고 메모할 수 있다.

[본문 : 창 13:8, 9]

- 아브라함과 롯은 가나안 땅에 들어와 점점 부자가 되었다.
- 아브라함의 종들과 롯의 종들이 다투기 시작하였다.
- 아브라함은 롯에게 "우리는 한 친족이라"라고 말하였다.
- 나와 너, 내 목자와 네 목자가 서로 다투게 하지 말자.
- 아브라함은 롯에게 머물 곳을 선택하는 우선권을 주었다.
- 아브라함은 롯과는 반대방향으로 가겠다고 말하였다.

본문의 상황을 정리할 때 아브라함을 중심으로 정리할 수도 롯을 중심으로 정리할 수도 있다. 대개는 전자의 입장으로 정리해서 설교하지만 롯을 중심으로 정리해 볼 필요도 있다. 롯은 아버지 하란이 죽은 뒤에 할아버지와 삼촌 식구들과 함께 하란까지 왔다. 그리고 큰 삼촌 아브라함을 따라 가나안까지 들어왔다. 아직 자녀를 보지 못한 아브라함도 기꺼이 롯의 식솔을 받아들여 함께 동고동락하며 가나안 여정을 계속하고 있는 상황이다.

하나님께서 본토 친척 아비 집을 떠나라는 명령을 아브라함에게 주셨지만 롯도 아브라함과 함께 그 명령을 수행한 셈이다. 비록 롯은 "덩달아" 인생이지만 이 명령의 배경이 우상숭배를 버리고 참 하나님을 경배하기 위한 목적이고, 롯 역시 그 거룩한 목적에 동참하여 순종한 것이다. 아브라함은 단지 롯을 불쌍하게 여기지 않고 어쩌면 롯을 자식처럼 여겼을지도 모른다. 아브라함은 하나님께서 약속하신 무수한 후손은 어쩌면 롯을 양자로 받아들여 이루게 되는 것은 아닐까 하는 생각도 하고 하나님의 뜻을 묻기도 하였을 것이다.

그렇다면 이 맥락에서 두 가지 교훈을 정리할 수 있다.

첫째, 아브라함의 태도에서: 하나님의 복은 차고 넘친다. 즐겁게
　　순종하자.

둘째, 롯의 태도에서: 축복의 근원과 동행하라. 즐겁게 동행하자.

아브라함은 복의 근원으로 지정받고 의지할 만한 모든 것을 버렸
다. 그것이 아브라함의 가나안 여행이었다. 롯이 그 여정에 기꺼이
동행하여 아브라함과 함께 하였을 때 아브라함만이 아니라 롯의 일
가도 넘치도록 복을 받았다. 아브라함이 긍휼의 마음으로 롯을 받아
들였다고 해서 아브라함에게 약속된 축복이 줄어들지 않았고, 롯이
약속도 없이 덩달아 따라 나섰다고 축복에서 제외된 것이 아니었다.

롯을 보면, 중요한 인생의 비법을 또 한 가지 확인할 수 있다. 조
실부모해서 길거리 개팔자가 되어 축복받을 이유도 실마리도 없을
지라도 좋은 사람을 잘 따라 다니면 복을 받을 수 있다는 사실이다.
좋은 친구와 함께 다니면 좋은 일을 많이 하게 되고 칭찬도 많이 듣
고 필요한 도움도 넉넉히 받는다. 반면에 사고뭉치와 다니다보면 수
시로 경찰서에 들락거리게 되고 함께 의심받고 결국 함께 사고 치게
된다. 나쁜 친구 때문에 인생이 망가지고 고달프게 사는 사람이 얼
마나 많은가? 그래서 옛말에, "친구를 잘 사귀어야 한다, 친구를 보
면 그 사람을 알 수 있다"고 하였고, 근묵자흑 근주자적近墨者黑 近朱
者赤이라는 말이 있다. 누구와 함께 있느냐는 정말 중요하다.

목사라고 해서 다른 사람의 영향을 받지 않는 것은 아니다. 목사
도 다른 사람의 영향을 많이 받는다. 테니스에 미친 목사와 함께 하
면 계속 테니스만 치게 된다. 아침에 일어나면 '새벽예배에 가야지'

하는 생각보다는 테니스에 먼저 마음을 쏟는다. '음~ 날씨를 보아하니 오늘도 테니스를 치게 생겼군' 이런 생각부터 들게 된다. 그러면서 점점 새벽예배 인도가 귀찮은 멍에처럼 느껴지게 된다. 새벽예배를 대충 끝내고 테니스장으로 달려가고 싶어진다. 롯은 아브라함만큼 복 받을 이유가 없었다. 하란에 남은 삼촌 나홀 일가와 조금도 다를 것이 없었다. 그러나 아브라함과 함께 하기로 하고 가나안까지 동행하였기 때문에 하란에 잔류한 친족과는 비할 수 없이 복을 받았다.

심화단계 : 본문의 교훈

설교자가 본문의 내용과 상황을 이해하고 전달해야 할 메시지가 눈에 띈다고 해서 그것으로 만족하면 안 된다. 단지 그 메시지를 뼈대로 삼고 설교자가 살을 더 붙이면 충분할 것이라고 생각해서도 안 된다. 초기단계에서 포착한 메시지 혹은 교훈을 성경본문을 통해 하나님의 마음속으로 더욱 깊이 파고들어갈 실마리로 활용해야 한다. 더욱 절실하게 애써야 한다. 쉽사리 놓아 보내면 안 된다. 악착같이 매달려야 한다. 성경본문을 붙잡고 하나님께서 정말 하고 싶은 말씀이 이것이 전부인지를, 혹시 내가 놓친 것은 없는지 반문하면서 파고들어야 한다. 이것이 진리를 단단히 붙잡는 태도이다.

지금 본문은 아브라함과 롯이 헤어질 수밖에 없다는 상황이라는 것을 보여준다. 우리는 양 당사자의 입장을 잘 헤아려야 한다. 전체

화자는 연장자이며 보호자인 "아브라함"이다. 아버지를 일찍 여읜 조카 롯이 마치 아들인 것처럼 여기까지 잘 따라왔다. 헤어지자는 말은 아브라함이 이제 롯이 귀찮아지거나 이제부터는 축복을 혼자서 받으려는 욕심에서 나온 말이 아니다. 아브라함은 믿음이 깊은 인격자이다. 그러므로 설교자는 롯을 향한 아브라함의 마음은 어땠을까를 "실감"하려고 더욱 애쓸 필요가 있다. 무심히 넘겨서는 안 된다. 다른 연구자들은 능력에 따라 다른 질문들을 할 수 있겠지만 일단, 심화연구에 도움이 될 것으로 여겨지는 세 가지 질문을 던져놓고 답을 모색해보자.

첫째, 아브라함이 롯에게 한 말 가운데 "한 친족"이라는 말에 아브라함의 특별한 애정과 의미가 담긴 것은 아닐까?

둘째, 아브라함이 우선적으로 선택할 권리를 롯에게 양보하는 듯한 발언의 진정한 의미는 무엇일까?

셋째, 롯이 소돔과 고모라를 선택할 때 무엇이 드러난 것일까?

아브라함과 롯은 가나안 땅에 들어와 나그네로 살았지만 축복을 받았다. 그 결과, 아브라함과 롯, 양쪽의 가축 수가 많아졌다. 나그네 처지였기 때문에 풍부한 목초지와 식수원을 찾기는 힘들었을 것이다. 주인의 가축을 돌보는 종들은 신경이 매우 날카로워지고 눈에 핏발이 서기 시작했을 것이다. 종들 사이에 파가 나뉘고 사나와지고 다툼을 벌이는 일이 잦아졌을 것이다. 나그네에게 있어서 가축은 가장 중요한 자산일 뿐만 아니라 생업 그 자체인 동시에 보험이다. 아브라함과 롯은 각자의 입장에서 무엇이 근본문제인지를 생각해보고 해결책을 찾기 시작한다. 과연 이것은 더 이상 함께 할 수 없는 상황이 되었다는 의미인가? 어떻게 해야 하나? 서로 갈라서야 할 것인가? 누가 떠나야 할 것인가? 누가 어느 쪽으로 떠나야 할 것인가? 이때 아브라함은 미리 갈 곳을 정해둔 뒤에 조용히 롯을 불러, 헤어질 수밖에 없는 상황이기에 자기가 떠나는 편이 좋겠다고 말할 수도 있었다. 아니면, 롯에게 떠나라고 말할 수도 있었다. 그것도 아니라면 남은 방법은, 누가 떠나야 할지 혹은 남아야 할지 공평하게 제비를 뽑자고 해도 좋았을 것이다. 어른인 아브라함의 입장에서는 네 가축의 수를 줄여라, 네 종들이 잘못했다, 너의 식솔들과 가축들은 내 여행에 끼어딘 것이니 주제파악을 해야 하는 것이 아니냐고 말했을 가능성은 없었다. 아브라함은 그런 말을 꺼내지도 생각하지도 않았을 신실한 인격자였다.

롯은 고아신세였다. 자발적으로 아브라함을 따라 가나안으로 들어왔다. 아브라함이 단지 정처 없이 떠돌면서 정착할 곳을 찾고 있는 중이 아니라 하나님의 부르심과 약속이 있다면 끝까지 동행하려고 결단하는 것도 올바른 선택이다. 가고 싶은 곳을 먼저 정하라고 아브라함이 선택권을 주었을 때 롯이 했어야 할 바람직한 대답은 이런 것이리라.

　-큰 아버지! 제가 오늘 이만큼이라도 먹고 살 수 있었던 것은 다 큰
　아버지 덕분입니다. 그런데 저더러 어디를 가라고 하십니까? 제 가
　축을 모두 큰아버지 손에 맡길 터이니 합해서 같이 살아요.

만약 롯이 이렇게 대답하고 끝까지 아브라함과 동행하겠다고 했

더라면 긍휼이 있고 사랑도 많고 당시에 자식이 없었던 아브라함이 롯의 이런 말에 어떻게 했을까? 상상하기는 어렵지 않다. 롯은 이렇게라도 말했어야 했다.

　―큰아버지! 저야 젊으니 어디에 간들 못 살겠습니까? 큰아버지가 먼저 방향을 정하시면 제가 반대로 가든지, 싸움이 일어나지 않을 정도로만 거리를 둔 채 계속 따라가고 싶습니다.

　하나님께서 아브라함을 어떤 방향으로 가게 하시는 것도 롯을 그 반대방향으로 가게 하시는 것도 하나님이심을 깨달았다면 그렇게 말했어야 하지 않을까? 그 원리를 깨달았을 때 지형과 지세가 유리한지 불리한지를 떠나 확신을 가지고 자신의 길을 갈 수 있는 것이다. 비록 아브라함과 헤어지더라도 계속해서 아브라함과 영적으로 동행하며 하나님의 소명에 순종하면 좋았을 것이다. 그렇게 했더라면 롯 역시 지속적으로 축복을 받았을 것이다.

　그러나 롯은 아브라함으로부터 우선적 선택권을 제안 받는 것을 한 단계 업그레이드된 축복의 통로를 선택할 권리가 주어진 것으로 받아들였던 것 같다. 지금까지 받은 축복의 결과를 디딤돌 삼아 더 큰 축복을 받으러 가도 된다고, 자신은 그럴 자격도 있고 분별력도 있고 획득할 능력도 있다고 확신하였던 것 같다. 롯은 그동안 입은 은혜도 모르고 예의도 없었다. 롯은 오직 자신만 생각했다. 소돔과 고모라를 오늘날의 명동처럼 느낀 롯은 그 길을 택해 떠났다. 그런데 소돔과 고모라는 하나님이 심판하려고 준비한 땅이었다. 이 부분에서 우리는 하나님이 심판하려고 준비한 땅이 왜 롯의 눈에는 그렇게 좋게 보였는가를 진지하게 생각해 보아야 한다.

아브라함은 가나안을 향해 갔다. 아브라함에게 있어서 가나안 땅은 하나님께서 자신과 함께 하시겠다고 불러내신 땅이었다. 하나님과 동행하는 곳이었다. 아브라함은 단지 약속만 있는 광야의 나그네 길이어도 충분히 행복할 수 있었다. 자신은 아무것도 누리지 못하고 단지 먼 후손들이 받을 것을 생각하는 것만으로도 만족스러웠다. 그런 믿음만으로도 충분했다. 그러나 정작 롯은 아브라함과 동행했고 그 동행을 통해 풍성함을 맛보았지만 하나님과 자유롭게 동행할 수 있는 곳보다는 부패와 타락이 넘치는 땅을 원했다.

롯은 소돔과 고모라를 원하는 자신의 마음을 보고 놀랐어야 한다. 여전히 타락의 습성이 강력하게 남아 있는 자신의 진정한 모습을 발견하고 반성했어야 한다. 하지만 롯은 내면에 남아 있는 죄성, 부패한 본성이 원하는 대로 선택하였다. 풍성한 축복으로 인해 롯에게 주어진 선택권은 죄성을 드러내고 악한 기질을 충족시킬 기회를 좇을 것이냐 그 죄성을 억누르고 영적 선을 택할 것이냐의 갈림길에서 있었던 것이다. 이것이야말로 진정한 위기였다. 아브라함과 갈라섰고 아브라함이라면 결코 선택하지 않았을 길로 접어든 것이 진정 위험한 선택이었다.

자, 이제 심화단계의 연구로 이끌었던 세 질문에 대한 답을 정리해보자.

첫째, 아브라함이 롯에게 우리는 한 친족이라고 굳이 언급할 때 내심은 끝까지 함께 하자는 의미였던 것으로 보인다. 아브라함은 우리는 땅을 찾으러 온 것도 풍요로운 도시를 찾아온 것도 아니고 오로지 "축복의 하나님의 명령과 약속을 의지하여" 온 것이니 우리의 소유를 줄이고 더 풍요로운 발전을 포기하더라도 하나님만 바라보고 함께 하자는 생각이었던 것 같다.

둘째, 아브라함은 롯에게 선택권을 넘겨준 모양새이지만 실은 아브라함은 아무것도 선택하지 않겠다는 뜻이다. 롯은 그 선택권을 행사할 때 목축에 유리한 지형, 자녀교육과 장래에 도움이 될 만한 조건들을 고려하였지만 아브라함은 그런 것을 전혀 염두에 두지 않았다. 아브라함은 오직 하나님만으로 만족하겠다는 태도를 견지한다.

셋째, 선택권의 행사는 롯이 믿음도 인격도 부족하고 여전히 속된 본성에 지배되고 있다는 진정한 실체를 드러낼 기회가 되었다. 롯은 기회를 잡은 것이 아니라 갈림길에서 다른 길로 접어들었다. 이 장의 도입부에서 언급한 대로, 진리에 속한 인격인 줄 알았는데 뒤집어졌다. "거짓"에 속한 인격임을 드러냈다. 아브라함은 겉과 속이 다르지 않았고 변함도 없었다. 진리를 단단히 붙잡고 있는 모습을 나타냈다. 그 태도야말로 변함없이 복을 받은 비결이다. 목사도 신자도 그와 같아야 할 것이다.

III.
의인을
길러내라

롯이 아브라함을 등지고 소돔과 고모라 쪽으로 가기로 한 부분에서 정말 중요한 교훈이 또 있다. 사람들은 모두 믿음이 중요하다고 말한다. 그 말은 맞다. 하지만 믿음은 필연적으로 인격과 결부되어 있다는 점도 유념해야 한다. 이것을 인생의 네 박자로 확인해보자.

	믿음이 좋다	믿음이 나쁘다
인격이 좋다	믿음도 좋고 인격도 좋다	믿음은 나쁜데 인격은 좋다
인격이 나쁘다	믿음은 좋은데 인격은 나쁘다	믿음도 나쁘고 인격도 나쁘다

믿음생활을 하는 모든 사람은 이 네 가지 유형 가운데 하나에 반드시 속한다. 중요한 것은 내가 어디에 속하고 싶으냐가 아니라 정

말로, 어디에 있느냐이다. 하나님 보시기에 어떤 유형에 속해 있느냐는 것이다. 롯을 경험을 통해 깨닫자. 아직 축복을 만끽하고 있는 때, 지금 차지하고 있는 지경이 부족해서 더 넓고 더 번창한 곳으로 도약할 기회가 왔다고 여기는 그 순간이 진짜로 자신이 어디에 속해 있는지를 확실하게 검증하는 순간이다.

그런 의미에서 롯은 진짜 위기 즉, 갈림길岐路에 선 것이다. 가야마땅한 길과 가고 싶은 길이 갈라지는 이 갈림길에서 롯은 자신의 길을 선택해야 했다. 처음 추단한 것과 나중에 다른 결과를 맺는 즉, 중간에서 뒤집히는 경우는 다음과 같이 두 가지이다. 롯은 어떤 경우인가? 당신은 어떤 경우인가?

첫째, 좋은 줄 알았는데 실제로는 나빴다는 실상이 드러난다.

둘째, 나쁜 줄 알았는데 실제로는 좋았다는 실상이 드러난다.

진리와 거짓은, 진짜냐 가짜냐로 판가름 난다. 그런데 주의할 점이 있다. 좋은 믿음은 좋은 인격이 없이는 나올 수가 없다. 왜냐하면 그 믿음을 담는 그릇이 인격이기 때문이다. 우리는 인격과 신앙의 조화를 통해 좀 더 성숙한 신앙인으로 성장해야 한다. 때로 어떤 분들은 자신의 믿음이 왜 자라지 못하느냐고 묻기도 한다. 그런 분들은 자신의 인격을 한 번 돌아보는 것이 나을 것이다. 좋은 인격 속에서 좋은 믿음이 자라난다. 그러므로 좋은 인격이 무엇인지를 실감나고 구체적인 설명을 통해 청중에게 자극을 주는 것도 설교자가 할 일이다.

아브라함을 예로 들어보자. 아브라함을 믿음의 조상이라고 한다.

그 아브라함은 롯을 긍휼히 여기는 마음을 가지고 있었다. 그것이 그의 인격이었다.

　　-그거야 어떻게 하겠냐? 그것이 네가 네 아버지를 잘못 만난 때문이지. 알아서 잘 살거라. 내가 네게 해줄 얘기는 그 얘기밖에 없다.

아니면, 이렇게 대답할 수도 있었을 것이다.

　　-나는 다른 뜻 없으니 오해하지 마라. 나는 하나님이 다 버리고 떠나라고 해서 떠나는 거다. 나는 너를 데리고 갈 수가 없다. 내가 너를 데리고 가느라고 하나님 말씀을 어길 수 있겠냐?

아브라함이 롯에게 이렇게 대답했던들 누가 뭐라고 할 사람이 있었을까? 그런데도 아브라함은 롯에게 선택권을 주었다. 이것이 바로 아브라함의 인격이었다. 아브라함은 아비 없는 롯을 자식처럼 거두는 따뜻한 마음을 가진 사람이었다. 그러면 적어도 롯은 자기를 거둔 사람에게 배은망덕하면 안 되었다. 이것이 내가 롯에게 정말 해주고 싶은 말이다. 신자는 은혜를 잊지 않는 마음을 갖춘 인격자가 되어야 한다. 그리고 어른을 공경해야 복을 받는다.

인격이 안 되면 좋은 신앙이 들어갈 수가 없다. 인격적인 하나님이 어떻게 비인격적인 사람 속에서 역사하실까? 롯의 결정적인 약점 가운데 하나는 바로 이것 즉, 인격의 부족이다. 그 원인이 아버지 하란이 비인격적이었든 아버지가 일찍 죽어서 보고 배운 것이 없었던 탓이었든 롯은 인격부족을 드러내고, 거기에 대한 대가를 치르게 되어 있다.

이 주제와 연관된 성경본문은 창세기 18장과 19장이다. 창세기

18장과 19장은 천사들이 소돔과 고모라를 멸망시키는 상황이다. 소돔과 고모라를 멸망시키러 가는 천사들을 아브라함이 우연히 영접하는 듯한 장면에서 실제로 그 두 성이 멸망당하는 장면까지이다.

기초단계 : 문장 분석과 이해

본문을 읽으면서 느껴지는 그대로를 정리해서 설교해도 말씀중심의 설교라 할 수 있다. 그러나 본문의 내용과 교훈을 그 이상으로 깊이 있게, 그 본문을 통해 하나님의 마음, 우리를 향한 하나님의 소원을 포착해서 청중의 마음에 충분히 전달해주려는 것은 설교자의 자세이다.

우리는 앞에서 선택의 기로에 선 아브라함과 롯을 다뤘다. 롯은 성공의 든든한 조건을 눈에 보이는 대로 선택한다. 반면에 아브라함은 하나님을 선택하고 흔들리지 않았다. 그 점을 염두에 두면, 그러면 그 다음은 어떻게 되는지 궁금해진다. 창세기 18장과 19장은 비록 시간이 흘렀지만 창세기 13장의 뒷이야기 혹은 결말을 소개한다. 자, 여기에서 다음 질문을 던지면 이해에 도움이 될 것이다.

첫째, 왜 천사들은 소돔과 고모라로 갈 때 굳이 아브라함을 지나쳐가는 길을 잡았는가? 하나님의 의중은 무엇이며 천사들의 마음은 무엇인가?

둘째, 아브라함과 롯이 세상에서 성취해야 할 사명과 역할은 무엇이었는가?

셋째, 롯이 소돔과 고모라에서 어떻게 처신했어야 하는가?

이 질문들을 보는 즉시 좋은 답변이 생각나지 않는다면 읽고 쓰기가 여전히 부족한 것이다. 반복해서 읽고 쓰고 분석하다보면 말씀을 깊이 파내려 갈 수 있게 된다. 하나님의 말씀이 설교자의 마음과 정신을 흠뻑 적셔줄 것이다. 그 경지를 경험하자.

심화단계 : 연구

창세기 18장에서는 천사들이 아브라함의 집을, 19장에서는 롯의 집을 방문한다. 그런데 천사들에 대한 대접에서 차이가 난다. 아브라함은 천사들을 온갖 좋은 것으로 정말 잘 대접한다. 그런데 롯이 천사를 대접하는 장면에서는 롯만 있고 아내와 두 딸은 보이지 않는다. 어딘지 소홀하다고 느껴진다. 그래도 롯은 무교병을 구워 대접한다. 이 역시 신앙이며 인격을 나타낸다. 천사를 영접하고 소홀하지만 그래도 무교병을 대접할 정도의 믿음과 인격을 가지기는 했다. 믿음과 인격의 질과 성숙도는 위기상황에서 매우 중요한 역할을 한다. 이 정도 믿음과 인격을 가진 롯은 어떻게 행동하고 어떤 운명의 결말을 맞는지 자세히 살펴보자.

창세기 19:4-5, 7-8, 17-21

그들이 눕기 전에 그 성 사람 곧 소돔 백성들이 노소를 막론하고 원근에서 다 모여 그 집을 에워싸고 롯을 부르고 그에게 이르되 오늘 밤에 네게 온 사람들

이 어디 있느냐 이끌어 내라 우리가 그들을 상관하리라 창 19:4-5

청하노니 내 형제들아 이런 악을 행하지 말라 내게 남자를 가까이 하지 아니한 두 딸이 있노라 청하건대 내가 그들을 너희에게로 이끌어 내리니 너희 눈에 좋을 대로 그들에게 행하고 이 사람들은 내 집에 들어왔은즉 이 사람들에게는 아무 일도 저지르지 말라 창 19:7-8

그 사람들이 그들을 밖으로 이끌어 낸 후에 이르되 도망하여 생명을 보존하라 돌아보거나 들에 머물지 말고 산으로 도망하여 멸망함을 면하라 롯이 그들에게 이르되 내 주여 그리 마옵소서 주의 종이 주께 은혜를 입었고 주께서 큰 인자를 내게 베푸사 내 생명을 구원하시오나 내가 도망하여 산에까지 갈 수 없나이다 두렵건대 재앙을 만나 죽을까 하나이다 보소서 저 성읍은 도망하기에 가깝고 작기도 하오니 나를 그 곳으로 도망하게 하소서 이는 작은 성읍이 아니니이까 내 생명이 보존되리이다 그가 그에게 이르되 내가 이 일에도 네 소원을 들었은즉 네가 말하는 그 성읍을 멸하지 아니하리니 창 19:17-21

창세기 19장 4절과 5절을 읽고 써보자. 본문의 상황을 눈으로 본 듯이, 손을 내밀면 잡을 수 있을 정도로 그려보자. 롯이 당면한 이 위기 혹은 시험의 본질을 표출하는 단어가 있는가? 어떤 단어인지 지적해보라. 없다면 적절한 단어를 생각해내 보라.

내가 보기엔 "상관"이라는 단어이다. "상관"이라는 단어를 "동성연애"라는 뜻으로 해석하는 것이 일반적이다. 노소를 막론하고 소돔 사람들이 모두 몰려와서 "롯"에게 손님들을 내놓으라고 요구한다.

롯은 다시 선택의 기로에 선 것이다. 이 위기를 타개할 대책이 롯에게 있었는가? 대책은 무엇이었는가? 7절과 8절을 보자. 먼저, 롯의 태도를 이해한 뒤에 롯의 대책을 살펴보자.

롯의 태도는 타협주의적이다. 선과 악에 대한 구분이 없고 악에 대한 명확한 방침이 없다. 당면한 난국을 빠져나가면 그것으로 충분하다는 전략이다. 물론 악이 악인 줄을 안다. 하지만 자신은 계속해서 소돔 성에서 소돔 사람들과 함께 살아야 하기 때문에 악을 악이라고 단호하게 규정하지도 엄격한 태도를 취하지도 않는다. 악과 결연하게 단절하겠다는 것이 아니라 적당한 선에서 양보하고 타협하려고 한다. 악은 악이지만 악에게 양보하면서도 악에 물들지 않고 그 악 때문에 심판받지 않을 것 같은 정도로 적당한 거리를 유지하면 된다는 발상에 다름 아니다. 소돔을 선택한 것과 동일한 원리이다. 그동안 소돔에 살면서 소돔의 악에 대한 치열한 싸움도 고뇌도 없었다는 의미이다. 자기 딸 둘을 내놓겠다고 제시하였다. 롯 자신은 이것을 선을 위한 희생이라고 생각하겠지만 벌써 이런 식으로, 이만큼이나 소돔과 고모라의 악한 문화에 물들었던 것이다.

악은 본인도 모르는 사이에 총명을 흐리고 깨달음을 더디게 만들고 무식하게 만들어 결국 진리에서 멀어지게 한다. 아마도 조폭들의 세계를 그린 영화의 한 장면을 떠올리면 될 것이다. 보스에게 충성하고 싶은 마음에 보스가 눈에 거슬린다고 툭 내뱉은 한 마디에 즉시 흉기를 휘둘러 없애버리는 똘마니. 뭐 이런 장면이 아닐까 싶다.

마음에 드는 길로 가는 것은 좋지만 악과 부작용까지 떠안아서는 안 된다. 천사를 보호하는 것도 좋지만 그렇다고 자신의 딸 둘을 망가 뜨리겠다는 행위는 정당하지 않다. 도대체 롯은 자신이 영접한 천사들을 정말 천사로 인식하고 있었던 것일까? 롯은 이 지경으로 무감각하고 무지한 상태가 되었다. 자신이 누구를 영접하였는지 깨닫지 못하였든 아니면, 하나님의 능력, 천사의 힘에 대하여 전적으로 무감각했다.

17절에서 21절까지의 부분을 보면, 롯은 그동안 거주하던 소돔 성을 떠나라는 명령을 받고도 미적거린다. 아마도 성이 멸망당한다는 말을 듣고 몸만 피할 수 없는 노릇이라고 생각했을지도 모르겠다. 돈 될 만한 것, 가문을 다시 일으킬만한 밑천, 귀중품들을 하나라도 더 챙기려고 했을 것이다. 보다 못한 천사가 롯과 롯의 가족을 순간적으로 성 밖으로 이끌어낸다. 그리고 천사는 롯에게 가족들을 이끌고 멀리 산으로 도망가라고 명령한다. 그런데 롯은 그 명령대로 산으로 도망갈 자신이 없었다. 목숨이 경각에 달렸는데 기운도 빠졌다. 살려줘도 살 수 없는 사람, 롯은 그 지경이 되었다. 아무리 성도라 할지라도 세상과 벗하면 이렇게 된다. 롯은 정말 형편없이 망가졌다. 소돔과 고모라의 풍요 속에서 번듯하게 잘 될 줄 알았는데 빛 좋은 개살구였던 것이다.

그런데 이 상황에서 매우 중요한 교훈이 나타난다. 롯이 천사에게 산은 너무 머니 가까이에 있는 소알 성으로 피하게 해달라고 부탁한 것이다. 놀랍게도 천사는 그 요청을 기꺼이 들어준다. 소알 성의 문화도 소돔과 고모라 못지않게 부패하였을 것이다. 어쩌면 소돔과 고모라와 더불어 소알 성도 멸망당하기로 되어 있었을지도 모른다. 똑같이 부패하였고 가까이 있었기 때문이다. 만일 그렇다면 롯의 요청으로 소알 성은 심판을 피한 셈이다. 소알은 하나님께서 불과 유황으로 소돔과 고모라를 통째로 멸해버리신 이 심판에서 제외되었다.

자, 여기에서 정리해보면 아브라함의 간구로 롯이 구원받고 롯의 간구로 소알이 구원받았다. 아브라함이 하나님의 부르심에 순종으로 응답하였을 때 천하만민의 복의 근원이 되었다. 하나님이 베푸시는 복의 근본은 은혜와 진리이다. 그렇다면 아브라함은 하나님께서 세상에 주시는 은혜와 진리 그리고 축복의 "도구"이다. 가나안 땅까지 동행한 롯도 마찬가지이다. 예수 그리스도를 구세주로 영접한 성도는 하나님께서 이처럼 쓰는 도구라는, 축복의 통로라는 역할이 있다. 그러나 창세기 19장은 아브라함과 롯의 역할과 운명은 극단적으로 달라져버렸다는 것을 보여준다. 아브라함은 진리에 속했고 롯은 거짓에 속했다는 사실이 드러났다. 왜 이렇게 되었을까? 어디에서 갈라졌을까? 바로 13장에서였다. 롯은 거기에서 "뒤집어졌다." 그 결과로, 여기에서 이렇게 아브라함과는 완전히 다른 운명을 맞이하였다.

 창세기 19:30-38

창세기 19장은 더욱 놀라운 장면을 우리에게 보여준다. 소돔과 고모라의 심판으로 모든 악이 끝난 것이 아니었다. 소돔과 고모라의 죄악은 롯의 적당주의와 탐욕을 타고 들어와 생각보다 깊게 뿌리를 내렸다. 그 뿌리는 계속해서 비극을 낳았다. 이 부분도 매우 중요하므로 본문의 요점을 노트에 메모하면서 차근차근 확인하자.

[본문: 창 19:30-38]

- 롯은 공포에 휩싸였다.
- 두 딸을 데리고 소알을 떠나 산으로 올라가 굴에서 살았다.
- 두 딸이 아버지에게 술을 먹이고 관계를 해서 자식을 낳자고 모의하였다.
- 롯은 술에 취해서 이틀 동안 두 딸이 무슨 짓을 했는지 몰랐다.
- 두 딸은 모압과 암몬의 조상을 낳았다.

참으로 놀라운 일이다. 정말 이해할 수 없는 일이 계속 벌어졌다. 계속해서 "롯"에 주목하자. 이 대목에서 두 딸의 행위 이전에 도저히 이해할 수 없는 롯의 행적을 정리해 보아야 한다. 롯이 당면한 불행은 소돔과 고모라의 멸망, 그와 더불어 롯이 그동안 쌓은 모든 것을 상실하는 그것으로 끝나지 않았다. 비극이 대대로 지속된 근본원인은 바로 어처구니없는 롯 그 자신 때문이다. 무엇이 문제였는가?

첫째, 두려움에 사로잡힌 것이다.

둘째, 아브라함에게로 가지 않은 것이다.

셋째, 하나님을 찾지 않은 것이다.

이 세 가지 측면은 롯이 비록 사악한 불신자는 아닐지라도, 비록 믿음이 조금은 있다할지라도 있으나마나 할 정도로 변변치 않고 너무나도 허약해서 자신의 삶과 위기를 감당하지 못할 정도라는 것과, 소돔과 고모라의 멸망 그리고 그 멸망으로부터 기적적 구원을 통해 얻은 교훈이 없다는 것을 보여준다. 아무리 롯이 잘못을 했더라도 천사가 방문하였다. 천사가 은혜를 베풀어 구원해주었다. 롯의 간청에 응답하여 소알 성으로 피하도록 허락해주었다. 롯은 하나님의 사랑과 은혜를 발견하고 가슴 벅차게 찬양했어야 마땅하다. 그래도 정말 어찌할 바를 몰랐다면 믿음의 아버지, 멘토 아브라함을 다시 찾았어야 한다. 자신을 붙잡아줄 도움의 손이 필요했다면, 의지해야 할 무엇인가를 필요로 했다면, 아브라함에게 손을 내밀었어야 한다. 롯은 소돔과 고모라에서 모든 것을 잃어버린 것이 아니다. 하나님의 은혜가 여전히 자기 위에 머물러 있고 아브라함과 동행하면 된다. 다시 아브라함을 찾고 믿음의 길을 회복할 얼마나 좋은 기회였는가? 얼마나 큰 축복이었는가? 그런데 롯은 아브라함에게로 가지 않았고, 하나님을 찾지도 않았다.

그러면 롯의 현상태는 무엇이었는가? 롯이 무엇을 붙잡고 있었는가? 바로 절망이었다. 자신에게는 이제 아무것도 남아 있지 않다는 절망은 자기도 모르는 사이에 또 다른 죄악을 불러오고 좌절을 잉태하고 죽음보다 지독한 비극을 낳는다. 소돔과 고모라의 악한 문화뿐만 아니라 롯의 잘못된 행적과 태도 역시 두 딸에게 영향을 미쳤다. 두 딸도 "세상의 도리"를 따져 아버지에게 술을 먹이고 통간하여 자식을 낳자는 모의를 한다. 그리고 실행한다. 만일 롯이 하나님께 속죄와 감사의 제사를 드리고, 근신하고 기도하였더라면 모압 족속과 암몬 족속은 축복의 족속이 되었을 것이다.

다시 생각해 보자. 롯은 소돔과 고모라로 갔다. 요나는 니느웨로 갔다. 니느웨는 소돔과 고모라 못지않은 죄악이 관영한 심판 받아 마땅한 도시였다. 하지만, 요나가 사명을 감당해서 살아났다. 만약에 롯이 요나처럼 사명을 감당했었다면 소돔과 고모라도 니느웨처럼 살아남을 수 있었을 것이다. 소돔과 고모라가 멸망을 당한 결정적 이유는 롯이 그 도시에 있었음에도 불구하고 그 도시에 의인 열 명을 만들어내지 못하였기 때문이라고 말해도 과언이 아니다. 롯이 소돔과 고모라에 들어가서 열 명을 전도하지 못했기 때문에 멸망당했다는 의미이다. 오히려 롯과 그 가정조차도 의인이라고 말하기 어려운 지경이 되고 말았다.

소돔과 고모라 : 롯이 사명을 감당 못해서 멸망당한 도시
니느웨 : 요나가 사명을 감당해서 살아난 도시

반대로 가정해보자. 아브라함이 소돔과 고모라에 들어갔다면 어떻게 되었을까? 그랬더라면 그 두 성은 멸망당하지 않았을 것이 틀림없다. 무엇보다도 아브라함이 의인이고 아브라함이 "집에서 기르고 연습한" 즉, 아브라함의 집에서 태어나고 훈련받고 무장한 종의 숫자만도 318명에 달했기 때문입니다(창 14:14). 창세기 24장에는 아브라함의 명령을 받고 이삭의 짝을 찾으러 간 늙은 종의 이야기가 나온다. 리브가를 만나 이삭에게 데려온 늙은 종을 보라. 얼마나 신실하고 지혜롭고 겸손한지 참으로 의인이라고 할 만한 사람이다. 그 늙은 종의 기도를 살펴보자.

> 그가 이르되 우리 주인 아브라함의 하나님 여호와여 원하건대 오늘 나에게 순조롭게 만나게 하사 내 주인 아브라함에게 은혜를 베푸시옵소서 성중 사람의 딸들이 물 길으러 나오겠사오니 내가 우물 곁에 서 있다가 한 소녀에게 이르기를 청하건대 너는 물동이를 기울여 나로 마시게 하라 하리니 그의 대답이 마시라 내가 당신의 낙타에게도 마시게 하리라 하면 그는 주께서 주의 종 이삭을 위하여 정하신 자라 이로 말미암아 주께서 내 주인에게 은혜 베푸심을 내가 알겠나이다 _창 24:12-14

이 늙은 종이 아브라함의 믿음을 얼마나 본받고 아브라함의 하나님을 얼마나 신뢰하는지 가늠할 수 있는가? 얼마나 지혜롭게 간구하는지 보라. 이 늙은 종의 기도를 하나님께서 얼마나 즉각적으로 응답해주셨는지 보라. 그럼에도 늙은 종은 하나님의 인도하심으로 자신이 만나게 된 그 처녀가 정말 하나님의 응답이며 아브라함의 좋은 며느리 감인지 알려고 신중을 기한다(24:21). 하나님의 응답인 줄 확신하는 순간, 머리 숙여 하나님을 진정으로 경배하고 찬양한다(26-27절). 그리고 리브가의 가족 앞에서 여호와 하나님께서 아브라함을 얼마나 축복하셨는지, 자신이 어떤 사명을 가지고 왔는지, 이곳에서 하나님께서 자신의 기도에 어떻게 응답하셨는지, 그리고 자신이 어떻게 찬양하였는지를 증거 한다.

내 주인 아브라함의 하나님 여호와께서 나를 바른 길로 인도하사 나의 주인의 동생의 딸을 그의 아들을 위하여 택하게 하셨으므로 내가 머리를 숙여 그에게 경배하고 찬송하였나이다 _창 24:48

그리고는 그 즉시, 리브가의 가족에게 대답을 촉구한다.

이제 당신들이 인자함과 진실함으로 내 주인을 대접하려거든 내게 알게 해 주시고 그렇지 아니할지라도 내게 알게 해 주셔서 내가 우로든지 좌로든지 행하게 하소서 _창 24:49

그런데 33절에서 이 종이 한 말을 결코 간과해서는 안 된다.

그 앞에 식물을 베푸나 그 사람이 가로되 내가 내 일을 진술하기 전에는 먹지 아니하겠나이다 라반이 가로되 말하소서 _창 24:33

이 늙은 종의 믿음과 성실함이 어떤가? 롯과 비교하면 어떤가? 롯은 많은 재산을 가지고 더 큰 자유와 풍요로움을 찾아 아브라함의 곁을 떠났다. 롯과 달리 이 늙은 종은 늙도록 아브라함의 곁에 머물렀다. 롯의 말년과 이 늙은 종의 말년을 비교해보라. 누가 축복된 자인가? 그 뿐만 아니다. 이 늙은 종이 아브라함의 며느리를 구하러 간 사이에 아브라함의 아들은 무엇을 하고 있었는가? 늙은 종이 리브가를 데리고 집으로 돌아오는 그 순간까지 이삭은 기도하고 있었다.

이 일화들은 아브라함의 실력을 나타내는 증거이다. 우리는 아브라함이 하나님의 부르심에 순종하였다는 그 개인적 순종의 사실에만 주목해서는 안 된다. 성경을 그렇게 좁게 보는 것은 하나님의 말씀을 제한하는 것이다. 하나님은 물질적 풍요를 제공해줄 수 없는 척박한 광야에 기꺼이 머물기로 선택하는 아브라함에게 어떤 축복을 주셨는지를 보아야 한다. 아브라함 자신만이 아니라 함께 하는 사람들도 신실하고 의로운 삶을 살도록 얼마나 강력한 영향력을 미쳤는지도 놓쳐서는 안 된다.

그러므로 소돔과 고모라에 롯이 가지 않고 만약 아브라함이 갔었다면 그 두 성은 멸망당하지 않고 살아남았을 것이 분명하다. 지금 우리가 섬기는 교회에서 우리는 지금 아브라함인가? 아니면 롯인가? 정직하게 판단해야 한다. 만일 롯과 같다면, 그대로 간다면, 우리가 섬기는 교회는 소돔과 고모라처럼 될 것이 틀림없다. 소돔과 고모라는 사악해서 멸망당했지만 만일 아브라함이 갔더라면 멸망당하지 않았을 것이다. 만일 우리가 롯과 같다면, 아브라함처럼 되어야 한다. 처음에는 아브라함이었다가 중간에 뒤집어져 롯처럼 제멋대로 되어서는 안 된다. 아브라함처럼 굳세고 흔들림 없이 의의 길로 가야 한다. 아브라함처럼 날이 갈수록 믿음이 단단해지고, 하나님께서 요긴하게 쓰시는 도구가 되어야 한다. 은혜와 진리를 넘치도록 전할 수 있어야 한다. 날마다 점점 더 그렇게 되어야 한다.

하나님께서 주지 못해서 못 받는 것은 없다. 아브라함이 황무지에 있다고 해서, 잘나가는 친구가 없어서, 연줄이 없어서 하나님께서 복을 주지 못하신 적은 없다. 줘도 우리가 받지 못하는 경우가 너무 많다. 만약 이 교회에 내가 아니라 더 유능한 사람이 왔다면 놀랍게 부흥했을 텐데 나 때문에 부흥이 안 된다는 생각이 든다면 내 모습이 변화되기를 주님께 기도하지 않으면 안 된다. 그리고 말씀을 붙잡고 몸부림쳐야 한다. 능력을 나타내는 증거자가 되도록 노력해야한다. 이것이 창세기 13장부터 24장까지를 하나로 볼 때, 아브라함과 롯을 비교해 볼 때, 성경이 우리에게 도전적으로 제시하는 교훈이다.

부흥을
맛보라

소돔과 고모라는 죄악이
관영하였기 때문에, 회개하지 않았기 때문에 멸망당한 것이 아니다.
단지 의인 열 명이 없었기 때문에 하나님의 심판을 받아 멸망하였
다. 하나님께서 요구하시는 의인은 성인군자가 아니다. 단지 자신의
무익함과 죄악성을 깨닫고 여호와 하나님만을 참 하나님으로 인정
하고 의지하는 그런 사람이다. 열 명이라는 숫자도 생각하기에 따라
서는 지극히 간단한 숫자이다. 롯과 롯의 아내 그리고 두 딸과 약혼
자 둘, 이렇게만 해도 여섯 명이다. 여기에 오래 전부터 롯과 함께
살아왔던 종들이 있었을 테고, 그 종들 가운데는 아브라함의 종들처
럼 신실하고 의로운 종들이 있었을 것이다. 그러므로 아브라함이 생
각하기에도 의인 열 명은 결코 터무니없이 어려운 수가 아니었을 것

이다. 하나님은 소돔과 고모라에게 의인을 내놓으라고 요구하지 않으셨다. 의인을 만들어낼 책임은 롯에게 있었다. 그러므로 소돔과 고모라의 멸망은 롯의 책임이다. 다시 말하자면, 소돔과 고모라는 롯 때문에 멸망하였다고 말해도 틀린 말은 아니다.

경제적으로 어려움을 겪는 교회들이 많다. 그 가운데는 정말 생면부지의 타향에서 가진 것 하나 없이 교회를 개척하여 어려움을 겪는 교회도 있다. 본래 교회를 개척하기도 어렵고 성장하기도 어려운 지역에 도전적으로 개척한 교회도 있다. 이런 교회가 경제적으로 어려움을 겪는 것은 이해할 수 있다. 반면에 한없이 도움만 구하고 생명력도 거의 없는 교회들도 있다. 물론 하나님의 뜻과 예수 그리스도의 보혈로 세운 그 어떤 교회도 무의미하지도 무가치하지도 않다. 주님의 교회가 재정적 어려움을 겪고 빈곤에 허덕여도 주님의 교회이다. 돈이 없다는 이유로 주님의 교회를 경멸해서는 안 된다.

그러나 목회자가 스스로 생각해 보았을 때 자신이야말로 소돔 성으로 옮겨간 롯과 같다면 무엇인가 조치를 취하지 않으면 안 된다. 자신도 망하고 교회도 망하고 그 성읍도 망한다. 나는 결코 롯이 아닐 것이라는 낭만주의적 사고방식은 결코 구원을 주지 못한다. 최소한, 하나님께서 찾으실 때 내놓을 의인 열 명을 만들었는지 양심적으로 따져보아야 한다.

보통의 신자도 은혜 받고 헌신적으로 열정을 다하면 자신의 가족과 자녀 그리고 친구들에게 전도하여 열 명을 만들 수 있다. 열 명은 결코 불가능한 숫자가 아니다. 그런데 소명을 받고 대학교 4년, 신학

대학원 3년, 인준 전도사 2년을 거쳐 목사 안수를 받은 뒤에 교회를 개척하여 3년, 5년이 지나고도 의인 즉, 십일조 성도 열 명을 만들지 못한 채 여전히 다른 교회에 손을 벌려 교회를 유지하고 있다면 그것은 정말 대단히 특수한 목회이다. 남들은 되는데 나는 왜 안 되는가라는 의문이 들면서 맥이 빠지는가? 남들도 안 되니까 당연히 나도 안 되지 하면서 민폐를 끼치며 그럭저럭 버티고 있는가? 하나님께서 부르셔서 목회를 전공하였고 하나님께서 도움을 주셔서 여기까지 왔다고 확신하면서도 어느덧 마음속에서는 즐거움과 자신감이 사라지고 있는가?

어떤 기도원에 갔다가 도전을 받은 적이 있다. 정말 굉장한 도전을 받았다. 정말 이렇게 말하면 안 되지만, 그 기도원 원장은 정말 설교를 못했다. "설교가 뭐 저래"라고 당장 소리치고 싶을 정도였다. 게다가 그 원장님은 여자였다. 인물도 뛰어나지 않고 학력도 변변치 않았다. 그렇다고 찬양을 잘하는 것도 아니었다. 그 원장을 객관적으로 나 자신과 비교해 보았다. 거의 모든 면에서 내가 훨씬 나았다. 단 한 가지 항목에서 내가 조금 뒤졌다. 그러나 현실적으로는, 그 원장은 나와는 엄청나게 다른 사역을 하고 있었다. 그 원장은 전국에 이십여 개의 기도원을 운영하고 있었다. 그 사실에 이루 말할 수 없이 큰 충격을 받았다. '내가 뭐하고 있는 거지!' 라는 생각을 도저히 떨쳐버릴 수가 없었다. 그 원장이 나보다 잘하는 것이 있다면 바로 손톱 하나 잘 쓰는 것이었다. 손톱도 다 똑같지 않은가 보다. 다른 사람들은 그 원장을 비판하지만 오히려 그것이 내게 굉장한 도전이 되었다. 이단이라고 욕을 먹는 저 여자도 그토록 욕을 먹으면서도 이십여 개의 기도원을 운영하는데 정통 일단은 뭐하는 것인가? 그냥 비난만 하기 전에 정말 부끄러웠다. 나는 도대체 무엇을 배웠고, 무엇을 하고 있는지 도전을 받지 않을 수 없었다.

"야! 여자도 저렇게 하는데 남자가 이거 뭐하는 거냐?"
"야! 이단도 저렇게 하는데 너는 뭐하는 거냐?"

나는 그렇게 도전을 받았고, 그 도전에서 동력을 얻었다. 정통교회의 모든 신자들과 목회자들도 도전 받기를 원한다. 이단들이 열심히 전도하는 모습을 보며 손가락질만 하지 말고 더욱 분발하기를 바란다. 지속적으로 도전받아서 웅비하고 싶은 열정이 되살아나고 힘차게 날개짓해서 창공으로 높이 날아오르기를 바란다.

　-"보일러가 안 돼서 힘이 듭니다. 견적이 200만 원 정도 나옵니다."
　-"빚이 있는데 목사님이 갚아주셨으면 좋겠습니다."
　-"전세 살고 있는데 나가라고 합니다. 어떻게 해야 하나요?"

잘 알지도 못하는 목사나 교회 앞으로 이런 편지를 써서 보내는 목회를 맥없이 지속하고 있는 목회자들이 있다. 그런 의식구조는 정말 잘못되었다. 인생살이든 목회든 다른 이들의 도움이 필요할 때가 많다. 그렇다. 하나님을 위해 온 힘을 쏟으며 도전할 때 부족해서 도움을 구하는 것은 충분한 의미가 있다. 그러나 목사의 멋진 모습은 자신의 부족함을 채우기 위해 아쉬운 소리를 하거나 쩔쩔매는 데 있

지 않다. 주고 베풀고 나누는 모습에 있다. 목회의 소명을 받았다는
것은 평생 민폐 끼치며 살아도 된다는 면허증을 받는 것이 아니다.
"돕는 목사가 되라"는 부르심이다. 큰 목회를 하던 작은 목회를 하
던, 많던 적던 돕고 베풀고 무엇이든 주는 삶을 살고, 성도들을 돕고
은택을 끼치는 인생으로 만들라는 소명이다. 하나님께서 은혜를 베
풀어주시고 소명을 주시고 능력을 주시는 인생인데 못할 것이 무엇
이 있겠는가?

나는 돕는 목사가 되리라!

일전에 부산에서 부흥회를 했다. 부흥회를 하는 동안 "세상에 이
렇게 좋은 교회가 있다니!"하는 감탄이 절로 나왔다. 그 교회의 담임
목사는 루게릭병에 걸린 환자였다. 온 몸의 근육이 마비가 되어 있
었다. 말을 하는 것도 움직이는 것도 너무 힘들어하였다. 그분이 하
는 말을 알아들을 수 없을 정도였다. 저래서 어떻게 목회를 할까라
는 생각이 들지 않을 수 없었다. 그런데 교인들은 몇 백 명이나 모이
고 있었다. 정말 그 목사도 대단하고 교인들도 참 훌륭하다는 생각
이 들었다. 온 몸의 근육이 마비되어 제대로 움직이지도 말도 온전
히 못하는 목사가 몇 백 명짜리 목회를 한다. 그렇다면 수족이 온전
하고 말도 잘하는 목사는 얼마나 잘해야 할까?

나는 여러 종류의 목사들을 만난다. 참 괜찮은 목사구나, 틀이 아
주 좋구나 하는 생각이 드는 목사들이 있다. 그런데 막상 그 목사가

목회하는 교회를 가보면 실망하게 되고 틀 값을 잘못한다고 생각될 때가 많다. 반면에 그냥 겉으로 볼 때 저래서 목회가 되겠나 싶은 마음이 들다가도 그 목사가 목회하는 현장에 가보게 되면 그래도 교인들이 최소한 몇 백 명씩은 되었다. 도대체 뭣 때문에 이런 차이가 날까? 목회는 틀만 좋다고 되는 것은 아닌 것 같다. 내면의 차이가 훨씬 더 중요한 것 같다. 학교에서 똑같이 배우고 똑같이 착실하게 준비하였지만 목회 일선에서 무엇인가 다른 면이 있어서 그렇게 달라졌을 것이다.

이런 부분에서 우리는 도전을 받아야 한다. 서로에게 자극을 주어야 한다. 우리는 각자 자신의 목회와 교회로부터 시작해야 한다. 먼저 자신의 교회를 살려내야 한다. 의인 열 명만 있었어도 소돔과 고모라는 멸망당하지 않았을 것을 생각해야 한다. 롯처럼 되지 않겠다, 아브라함처럼 되겠다는 각오로 끊임없이 도전해야 한다. 이단이 열심히 한다면 정통인 우리는 더 열심히 도전해야 한다. 나의 목회가 변하고 나의 교회가 변하고 우리의 교회들이 변하여 온 나라가 구원받도록 하는 것은 비전이기 이전에 사명이다.

"내가 안 되면, 우리 교회가 안 되면, 한국 교회가 안 된다."
"내가 되면, 우리 교회가 되면, 한국 교회가 된다."

그렇다. 업어 치든 메치든 같은 말 같은데도 이토록 다른 것은 긍정과 부정의 차이라기보다는 방향성의 차이이기 때문이다. 우리는 우상숭배가 만연한 갈대아 우르를 떠났지만 마찬가지로 우상숭배가 만연한 가나안 땅에 들어선 아브라함이 되어야 한다. 소돔과 고모라 성으로 보내진 아브라함이 되어야 한다. 우리가 보냄을 받은 목회현장의 환경이 아무리 형편없어도 언제까지 투덜대기만 해서는 안 된다. 짜증이 무엇을 이룰 수 있겠는가? 죽을 때까지 불평하면 불평하다가 죽을 뿐이다. "저는 정말 이렇게 형편없는 곳에서도 이렇게 해냈습니다"라고 말할 수 있을 정도로 잘해내야 한다. 그것이 사명이며, 도전이다.

전라남도 함평하면 무엇이 떠오르는가? 사실, 함평은 특별히 유명한 것이 없었다. 그런데 지금은 "나비축제"로 유명하다. 국민의 뇌리에 "함평 = 나비축제"라고 각인되어 있다. 이제는 "나비축제"를 뺀 함평을 상상할 수 없게 되었다. 함평을 다른 것과 연관지을 것을 찾기 어려울 것이다. 얼마나 잘하는 축제인가 보자. 2008년 5월 5일 하루 입장객을 함평 나비축제와 용인에 있는 유명한 놀이공원과 비교하면 66,000명 대 55,000명이었다. 서울 턱밑에 있는 국내 최대의 테마파크의 입장객보다 저 전라도 구석에 있는 행사장에 더 많은 사람이 몰려든 것이다. "나비축제"는 국내에서 가장 성공적인 축제행사가 되었다. 인구가 38,000명밖에 안 되는 이름 없는 시골 군을 전국적으로 유명하게 만든 리더십은 이석형 전 군수 한 사람에게서 나왔다. 성공해본 적이 없는 사람은 성공에 대한 자신감이 없다. 이름도 없고 유명한 것도 없는 작은 시골 군이 어떻게 지역축제를 성공시킬 수 있을지 아무도 상상하지 못했고 자신감도 없었다. 불평불만과 패배주의적 비판은 또 얼마나 많았을까? 이래서 안 될 것이다, 저래서 안 될 것이다라는 말만 반복했을 것이다. 불가능하다고 문제를 제기하는 사람에게 아무리 대답을 해줘도 성공해 본 경험이 없으니 알아듣겠는가? 그래도 성공시킨 공로자가 이석형 전 함평군수이다.

신자라면 그런 마인드를 가져야 한다. 3년 내에 의인 열 명을 만드는 사역을 해야 한다. 십일조 교인 열 명을 만들어야 내는, 그 맛을 보아야 한다. 무슨 수를 써서라도 십일조 교인 10명을 만들고, 더이상 다른 교회에 구차한 손을 내밀지도 않고 옹색한 도움을 받지 않는 그 달콤한 맛을 반드시 보아야 한다. 아직 우리 교회는 작고 어렵지만 그래도 견딜만하니 이제부터는 다른 교회를 도와주시기 바란다는 유쾌한 편지를 우체통에 넣고 돌아서는 그 즐거움을 맛보아야 한다.

아브라함처럼, 내가 낳고 기르고 훈련시킨 의인 열 명의 맛을 보았다면, 돕는 교회가 되는 맛을 보겠다는 꿈을 꾸어야 한다. 가슴이 뜨겁고 심장이 터질 것 같아서 도저히 가만히 있을 수 없는 그런 꿈을 가슴에 품어야 한다. 여러분의 꿈이 이처럼 뜨겁지 않고 심장이 뛰는지 안 뛰는지 모를 정도인 것은 맛을 제대로 보지 않았기 때문이다. 교회부흥이 다가 아니라고 말하는 사람은 부흥의 맛을 제대로 맛보지 못한 사람이다. 그 맛을 보지 못한 사람은 그 맛을 본 사람의 갈망을 알 도리가 없다. 일단 맛을 보라.

성장하는 교회, 크는 교회의 비결에 무관심한 목사는 없다. 어떤 교회가 뜨고 있다는 소문이 돌자 신학생들이 그 교회 사무실 휴지통에서 파지까지 뒤져갔을 정도다. 큰 교회에서 어떤 프로그램을 하는지 관심이 지대하다. 그러나 큰 교회를 이룬 목사들이 한 영혼을 구원하기 위해 얼마나 몸부림치는지 그것부터 실감해 보려는 사람은 거의 없다? 한 영혼을 전도하기 위해 시체를 업고 다녔다는 목사님에 관한 이야기를 들어본 적이 있는가? 그 이야기를 들었을 때 과연 심장이 떨리고 온 몸에 소름이 돋는가? 한 영혼을 향한 열정의 크기가 어느 정도가 되어야 그만한 규모의 교회를 이룰 수 있는지 헤아려 보았는가? 교회가 작을수록, 침체된 교회일수록 영혼에 대한 애착, 한 영혼이라도 구원하겠다는 열정이 싸늘하게 식어 있다. 너무 거친 결론일지는 모르겠지만, 한 영혼을 향한 열정의 치열함이 교회의 크기를 결정한다. 이것을 인생의 네 박자로 정리해보자.

교회의 크기 한 영혼에 대한 애착	크다	작다
많다	교회도 크고 애착도 많다	교회는 작고 애착은 많다
적다	교회는 크고 애착은 적다	교회도 작고 애착도 적다

이 도표를 놓고 다음 질문을 차례대로 생각해 보자.

첫째, 교회도 크고 영혼에 대한 애착도 많은 교회는 어떤 교회인가?

둘째, 교회는 작고 애착은 많은 교회는 장차 어떤 교회가 될 것인가?

셋째, 교회는 크고 애착이 적은 교회는 비전이 있을까?

넷째, 교회도 작고 애착도 적은 교회는 소망이 있을까?

차례대로 답을 정리해보라. 가급적이면 여러분이 생각한 답을 실제로 적어보라. 그리고 각 유형에 해당하는 교회의 이름을 그 옆에 적어보라. 그렇게 한 뒤에 아래의 두 질문을 던지고 답을 생각해보라.

첫째, 나는 어디에 속해 있는가?

둘째, 가장 이상적인 첫 번째 유형에 속하려면 나는 무엇을 어떻게 해야 하는가?

답이 무엇이든지, 가장 근본적인 요소는 "영혼에 대한 애착"이다. 엄마가 병든 자녀를 고쳐주고 싶어서 한밤중에 아이를 들쳐 업고 병원으로 뛰어가는 심정, 의사를 붙들고 제발 고쳐달라는 그런 집착이 있어야 한다. 목사이기 때문이다. 주님께서 우리를 사역자로 불러주셨다는 것 하나만 가지고도 한 영혼이라도 구원으로 인도하겠다는 열정에 사로 잡혀야 마땅하다. 세상의 어떤 것도 꺾지도 식히지도 못할 그런 열정에 사로잡혀 있어야 한다.

목사도 사람인지라 때로는 하찮은 실수를 한다. 체면이 있으니 대개는 변명을 둘러댄다. 실패할 수도 있다. 망가질 때도 있다. 그럴 때는 그냥 인정해야 한다. 변명하려들면 안 된다. 그대로 받아들여라. 실수 자체도 그대로 받아들여라. 실수는 실수 그 자체로 인정하고 해결해야지, 모른척하거나 무마하려들 때 오히려 화를 키워 파멸적인 결과를 낳는 경우가 많다. 아담도 처음에 선악과를 따먹는 실수를 했다. 가인도 사람을 죽이는 실수를 했다. 노아도 술 먹는 실수를 범했다. 아브라함도 거짓말 하는 실수를 범했다. 그리고 모세도 다윗도 베드로도 그리고 바울도 실수를 했다. 아간도 사울 왕도 가룻 유다도 아나니아와 삽비라도 실수를 저질렀다. 성경에 나와 있는 사람들 대부분이 아니, 거의 모두 실수를 했고 잘못을 저질렀다. 최악의 실패를 했더라도 딛고 일어서는 것이 중요하다. 아래 도표를 보자.

실수를 딛고 일어난 인생들		실수로 인생을 마감한 사람들	
아담	선악과를 따먹음(불순종)	아간	여리고 성 점령시 노략질한 물건을 훔침
가인	동생 아벨을 죽임(살인)		
노아	술에 취해 옷 벗음	사울	전리품에 손댐,
아브라함	거짓말 함	가룻 유다	예수님을 은 30냥에 팔았음
모세	사람을 패 죽임, 구스여인을 취함, 반석을 쳐서 물을 냄	아나니아와 삽비라	거짓말
베드로	주님을 세 번 부인		
바울	살인		

　좌우에 열거한 모든 사람은 실수를 하였다는 점에서는 동일하다. 그러나 왼쪽에 있는 사람들은 실수를 했어도 딛고 일어났고, 오른쪽에 있는 사람들은 실수를 하고 그 때문에 파멸 당하였다. 그렇다면 왼쪽에 속한 사람들과 오른쪽에 속한 사람들의 차이는 무엇인가? 처참한 실패에도 불구하고 다시 일어설 수 있는 원동력은 뻔뻔한 후안무치일까? 아니면, 은혜일까? 단지 은혜뿐일까? 하나님의 은혜에, 그 개인이 가진 남다른 뜨거운 열정이 거기에 부응한 때문은 아닐까? 은혜를 받고 목회자가 되었다면 열정으로 그 길을 가야 한다.

하나님을 향한 열정, 영혼을 하나라도 더 구원하여 하나님의 뜻을 이루겠다는 열정으로 그 길을 끝까지 가는 것이 바로 예수님을 본받는 목자의 길이다. 여러분은 어디에 속하는가?

설교를 할 때는 단지 성경적인 메시지를 선포하였다는 것만으로 만족해서는 안 된다. 설교할 때 입이 잘 풀렸으면 그것으로 되었다고 생각해서도 안 된다. 어떻게 해서든 하나님의 말씀을 조금이라도 더 잘 먹이려고 기를 쓰고도 부족해서 너무나 안타깝고 아쉬운 마음인가? 성도들이 하나님께서 금한 열매를 먹을 때 목사가 나는 안 먹었으니 다행이라고 생각하면 충분한가? 나만 안 먹으면 되는 것이 아니고 성도들도 못 먹게 해야 하고, 먹은 성도들로 하여금 회개하여 생명 길로 돌아오게 만들려고 온 힘을 다해야 한다. 그것이 목사이며 목회이다. 나만 죄 안 지으면 되는 것이 아니다. 교인들로 하여금 죄 짓지 않도록 하는 것이며, 은혜가 풍성하고 축복이 넘치는 길로 가도록 이끄는 것이다. 그렇게 하려고 열정을 불태우는 과정이 목회이다.

목사가 일으키는 모든 문제는 이 거룩한 열정이 식어서 생기는 후과後果이다. 목회의 열정이 식으니 목사의 권태기가 오고 성도가 여자로 보이기 시작한다. 목회의 열정이 사라지니 다른 재미를 보고 싶어지고 여기저기 기웃거리다가 사고 칠 기회를 만난다. 마음이 느슨해지니 실수할 기회도 점점 더 많아진다. 무엇을 하든지 하나님과 주님, 그리고 성도를 향한 진실한 사랑이 부족해진다. 그러면 하나님의 영광과 기쁨도 줄어들고 따라서 하나님도 역사를 줄이신다. 여러분이 정녕 마음 쏟는 종목이 무엇인가? 무엇에 미쳐있는가? 정말 진정한 의미의 목회 즉, 하나님의 양을 돌보는 것에 미쳐있는가? 중대형교회 목회자들이 누리는 윤택하고 영향력 있는 위상인가? 교단 정치인가? 나를 가장 잘 아는 사람은 정말 내가 목회에 혼을 쏟아 붓고 마음을 다하고 힘을 다한하고 말해줄 수 있을까? 내가 재미있게 즐기는 분야에서 우승하기를 원하는 그 이상으로 나의 목회에서도 우승하기를 열망하고 혼신의 힘을 쏟아야 하지 않는가? 목회가 취미생활보다 못해서야 되겠는가?

지난번 동문회에서 풋살 대회를 주최하였을 때 우리 말씀 아카데미에서도 한 팀이 출전을 했다. 다른 팀들이 어찌나 잘하는지 우리 팀은 그냥 허우적대다가 왔다. 만만하게 보고 나갔는데 너무 힘들어서 다시는 나가지 말아야겠다고 생각했다. 시합에 나갔으면 당연히 이기는 것이 좋겠지만 그것도 정도껏이어야 한다. 필사적으로 기를 써야 달성할 수 있는 목표를 설정하고, 시합을 대비하여 만반의 준비를 하고, 시합에 임해서는 죽기 살기로 해야 하는 시합이라면 그것은 목사가 할 만한 일이 아니기 때문이다. 나보다 축구를 잘하는 사람은 회개해야 된다고 생각한다. 왜냐하면 틀림없이 그 목사는 본질에서 벗어났기 때문이다. 나는 본래 축구에 타고난 소질이 많아서 웬만큼만 해도 남보다 잘한다. 그런 나보다 더 잘한다면, 나보다 더 탁월한 소질이 있지 않고서는, 틀림없이 축구에 미친 사람이다. 게다가 나는 타고난 신체 조건도 워낙 좋다. 그러니 설혹 나보다 소질이 좋더라도 나보다도 축구를 더 잘하기는 쉽지 않다. 그래서 나보다 더 잘한다는 것은 무지하게 연습을 많이 했다는 의미에 다름 아니다. 그러므로 나보다 축구를 더 잘하는 목사는 목사로서 비본질적인 것에 쓸데없이 너무 많은 시간과 정력을 허비하고 있는 목사이다.

어떤 목사라도 아무리 재능이 탁월해도 비본질적인 것에 많은 시간을 쏟았다면 빨리 회개해야 한다. 목사가 목사직에 본질적인 것 이외에 많은 시간과 정력을 쏟는 것은 소명을 주신 이에 대한 반역이다. 목사가 할 것은 딱 두 가지이다. 목회에 본질적인 것과 그 본질적인 것에 도움이 되는 것이다. 그 이외의 것은 포기하고 돌아서야 한다. 목사가 뚫어지게 바라보아야 할 것은 성경이다. 목사의 두 다리는 하나님 앞에 꿇든지 성도를 섬기러 가는 일에 훨씬 더 많이 사용되어야 한다. 하나님의 소명에는 더디 달려가고 공을 좋아서는 빨리 달려가는 두 다리는 실패와 파멸을 불러온다. 목사의 입은 언제나 은혜로 충만한 말씀을 쏟아내야 한다. 목사인데 그렇게 안 된다면 아직 부흥의 참 맛을 보지 못한 것이다. 그런 목사라면 아무리 은혜를 많이 받고 재능이 뛰어나도 목사로서 성공할 수 없고 섬기는 교회도 성공하지 못할 가능성이 매우 크다. 성공 못해도 하나님의 부르심을 받은 의미 있는 인생이라고 자위하는 것은 자신을 속이는 짓이다. 부질없는 것 때문에 성공하지 못한 목사, 자립하지 못하는 교회는 민폐 덩어리일 뿐이다. 민폐를 끼치는 골치 덩어리가 되는 것이 하나님을 얼마나 수치스럽게 만드는 것인지 생각해보라. 민폐를 끼치지 않기 위해서라도 반드시 성공해야 한다. 하나님의 일에

주도적으로 참여하고, 이웃과 세상을 향해서도 많은 도움을 베푸는
교회로 만들어야 한다.

굴려야 굴러간다:
끊임없이 읽어라

내가 목사님들로부터 가장 많이 듣는 인사말은 "바쁘시죠?" "힘드시죠?" 하는 말이다. 하도 듣다보니 왠지 건성으로 하는 말 같아서 거부감이 생길 때도 많다. 하지만 인사하시는 분들은 내 스케줄이 빡빡하고 나를 찾는 곳이 많은 것이 부럽기도 하고 은근히 샘을 내면서 그렇게 인사하는 경우가 있는 것 같다. "메뚜기도 한 철이라고 했어! 잘 나갈 때 열심히 뛰어둬!"라고 인사한다는 느낌이 들 때도 있다. 어떤 분은 한번 뜨는 것이 어렵지 일단 뜨고 나면 인생이 풀리고 평생 아무 걱정 없이 살 수 있다는 듯이 부러워하며 말씀하시는 분도 있다. "그래, 너는 떴구나! 좋겠다!"라는 의미인가? 그런가? 만일 그렇다면 본질적인 측면을 놓치고 있다.

1. 목회는 한 방이 아니다

옛날부터 선배 목사님들은 목회는 장기전이라고 말씀하시곤 했다. 목회는 한두 번, 한두 달, 일이 년을 쌈박하게 했다고 되는 게 아니다. 한번 크게 터뜨렸다고 그 힘이 평생 지속되는 것도 아니다. 목회는 테크닉이 필요할 때도 있고 스킬이 필요할 때도 있다. 그러나 목회는 테크닉도 스킬도 아니다. 자동차 정비이든 이발이든 기본적인 기술을 배우고 익히고 자격증을 따는 기간이 있다. 장사의 요령도 마찬가지다. 세상에서 먹고사는데 필요한 기술이나 요령은 젊어서 2년 정도 고생하면 대체로 습득할 수 있다. 어느 정도 숙달하면 그럭저럭 평생을 먹고 살 수 있었다. 만일 재능과 열정이 있는 사람이 탁월한 선생을 만나 2년 정도 고생하면 평생 남부럽지 않게 살 수 있다는 말은 과히 틀린 말은 아니다.

IMF가 닥쳤을 때 많은 자영업자가 몰락하였다. 그때 어떤 자영업자는 망하고 어떤 업자는 살아남는지를 관찰한 분이 한 말이 있다. 그 업종에서 맨 밑바닥부터 시작한 사람, 걸레질부터 배우고 잔심부름을 하면서 기량을 익혀 독립한 업자는 웬만해서는 망하지 않더라고 말했다. 조기 명퇴를 신청하면 퇴직금을 많이 준다기에 이참에 작게라도 자기 사업을 하겠다고 나선 분들은 속절없이 무너졌다. 퇴직한 뒤에서야 무엇을 할까 생각하니 한시가 급하게 서둘러 많이 택한 업종이 빵집, 제과점이었다. 문제는 빵을 굽는다는 것이 무엇인지 감을 잡지도 못하고 빵 굽는 기술조차 충분히 익히지 못한 채 빵집을 여니 제빵기술자들 월급만 높여놓고 말았다. 이런 분들은 IMF

에 무너지고 대형 프렌차이즈 체인점을 당해내지 못했다. 반면에 퇴직하기 몇 년 전부터 인생 후반전에 성공하기 위해 꾸준히 업종을 찾고 퇴직한 이후에도 적어도 2년 정도 착실하게 기초를 닦아 성공 가능성을 최대한 끌어올린 분들은 생존율이 높았다.

강남에서 명품 강의로 뜬 입시선생은 불과 몇 년 사이에 큰 돈을 번다. 그렇게 뜬 노하우를 가지고 학원을 차려 성공하는 경우도 많다. 몇 년을 집중적으로 공부해서 공무원이 되거나 출세에 도움이 되는 자격증을 딴 경우도 마찬가지다. 몇 년 잘 공부해두면 평생 큰 걱정없이 살 수 있었다. 세상일은 이런 면이 많다. 그래서 세상의 그런 모습을 보고 목회도 그런 줄로 아는 목사가 많다. 이런 목사들은 한방을 노린다. 새로 입주하는 대규모 아파트 단지의 좋은 목을 잡아서 짧으면 6개월 길면 1년 사이에 집중적으로 승부를 걸어 성공적인 목회의 기반을 잡는 목사들이 있었다. 유행하는 프로그램 몇 개와 집회로 인기를 얻어 그 여세를 몰아 교회의 외형을 늘리고 빚을 내서 건축하면 하나님께서 채워주신다고 믿고 그렇게 해서 성공의 길을 계속해서 갈 수 있다고 생각하기도 한다. 그러나 목회는 사업이 아니다. 목회를 사업처럼 하는 목사는 단지 사업가일 뿐이다. 목회는 사업처럼 해서는 오래가지 못한다. 목회 성공에 요행수는 없다. 어쩌다 성공하는 법은 없다.

2. 요행수를 바라지 마라

목회가 장기전이라고 할 때, 그 밑바탕에 깔린 사상은 목회는 사람을 키우는 일이라는 점이다. 좋은 사람을 남기는 것을 목적으로 삼는 것이 목회라는 뜻이다. 사람을 다룬다는 것은 여간 힘든 일이 아니다. 사람을 한두 번 성공적으로 다뤘다고 목회가 성공하는 것도 아니다. 사람을 키우고 세우는 일은 오히려 평생에 걸친 느리고 힘든 과정이다. 자녀를 놓고 생각해보자. 아이를 출산할 때 잘 낳으면 평생이 걱정이 없는가? 아이가 뱃속에 있을 땐 낳기만 하면 다 될 것처럼 생각될 때가 있기는 하다. 하지만 아이가 태어나면 더 힘들어진다. 하루에도 몇 번씩 젖을 물리든지 우유를 타주든지 해야 한다. 기저귀 갈아주랴 목욕시키랴 먹이랴 업어주랴 잠들면 깰쌔라 보통 힘든 일이 아니다. 아이가 기어 다니기 시작하면 부모가 편해지던가? 아이가 뒤뚱뒤뚱 발걸음을 떼기 시작하면 자기 발로 다니니 부모는 더 편해지던가? 고등학교에 들어가고 대학교에 진학하면 어떤가? 그렇다 아이가 태어나고 커갈수록 그만큼 더 힘들고 더 신경 쓰이고 돈이 더 들어 간다.

2011년 통계에 따르면, 아이 하나를 낳아서 대학을 졸업시킬 때까지 드는 교육비용이 대략 3억 원이다. 22년 동안 3억 원을 쏟아 부어야 한다. 교육비만 그렇다. 간단히 평균적으로 따져보면 아이는 임신하는 그 순간부터 매달 백만 원씩 22년간 부모의 돈을 먹어치우는 블랙홀이다. 대학에 들어가면 압권이다. 이제 대학학비가 연간 2천만 원인 시대가 되었다. 아이가 공부에 전념하도록 뒤를 밀어주려면 적어도 매달 3백만 원 정도를 아이에게 써야 한다. 이 시대에 아이를 낳는다는 것은 정말 용맹 과감한 행위이다. 그런데 정상적인 부모라면 미리 돈 계산을 해보고 돈이 되어 애를 낳는가? 나중에 아이에게서 배당금 받으려고 계산하면서 투자하는 부모가 있을까? 사랑하니까 낳았고 낳았으니까 사랑스러운 사람으로 키우려고 최선을 다하는 것이 아닌가?

목회가 사람의 문제라면, 사람을 다루는 문제라면, 사람을 사람답게 낳아서 사람처럼 키워서 사람구실 제대로 하게 만드는 일이다. 그러므로 목회를 한다는 것은 본질적으로 장기적인 안목을 가지고 항상 잘하고 끝까지 잘해나가고 마지막에는 하나님과 예수 그리스도 앞에서 판단을 받는 문제이다. 그러므로 목회에서 가장 중요한 것은 오랫동안 꾸준히 해나가는 뒷심을 어디에서 얻느냐는 것이다. 개신교 목회의 본령은 "설교"다. 설교는 문자의 옷을 입고 임재하시는 하나님을 언어로 드러내는 일이다. 교회는 말씀으로 시작되고 말씀으로 살고 말씀으로 완성되는 것이라 할 때 그 말씀의 가장 큰 비중을 설교가 차지한다. 목사는 결국 말로 살아간다. 그래서 목사의 성공은 말에 달려 있다고 할 수 있다. 목사가 말을 한두 번 잘했다고 성공하겠는가? 목사는 끊임없이 말을 해야 한다. 한두 번이 아니라 수십 년을 해야 한다. 그런데 목사가 같은 말을 반복하면 어떻게 될까? 몰라도 지루해도 들어두면 나중에 성령님께서 그 말씀을 통해 역사하실 것이고 그때에는 은혜가 될 것이라고 주장하면서 같은 말을 반복하면 교인들은 지루함에 빠진다.

3. 목사가 새로움 속에 빠지지 않으면 교인들은 지루함 속에 빠진다

목사가 설교를 시작하면 졸던 사람도 눈을 번쩍 뜨고 귀를 기울이게 되는 그런 설교를 해야 한다. 설교 속에 무엇인가 건질만한 것이 있든지 근심걱정을 날려버릴 만큼 유쾌하든지 해야 한다. 한두 번이 아니라 평생을 그렇게 만들려고 몸부림치라고 부름 받은 사람이 목사다. 그러니 목사는 항상 자신을 새롭게 해야 한다. 매일 때 빼고 광내라는 말이 아니다. 머릿속을 항상 새롭게 하라는 말이다. 끊임없이 읽고 새로워지고, 묵상하고 새로워지고, 듣고 새로워져야 한다. 일신우일신, 그렇게 새로워진 결과를 드러내고 그 효과를 성도들에게 전달해주는 설교여야 한다. 구약시대 유대인들이 제사를 드릴 때, 불은 하나님께서 주신 동일한 불씨이지만 아침저녁으로 새로운 제물을 드렸다. 날마다 새로운 제물의 피와 그 제물을 태우는 연기를 날마다 하나님께 드리는 것처럼 그렇게 소명을 이뤄야 한다. 목사의 열정은 처음 소명을 받을 때와 동일하고 동질적인 열정이지만 새로운 제물, 새로운 장작을 계속 던져 넣어 계속해서 활활 타오르도록 해야 한다. 그래야 목사 자신도 교인들도 행복하다. 계속 행복할 수 있다. 그것이 진짜 부흥이다. 그 부흥의 불길이 사그라지지 않고 계속 커지게 하려거든 희생의 제물과 땔감을 계속 집어넣어야 한다.

제단 위에 새로운 제물을 던지지도 않고 새로운 장작을 집어넣지도 않고 불씨만 만지작거리면 어떻게 될까? 만지작거릴수록 불은 약해진다. 희미해지다가 꺼질 것이다. 꺼져가는 불 에다 대고 통성

기도를 한들 불길이 타오르겠는가? 뜨거워지겠는가? 혹시 뜨거운 불길이 올라온다면 무익한 종을 삼키는 심판의 불길이 아닌지 모르겠다. 목사 본인이 생각하기에도 별로 즐겁지도 않고 맹숭맹숭한 설교를 해댄다면 청중은 고문당하고 있는 꼴이다. 예배시간 때마다 고문당하는 교인이 있다면 속으로 무슨 갈등을 하겠는가? 여러분 가운데 그런 분이 있다면 지금 이 시간에도 교인들은 교회를 언제 떠날지 찬스를 찾으며 갈등하고 있다고 생각해 보라.

그러니 부지런히 읽어야 한다. 일단 읽는다는 것이 중요하다. 독서의 기술, 분석의 기술은 나중에 생각하고 먼저 그냥 읽어라. 무조건 읽어야 한다. 읽기는 취미가 아니다. 생존이다. 취미로 밥을 먹어서는 안 되는 것처럼 취미로 읽어서는 안 된다. 목숨을 걸고 읽어야 한다. 죽기를 각오하고, 읽다가 죽겠다는 각오로 읽어야 한다. 그렇게 해서 얻게 되는 그것이, 비록 아무리 작고 사소해보여도 그것을 얻기 위해 살아가는 것이 목사의 삶이라고 생각하라. 당장은 왜 읽는지, 읽어서 얼마나 도움이 되는지, 무엇에 소용이 되는지 몰라도, 읽어라. 읽은 표시가 나지 않아도 읽어라. 일 년, 이 년, 삼 년이 지나면 틀림없이 목회에 살이 오를 것이다. 읽는다는 것은 책장을 넘기는 것이 아니다. 설교 예화를 찾기 위해, 자료를 확인하려고 뒤적거리는 것도 읽는 것이 아니다. 두뇌를 자극하고 머리를 굴리는 것이 읽는 것이다.

4. 머리를 굴리기 위해 읽어라

책장만 뒤적거리며 내용에 상관없는 잡념에 빠지는 것은 좋지 않다. 그러나 읽고 내용을 파악할수록 생각의 날개를 펼치게 하고 이리저리 날아다니게 하며 생각하도록 자극하는 것은 좋다. 읽다보면 좋은 책을 알아보게 되고, 찾을 수 있게 된다. 그러니 일단 읽어라. 읽다보면 처음에는 써먹을 것이 눈에 들어온다. 나중에는 책 속에 있는 단어 하나가 엉뚱한 방향으로 튀면서 내 설교에 뜻밖의 방향에서 생동감을 주는 경우도 많아진다. 내 머릿속에 지혜가 살게 만든다. 거기까지 가면 설교 밑천이 떨어지는 법이 없다. 밑천을 생성해내는 노하우가 생겼기 때문이다. 그런데 그런 "노하우"가 생겼다는 진짜 의의는 머리가 잘 돌아간다는 사실에 있다. 좋은 글을 잘 골라서 잘 읽으면 나중에는 세 가지 면에서 자신이 바뀌었다는 사실을 알게 된다.

첫째는 총명함이다.
둘째는 유식함이다.
셋째는 지혜로움이다.

이 셋의 공통점은 머리가 잘, 제대로 굴러간다는 점이다. 그러니 지혜로운 솔로몬처럼 머리가 비상하게 돌아가는 사람이 되고 싶다면 읽어야 한다.

이 원리를 하나님의 창조와 피조세계를 통해서도 확인해보자. 먼저, 당신이 하나님의 존재를 전혀 의식하지 않고 살아갈 때에라도 하나님은 항상 함께 계셨다는 사실을 상기하라. 그 하나님은 삼위일체의 하나님이시다. 삼위일체 하나님은 천사들과 천사들의 세계를 먼저 지으셨다. 그 천사들의 우두머리 이름으로 미가엘(유 1:9), 가브리엘(눅 1:19, 26)이 나오고 사탄도 있었다. 그 뒤에 하나님은 인간과 인간의 세계를 창조하셨다. 그러니까 천사들은 우리가 아는 천지가 창조되기 전에 있었다. 그러면 하나님은 천사들을 존재케 하신 분이니 당연히 하나님은 천사보다 먼저 계셨다. 천지창조로 인간세계가 시작되었고 아직 끝나지 않았다. 인간세계가 종말을 맞이한 후로는 천국과 지옥이 있을 것이다. 이것을 도표로 만들면 다음과 같다.

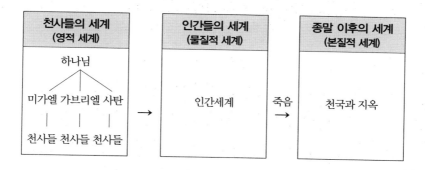

천사들은 하나님을 수종들기 위한 영적 피조물들이었기 때문에 영적 실체로 창조되었다. 그러므로 천사의 세계는 영적인 세계였다. 천사들 가운데 사탄과 그 추종자들이 부패하여 하나님께 반역을 저질렀다. 이 반역사건으로 인해 선한 천사들의 무리와 악한 천사들의 무리로 나뉘어졌다. 하나님은 인간세계를 물질적 피조물의 세계로 만드셨고 사람도 흙이라는 물질로 빚어 만드셨다. 하나님은 그 흙에 영혼을 불어넣어 생령이 되게 하셨다. 아담과 하와가 타락하기 전의 인간세계는 물질적 세계였지만 그렇다고 천사들의 세계보다 그렇게 열등하지도 않았다. 사람이 사단의 꼬임에 빠져 스스로 죄악을 범한 뒤에 사람은 죄인이 되었고, 인간세계는 물질에 매이게 되었고 부패와 사망의 권세 아래에 놓인 열악한 세상이 되고 말았다. 세상이 종말을 맞이한 이후에 완전한 세계인 천국이 도래할 것이다. 천국에서는 육신조차 영화로운 상태가 될 것이다. 물질인 육체는 지금 세상에서 갖는 한계에 더 이상 구속되지 않을 것이다. 그런 점에서 천국도 영적 세계라고 말할 수 있다. 거기에 비하면, 현재 우리의 세계는 물질세계라고 말해도 그리 틀린 말은 아니다.

이 물질세계에서 특이한 존재가 거듭난 성도들과 그 지도자들인 목회자들이다. 부패하고 죄악 된 물질세계에 매어 있기는 하지만 본질적인 완전한 세계, 순수한 영적 세계를 지향하고 벌써 그 세계를 맛보고 있는 존재들이다. 교회와 성도의 존재로 인해 장차 올 순수하며 영적인 세계가 현재의 물질세계에 침투해 들어오는 형국이다. 그래야 마땅하다. 교회와, 교회로 하여금 교회가 되게 하는 말씀은 선한 영적 세계가 물질세계에 침투해 들어오는 중요한 통로의 하나가 되어야 한다. 그 말씀을 여는 능력은 성령께로부터 오고 그 능력을 받아서 말씀을 여는 행위가 읽는 것이다. 읽지 않고 어떻게 말씀을 알겠는가? 읽는 능력을 키우지 않고 어떻게 말씀을 깊이 깨닫기를 바라는가?

오늘날 교회의 지도자들 가운데 이 말씀의 통로를 막아놓고 사는 이들이 많다. 협착해져서 거의 막힌 채로 겨우 견뎌나가는 이들도 너무 많다. 전자는 읽지 않는 것이며, 후자는 소홀히 읽는 것이다. 결국, 자신의 본분을 잃어버리고 부패한, 거듭나지 못한 육적-물질적 세계의 지도자를 점점 닮아갈 뿐이다. 물질중심적, 세속주의적 사고방식이나 틀을 벗어버려야 하는데 오히려 지나치게 물질중심적 사고방식에 속절없이 물들어가고 매달리게 된다. 그 결과는 어두움, 무지, 어리석음이 더욱 깊어질 뿐이다. 세상적일 수밖에 없고 천국의 즐거움을 전혀 맛보지 못하게 된다. 이 상태에서 벗어나려는 노력을, 여기에 빠지지 않으려는 노력을 게을리 해서는 안 된다.

예수님은 교회 즉, 성도의 머리이다. 예수님의 행적에서 결코 군사지도자의 모습을 찾을 수 없다. 예수님께서 왕을 하고자 하셨으면 왕을 못하셨겠는가? 쿠데타를 일으키려면 쿠데타를 못 일으키셨겠는가? 예수님께서도 열두 영이나 되는 천사들을 동원해서 다 멸하지 못할 줄 아느냐는 말씀을 하셨다. 예수님께는 할 수 있는 능력과 권세가 있으셨지만 아버지 하나님의 뜻도 아니고 따라서 자신도 원치 않으셨기 때문에 스스로 하지 않으셨다. 이것이 영성이다. 목사가 영적 지도자라면 예수님의 그 모습을 닮아야 한다.

예수님은 육신을 입고 세상에 오셨다. 다른 사람과 같은 모습이었지만 다른 누구와도 다른 것은 항상 하나님과 연결되어 있으셨다는 점이다. 하나님께서 원하는 것을 원하시고 하나님께서 기뻐하시는 것을 기쁘게 택하셨다. 예수님께서 행하신 일 가운데 하나님께서 원하지 않고 의도하지 않으신 것이 하나도 없었다. 어떻게 그렇게 될 수 있었는가? 아버지와 아들로서, 말씀과 성령으로 연결되어 있었기 때문이다. 그런데 오늘날 목사들을 보면, 사도의 일을 한다, 영적 지도자로 산다고 말은 하면서도 실제로는 영에 속한 일을 제대로 아는 사람이 드물다. 안 읽으니 알 리가 없다. 제대로 안 읽으니 기껏해야 능력 있는 무식쟁이가 될 뿐이다. 정말 안타까운 일이다.

요샌 누구나 웬만하면 휴대폰을 가지고 다닌다. 휴대폰은 목사들의 가장 중요한 필수품목에 들어갈 것이다. 전화기를 처음 발명했을 때 전화선을 통해 멀리 떨어져 있는 사람의 목소리를 들을 수 있다는 것은 놀라운 일이었다. 라디오, TV가 처음 소개되었을 때도 마찬가지였다. 거기에 비하면 휴대폰은 훨씬 더 놀라운 물건이다. 라디오, 무전기, TV, 휴대폰 등의 공통점은 "소리" 그 자체를 전달해주는 것이 아니라는 점이다. 소리를 전파로 바꿔 상대방의 기계로 전달한 후 다시 소리로 변환시켜 들려주는 것이다. 그렇다면 "전파"란 무엇인가? 전파는 물질이다. 눈에 보이지 않는 물질이다. 눈에 보이지 않는다고 "영적인 것"이라고 생각하면 곤란하다. "전파"라는 것은 실체가 존재하지도 않는데 편의상 그런 이름을 붙였다고 여겨서는 더더욱 안 된다. "전파"란 전기 에너지이다. 아주 간단하게 말하면 "전기"이다. 그러므로 물질이다. 사람의 생각이 음성으로 표현되고 전파라는 물질을 통해 상대자에게 전달되면, 휴대폰이라는 기계가 그 전파를 말하는 사람의 음성으로 바꿔주기 때문에 말하는 이의 음성을 직접 듣는 것처럼 느끼게 된다.

영적 세계의 의사소통을 이 방식으로 설명할 수 있다. 하나님은 영적 세계에 거하신다. 인간 세계에서 살아가는 신자인 우리는 복음적 회심을 통해, 성령의 내주를 통해 하나님과 대화를 나눌 능력을 갖게 된다. 하나님과 대화를 나눈다는 것, 하나님께 기도하고 응답받는다는 것, 성경 말씀의 깊은 의미를 이해하고 하나님의 생각과 뜻을 깨닫는다는 것은 "교통함"이 있다는 것이다. "교통함"이 있다는 것은 전파에 해당하는 무엇인가가 있다는 것이다. 그것을 "영파"라고 이름 붙여보자.

하나님은 우리에게 영파를 보내신다. 신자는 그 영파를 통해 수시로 하나님의 생각을 듣는 사람들이다. 목사는 더 말할 것도 없다. 신자가 영파를 잘 수신하지 못하면 목사를 통해서 전달받으면 된다. 목사 역시 하나의 통로이므로 이상할 것도 없다. 목사의 수신능력이 좋으면 그 영파를 잘 포착해서 하나님의 생각을 깨닫고 행하는 데에 아무 문제가 없는 교회가 될 수 있다. 그런데 언제부터인가 대부분의 목사들이 영파는 수신불량이고 전파만 잘 통한다. 사고뭉치 목사, 정치목사는 영파를 잘 수신하지 못한다. 목사는 전파가 수신불량인 것은 거의 문제가 되지 않는다. 영파만 잘 수신해도 성공적인 목사가 될 수 있다. 반면에 전파가 아무리 잘 통해도 영파가 수신불량이면 세상에서는 잘 나갈 수는 있을지언정 설교도 안 되고 목회도 망가진다. 영파가 정확하고 탁월하게 수신되고 따라서 항상 하나님의 음성을 듣고 하나님의 생각을 아는 목사가 영파만 수신하면서 교단정치를 한다면 무슨 문제가 생기겠는가? 오히려 모든 문제를 하나님의 뜻에 따라 잘 처리할 것이다.

예수님은 성전을 헐라 삼일 만에 다시 지으시겠다고 말씀하셨다. 유대인들은 사십 육년간 지은 성전을 어떻게 삼일 만에 다시 짓겠다는 말인지 의아해하고 헛소리로 여겼다. 이것이야말로 영파가 수신이 안 되는 것이다. 예수님은 물질적인 성전을 가리킨 것이 아니라 자신의 몸을 가리켜, 자신의 부활을 가리켜 말씀하셨던 것을 유대인들은 물리적 건축물을 가리켜 하는 말로 알아들었다. 읽는 능력이 쇠퇴한 탓이다. 말씀을 외적으로만 즉, 자연적으로만 알아들었다. 목사가 주님의 말씀을 이렇게 육적으로만 알아들으면 안 된다.

다시 본론으로 가자. 목회는 사람을 다루는 것이라고 서두에서 언급하였다. 사람들이 이 물질세계를 살아가는 동안 구원을 받고 천국에 들어가게 만드는 것이 목사의 사명이다. 물질세계에 속한 사람을 영적 세계로 옮겨가도록, 영적 세계로부터 오는 은혜와 능력을 힘입도록 하는 일이다. 그러므로 말씀을 볼 때 물질적으로 즉, 문자적으로만 보면 안 된다. 말씀 속에 흐르는 하나님의 정신을 보고 깨달아야 한다. 하나님이 보내시는 영파에 주파수를 정확하게 맞춰야 한다. 그 영파를 타고 전달되는 그것이 말씀을 통해 우리에게 전달될 때에야 비로소 말씀 속에 흐르는 본질을 파악할 수 있기 때문이다. 그 파악능력이 녹슬지 않도록 오히려, 더욱 커지도록 노력해야 한다.

이제 말씀 연구를 해보자. 먼저 스바냐 3장에 있는 말씀을 보자.

스바냐 3:17

너의 하나님 여호와가 너의 가운데에 계시니 그는 구원을 베푸실 전능자이
시라 그가 너로 말미암아 기쁨을 이기지 못하시며 너를 잠잠히 사랑하시며
너로 말미암아 즐거이 부르며 기뻐하시리라 하리라

매우 유명한 구절이다. 그런데 아무리 잘 아는 구절이어도 항상
새롭고 더 정확하고 더 깊이 깨닫고 더 풍성한 은혜를 전하려고 애
를 써야 하는 것이 목사의 도리이다. 먼저 반복적으로 문장을 옮겨
쓰면서 파악하는 초보적인 단계는 문자의 의미를 파악하는 단계이
다. 다음과 같이 요약하여 정리할 수 있다.

기초단계 : 문장 분석과 이해

[본문: 습 3:17]

- 너의 하나님 여호와가 너의 가운데 계신다.
- 전능하신 하나님이시다.
- 구원을 베푸실 것이다.
- 너를 기뻐하실 것이다.
- 너를 잠잠히 사랑하신다.
- 너로 말미암아 즐겁게 노래 부르며 기뻐하실 것이다.

쉽게 느껴지고 자명하게 뜻이 보이는 것 같은 구절은 있어도 눈에 보이는 것이 전부라고 여기게 될 만큼 쉬운 말씀은 없다. 위 표에서 처럼 요약하여 정리한 뒤에 하나님의 영파를 수신하려고 애를 써야 한다. 말씀의 문자 깊숙한 곳을 흐르는 정신을 포착하려고 기를 써야 한다. 문장을 쓰면서 혹은 정리하면서 이것은 뭘까? 무슨 의미일까? 왜 여기에 이렇게 쓸까? 내가 놓친 것은 없을까? 라는 식의 질문을 던지면서 노력하면 결국, 말씀이 열린다는 것이 어떤 것인지를 느끼게 될 것이다. 여기에서 말씀을 여는 기본적인 질문을 예로 들자면, 다음과 같이 몇 가지가 있다.

첫째, 왜 이 부분에서는 "너" "너의"라고 단수를 사용할까? 8절에서는 "너희는 나를 기다리라"라고 하고 10절에서는 "내게 구하는 백성들 곧 내가 흩은 자의 딸"이라고 표현하셨다. 이 부분에서 굳이 단수로 사용하신 의도는 뭘까?

둘째, 내용상 여기에서 지목된 자는 13절에서 15절에 따르면 이미 구원을 받은 상태이다. 그런데 세 번째 문장에서 "구원을 베풀 것"이라고 미래 시제로 말한다. 장래의 구원을 어떻게 설명해야 하는가?

셋째, 장래에 구원받은 뒤에, 하나님은 기뻐하실 것이라고 선언한다. 그렇다면 과거와 현재에 누리는 구원으로 인한 기쁨은 없는 것인가?

그런데 스바냐 3장 17절의 내용은 전반부에서는 사실을 말하고, 후반부는 하나님께서 사랑에 머물며 넘치는 기쁨을 누리신다는 내용이다. 이것은 단지 사실에 대한 이해와 설명으로는 도무지 이 구절의 의미, 이 구절을 주신 하나님의 마음을 충분히 전달하지 못한다는 의미이다. 설교자는 말씀 증거를 듣는 청중들에게 하나님의 이 넘치는 기쁨을 조금이라도 공감할 수 있게 해주어야 성공적인 설교가 된다. 본문 자체를 아무리 잘 설명해도 하나님의 마음과 청중의 마음이 공명하지 않으면 아무 소용이 없다. 휴대폰 저쪽에 있는 사람은 기쁨과 행복이 가득해서 말해주는데 전화 받는 사람이 사무적으로 시큰둥하고 무덤덤하게 "그래? 그랬구나. 너는 좋겠다"라는 식으로 반응하면 그것은 전화 끊자는 말과 다름 아니다. 하나님과 자녀 사이에 이런 냉담한 통화가 반복되면 어떻게 될까?

내 개인사를 예로 들어 설명하겠다. 내가 드디어 할아버지가 됐다. 아저씨와 아버지, 아버지와 할아버지는 차원이 근본적으로 다르다. 내 손녀는 이제 세상에 나온 지 겨우 한 달이 되었다. 그런데 내가 손녀를 안아주면 한 달밖에 안 된 아이가 나를 알아보고는 씨~익 웃는다. 그러면 내 간담이 사르르 녹는다. 얼마나 행복한지 모른다. 그래서 나는 손녀에게 "할아버지가 그렇게 좋아?"라고 말한다. 그러면 그 녀석은 내 말을 알아듣기나 하는 것처럼 다시 나를 향하여 씨~익 웃는다. 얼마나 예쁜지 도저히 말로는 표현할 수 없다. 도저히 참다못해 다른 사람에게 자랑도하고 그 예쁜 모습을 찍어 저장해놓은 사진을 핸드폰에서 찾아 보여주기도 한다. 그런데 다른 사람들이 내 손녀의 사진을 보면 예쁘다는 데는 약간이나마 동의하기는 해도 "태어난 지 한 달밖에 안 된 녀석이 알아보기는 뭘 알아보겠어?"라는 눈으로 나를 힐끔 쳐다본다. 특히, 자식을 낳아본 적이 없는 분들이거나 자식을 낳아본 기쁨을 잃어버린 분들이다. 갓 낳은 자식을 예뻐해 본 아버지들은 내 기분을 어느 정도 공감할 것이다. 그러나 할아버지가 되어본 사람들이야말로 내 속에 있는 즐거움에 공감할 것이다. 아버지는 되어봤지만 아직 할아버지가 되어본 경험이 없는 이들, 아직 자식도 손주도 보지 못한 이들은 누구 혹은 무엇인가를 미치도록 사랑하고 좋아해본 그 기쁨을 되새겨본 뒤에, 그 기쁨을 훨씬 뛰어넘는 기쁨이 내가 손녀를 볼 때 느끼는 기쁨일 것이라고 상상해보는 것이 최선이다.

내가 손녀를 본 기쁨을 언급한 의도는 하나님은 성도를 그 이상으로 사랑하고 기뻐하신다는 것을 독자들에게 실감나게 설명하려는 의도이다. 마찬가지로 목사들도 내가 내 손녀를 바라보는 마음과 시선처럼 하나님의 그 사랑과 기쁨을 품고 교인들을 바라보아야 한다. 그러면 교인들이 실수를 하였을 때 그 잘못을 교인의 잘못이 아니라 목사 자신의 잘못으로 느끼게 된다. 그렇게 느끼는 마음이 있다는 것은, 목사가 그 사람에게 사랑으로 접근한다는 것을 나타낸다. 즉, 인간이 잘못을 했는데도 그것을 인간의 잘못이라 하지 않고 하나님 자신의 잘못처럼 간주하고 대처하신다. 이 교훈을 심층적으로 파악하기 위해 몇 군데 말씀을 살펴보자.

아가서 2:14

바위 틈 낭떠러지 은밀한 곳에 있는 나의 비둘기야 내가 네 얼굴을 보게 하라
네 소리를 듣게 하라 네 소리는 부드럽고 네 얼굴은 아름답구나

이 말씀을 개역개정 번역으로 읽으면 제대로 감상하기 힘들다. 원
문을 보고 그 시상詩想을 느낄 능력이 부족하다면 차라리 공동번역
을 보라.

바위틈에 숨은 나의 비둘기여!
벼랑에 몸을 숨긴 비둘기여,
모습 좀 보여줘요.
목소리 좀 들려줘요.
그 고운 목소리를,
그 사랑스런 모습을.

이 말씀을 읽을 때 사랑에 빠진 솔로몬이 술람미 여인을 이렇게
바라보았다는 생각만 하면 안 된다. 과히 틀린 접근법은 아니지만
우리 묵상의 초점을 하나님께서 신자들 즉, 그리스도의 피 값으로
구속하여 자녀로 삼은 이들을 어떤 심정으로, 어떠한 사랑으로 바라

보시는가를 알고자 하는 데에 두어야 한다. "네 얼굴을 보여다오. 네 목소리 좀 들려다오. 그 고운 목소리를, 그 사랑스런 모습을"이라고 말씀하시는 하나님의 간절한 마음이 귀에 들리는 듯하고 그 애절한 모습이 눈에 선하게 보이는 듯해야 한다.

위 본문의 시적 표현에서, 하나님은 우리의 얼굴 보기를 간절히 원하신다. 그렇다면 우리는 마땅히 하나님께 얼굴을 내밀어야 한다. 모든 것을 완벽하게 바라볼 능력을 가진 하나님께서 우리에게 굳이 얼굴을 내밀라고 하신다. 무슨 의미인가? 어떻게 하라는 말씀인가? 주님 앞으로 나아가자. 하나님은 전능자의 눈으로 우리를 바라보시는 것으로 만족하지 않고 우리가 하나님을 구하여 하나님 앞으로 즐거이 나오는 모습을 보기 원하신다. 이 땅 위에서 우리는 어디로 나아가야 하나? 광장이 아니라 골방으로 나오라고 하신다. 왜 하필 골방으로 나오라고 하시는가? 은밀하게 보기를 원하신다. 그럼 주님은 왜 우리를 은밀하게 보고 싶어 하실까? 사랑하기에, 세상 어떤 것으로부터 방해받지 않은 채 단 둘이서만 교제하기를 원하시기 때문이다. 아무도, 아무것도 없는 곳에서 둘 만의 시간을 갖기를 원하시기 때문이다.

누가복음 15장

누가복음 15장에는 잃었던 양, 잃었던 드라크마, 잃었던 아들의 비유가 차례로 나온다. 이 세 비유를 관통하는 핵심교훈을 "잃었던"lost

이라는 단어, 정확하게는, "잃었다가 되찾은"이라는 말로 압축할 수 있다. 그런데 본문을 읽을 때에든 설교 메모를 할 때에든 언제나 육하원칙에 따라 문장을 철저히 확인하는 습관을 들여야 한다는 내 지적을 기억해야 한다. 이 경우에도 "잃었던"이라는 표현이 핵심이라고 말하면 그 말을 듣는 사람들 대개가 그냥 고개를 끄덕거리고 만다. 알아들었다는 의미이지만 문제는 그런 태도는 더 깊이 들어갈 기회를 놓치게 만들기 십상이다.

자, 여기에서 반드시 "주어"가 무엇인지 새삼스럽게 따져야 한다. 잃어버렸다고 말하는 사람은 누구인가? 당연히 "주인"이다. 그러면 이 주인은 누구인가? 아버지이시다. 어떤 사람이 아니다. 그러면 그 아버지가 뭘 잃어버렸는가? 첫 번째와 세 번째 비유를 주목하라. 양을 잃어버렸고, 아들을 잃어버렸다. 그 심정을 이해하려고 노력하라. 양이나 아들을 왜, 어떻게 해서 잃어버렸는지 생각해보라. 양이 제 발로 나갔다. 양이 자기 발로 제멋대로 딴 길로 가버렸다. 아들이 자기가 상속받을 재산을 미리 달라더니 식구들이 간섭하지 못할 곳을 찾아 나가버렸다. 옆에 있으면 아버지가 시시콜콜 잔소리하고 간섭이 심할 것 같으니 자기 발로 멀리 떠나버린 것이 아닌가? 엄밀히 말하자면, 도망친 것이다. 그러므로 양이 집을 나갔길래 내가 가서 찾아왔다고 말하고, 작은 놈이 집을 나갔다가 재산 다 날려먹더니 그제서야 기어들어왔다고 말하는 것이 정확한 표현이다. 그런데 양 아흔아홉 마리를 내버려두고 찾으러갈 정도로 그 양을 사랑한 주인은 그렇게 말하지 않는다. 매일 목이 빠지도록 기다리며 재산은 상

관없으니 제발 살아서 돌아오기만 하라고 기도하면서 기다리던 아
버지는 "내가 잃어버렸다가 찾았노라"라고 말한다. 내 잘못이라고,
내 탓이라고, 내 책임이라고 말한다. 이 사랑은 아버지가 아들을 사
랑하는 그런 사랑이다. "죽었던 아들이 살아돌아왔다"라는 말로 그
기쁨을 표현할 정도로 사랑하는 마음이다.

목회자는 교인을 바로 이런 마음, 기쁨을 이기지 못할 정도의 마
음과 시선으로 바라보아야 한다. 성도들도 서로를 이렇게 바라보아
야 한다. 하나님께서 그렇게 생각하고 바라보기 때문이며, 자신의
종들이 그렇게 본받아 행동하기를 원하신다. 그런데 언제부터인가
목사가 교인을 볼 때, 그리고 교인들이 서로를 바라볼 때 사랑으로
보는 것이 아니라 무슨 원수를 대하듯 한다. 실상이 그러한대도 한
국교회는 부흥하였다. 하지만 아무리 교회가 부흥했다고 하더라도
목자의 심정이 없다는 것만큼은 부인할 수 없는 사실이다. 왜 이렇
게 되었을까? 사랑은 하는데 살아보니 속이 상하게 되고 실망하게
되었기 때문이다. 저 웬수덩어리는 하지 말라는 것만 골라가면서 자
꾸 더 한다고 짜증을 내고, 그래서 나중에는 사랑할 수 없는 이유,
미워할 수밖에 없는 이유를 잔뜩 쌓아놓는다. 그리고는 만나는 친구
마다 붙들고 불평을 늘어놓는다. 이런 행위는 가지 말아야 할 길로
가버린 사랑이다.

애초의 본문인 스바냐 3장 17절의 후반부는 우리의 목회인생은
"미운 자식들"과 같은 성도들을 어떤 마음으로 대해야 옳은가를 보
여준다. 변치 않고 끝끝내 사랑하겠다. 문제가 아무리 많더라도 내

새끼, 내 자식이니까 사랑하고 사랑하니까 천국까지 이끌어주겠다는 굳은 결심으로 걸어가야 하는 길임을 보여준다. 하나님께서 그렇게 하시니 목사도 그렇게 하라는 의미이다.

여기에서 좀 더 생각해보자. 현실에서 사랑은 결심만으로는 안 된다는 문제에 봉착한다. 목회자가 개척을 하면 자기 교회를 찾아오는 모든 사람이 정말 예뻐 보인다. 절름발이여도 예쁘고, 애꾸눈도 예쁘다. 사고 치더라도 교회에 나오는 것이 정말 고맙다. 그런데 교회가 커지고 재정이 넉넉해지면 저 사고뭉치 저거 언제 나가나, 누가 안 데려가나 하는 마음이 들기 시작한다. 교회가 제법 커지면 사사건건 따지고 들던 집사들이 교인들을 데리고 나가면 속으로 할렐루야를 외친다. 분명코, 마음이 변한 것이다. 스바냐 3장 17절의 마음, 솔로몬이 술람미 여인을 간절히 찾는 그 마음을 변하지 않도록 지켜내는 싸움이 목회자의 싸움이다.

시온 산이 황폐하여 여우가 그 안에서 노나이다 _애 5:18

예레미야애가에 있는 이 말씀은 시온 산의 황폐를 막으려면 여우를 잡아야 한다는 것을 암시한다. 여우가 와서 산에 굴을 파고 돌아다니면서 과일을 따먹으며 더 황폐하게 만들기 때문이다. 묵은 밭을 비옥하게 만들려면 흙을 깨고 갈아엎어야 한다. 하지만 많은 수확을 얻으려면 여우같은 짐승들을 부지런히 쫓아내야 한다. 이것 역시 목회의 중요한 일부분이다. 좋은 밭을 일구는 것만큼이나 목사의 마음과 일터에 여우가 숨어들지 못하도록 막는 것도 중대한 일이다. 여우가 숨어들었다면 반드시 잡아내야 한다. 목사와 성도의 마음에, 그리고 머릿속에 여우가 숨어들지 못하도록 만들고, 숨어든 여우를 달아날 수밖에 없도록 만드는 가장 기본적인 방법은 깊이 있게 읽는 것이다. 끊임없이 읽어야 한다. 읽어야 살고 읽다가 죽는 것이 목사의 인생이다.

VI.

살리는 능력을
발휘하라

나는 전국을 돌아다니면서
성공했다는 자타가 인정할 목사들을 많이 만났다. 부흥하는 교회와
성공적인 사역에 관해 직접 이야기를 듣고 관찰하였다. 그 결과, 목
회에 요행수는 없고 어쩌다가 한 방에 성공하는 교회도 없다는 결론
에 도달하였다. 목회 잘한다고 칭찬받고 인정받는 목회자들의 비결
은 본질에 충실하다는 점이다. 남다르게 성공한 그 경험과 경륜의
비결을 내 나름대로 압축하고 정리해서 우리가 가장 본받아야 하는
교훈 하나로 만들라면 **"무조건 읽어라"**이다. 사람들은 좋은 책을
골라주면 읽겠다고 말하는데 실은, 좋은 책이냐 나쁜 책이냐를 떠나
서 읽는 것 자체가 가장 중요하다. 나쁜 책을 읽는 것보다 더 나쁜
것이 안 읽는 것이다. 책을 안 읽고도 목회가 잘 되는 것은 위태로운

일이다. 안 읽으면 무식해진다. 안 읽으면 결국 상식이 없게 되고 몰상식한 목사가 된다. 안 읽는 것은 자신을 상식 이하의 목사로 만드는 행위이다. 뇌에 피가 안돌면 뇌경색이 생긴다. 마찬가지로 읽지 않으면 지성에 뇌경색이 생긴다.

끊임없이 읽으면 지식이 쌓이는 동시에 글 내용을 파악하는 능력도 커진다. 더욱 총명해지고 분별력이 예리해지고 지혜롭게 된다. 사람이 달라진다. 좋은 책, 나쁜 책, 필요한 책을 분별할 수 있게 되고 자기에게 가장 적절한 책을 골라 읽을 수 있게 된다. 좋은 책, 필요한 책을 골라 잘 읽는 능력이 커진다는 것은 머리를 더 잘 굴리게 되었다는 의미이다. 그리고 인생과 목회, 그리고 교회를 제대로 성공시킬 능력도 커졌다는 의미이다.

미가서 3:9-11

야곱 족속의 우두머리들과 이스라엘 족속의 통치자들 곧 정의를 미워하고 정직한 것을 굽게 하는 자들아 원하노니 이 말을 들을지어다 시온을 피로, 예루살렘을 죄악으로 건축하는도다 그들의 우두머리들은 뇌물을 위하여 재판하며 그들의 제사장은 삯을 위하여 교훈하며 그들의 선지자는 돈을 위하여 점을 치면서도 여호와를 의뢰하여 이르기를 여호와께서 우리 중에 계시지 아니하냐 재앙이 우리에게 임하지 아니하리라 하는도다

글 읽기는 읽는 깊이가 관건이다. 아무런 해석도 없이 보는 즉시 이해가 된다고 느껴지는 글도 있다. 쉽고 좋은 글이다. 대개의 쉽고 좋은 글은 가벼운 두뇌에서 나오지 않는다. 탁월한 수준에 도달한 문필가가 쉽고 좋은 글을 쓴다. 그러므로 쉽고 좋은 글이라고 해서 가볍게 파악하는 수준으로 충분한 경우는 흔치 않다. 미가서 3장의 본문은 이스라엘 지도자들을 공박하는 내용이다. 먼저, 간단명료하게 그러면서도 가급적 정확하게 내용을 정리해 보라.

[본문: 미 3:9]

- 이스라엘 족속의통치자는 정의를 미워하고 정직한 것을 굽게 한다.
- 그들의 우두머리는 뇌물을 위하여 재판한다.
- 그들의 재판장은 삯을 위하여 가르친다.
- 그들의 선지자는 돈을 위하여 점을 친다.
- "여호와께서 우리 중에 계시지 아니 하냐 재앙이 우리에게 임하지 아니하리라" 말한다.

이 메모를 보면 이스라엘 지도자들의 문제가 한눈에 들어온다. 문제는 "배금주의" 혹은 "황금만능주의"라는 말로 요약할 수 있는 사고방식이다. 이스라엘 백성의 지도자를 구성하는 세 부류가 저지른 죄악은 각각 부정직, 불공정한 재판, 거짓 예언이다. 본문은 각계 지도자의 죄악은 무엇이냐에 초점을 두기보다는 "이스라엘(의)"라는 단어에 역점을 두고 "이스라엘은 누구를 위해 살아야 하는가?"라는 점에 둔다. 이스라엘의 지도자는 하나님의 백성이 하나님을 위해 살도록, 하나님 안에서 기뻐하며 살도록 이끌어야 할 책무가 있다. 지도자들이 하나님을 위해 살지 않으면 백성들이 아무리 하나님을 위해 살고 싶어도 그렇게 살 수 없는 지경이 된다. 속죄제물에 관한 규정은 지도자의 죄과는 그 지도자가 책임진 공동체 전체에 미친다. 물이 오염되면 그 물 전체와 그 물에서 사는 물고기 전체가 오염된다는 의미이다.

자, 여기에서 이 주제로 인생의 네 박자를 생각해 보자다.

내게 ＼ 하나님께	좋다	안 좋다
좋다	하나님께 좋고 내게도 좋다	하나님께 안 좋고 내게 좋다
안 좋다	하나님께 안 좋고 내게도 안 좋다	하나님께도 안 좋고 내게도 안 좋다

이 네 박자는 무엇이 가장 바람직한 것이고 무엇을 가장 피해야 하는지 명확하게 나타낸다. 중간의 두 입장에 빠진 경우는 반드시 자신의 안 좋은 부분을 채우고 가장 바람직한 인생으로 옮겨가야 한다. 여기에서 어떤 것을 선택해야 바람직한 인생이라는 주제로 다시, 인생의 네 박자를 다음과 같이 만들었다.

내게 ＼ 하나님께	위한다	버린다
위한다	하나님을 위하고 나도 위한다	하나님을 버리고 나를 위한다
버린다	하나님을 위하고 나를 버린다	하나님도 버리고 나도 버린다

우선순위가 제대로 정립되지 않거나 잘못 정립한 지도자는 반드시 문제를 일으킨다. 이스라엘 전체의 타락과 부패 문제를 다룰 때 지도자들을 먼저 거론해야 할 이유를 예레미야 5장과 미가 3장에서 찾을 수 있다.

그들이 여호와를 인정하지 아니하며 말하기를 여호와께서는 계시지 아니하니 재앙이 우리에게 임하지 아니할 것이요 우리가 칼과 기근을 보지 아니할 것이며 _렘 5:12

이러므로 너희로 말미암아 시온은 갈아엎은 밭이 되고 예루살렘은 무더기가 되고 성전의 산은 수풀의 높은 곳이 되리라 _미 3:12

미가의 말씀에 있는 "무더기"는 폐허라는 뜻이다. 그러므로 미가 3장 2절은 이스라엘은 철저히 파괴되어 폐허가 되고 사람이 살지 않는 곳이 된다는 뜻이다. 이런 결과를 맞게 된 것에 대해 하나님은 가장 큰 책임을 바로, "너희" 이스라엘의 지도자들이 져야 한다고 지적하시는 것이다. 지금 한국 교회가 딱 저 상황처럼 되어가는 것은 아닌가 하는 생각이 든다. 아니라고, 그렇지 않다고 아무리 말하려고 해도 자꾸 속에서는 "그런 것 같다," "틀림없이 똑같다"라는 생각을 떨쳐버리지 못하겠다. 미가의 이 설교와 탄핵은 이천 몇 백 년의 시공을 뛰어넘어 지금 한국 교회에, 아니 우리 각자의 교회와 사역자들에게 경고로 다가오지 않는가?

그런데 미가의 말씀은 그 무참한 파국을 피하는 단순명쾌한 "답"을 보여주지 않는가? 이스라엘의 지도자들이 하나님을 등지고 그 백성들로 하여금 하나님을 배반하게 만드는 것은 단 하나 "돈"이었다. 돈을 대단히 소중하게 여기든 하찮게 여기든 실제로는 하나님께 반역하도록 만들고 하나님을 반역해서 얻고자 한 것은 결국 돈이었다.

사실, 우리 시대의 목회자들도 저 지도자들과 별반 다르지 않다. 목회자들 가운데 자기 마음대로 주물럭거릴 수 있는 몇 명만 제외한 거의 대부분의 교인들을 내보내는 작업을 하는 이들이 있다. 똑똑한 교인들이 다 나가고 바보 같은 교인들만 남으면 목사가 교회 재산권을 임의로 행사할 수 있기 때문이다. 교인이 너무 많으면 목사의 생각대로 할 수 없으니 교회로서의 구색만 갖출 정도로 남겨두고 걸리적거리는 교인을 내보내겠다는 것이다. 이런 목사에게 복음의 열정을 기대할 수 있는가? 교회를 실질적으로 사유화하고 자식이나 친지에게 물려준다.

물론 교회는 목회자가 원하는 대로, 의도하는 대로 움직이는 편이 좋다. 그러나 그 목사가 하나님과 잘 통하고 하나님을 전적으로 위하며 올바르게 할 때에 한해서다. 만약 목사가 그릇되었다면 당연히 그 목사님의 의도대로 움직이면 안 된다. 교회는 언제든지 하나님의 뜻대로 움직이고 하나님의 말씀이 가르치고 보여주는 나라 즉, 하나님의 왕국이 되어야 한다. 하나님의 교회를 목사 개인재산처럼 굴리며 사적인 이득을 추구하는 대상이 되어서는 안 된다. 그렇지 않다면 하나님을 경외하지 않는 목사를 통해 도대체 어떻게 하나님을 경외하는 신자가 나올 수 있겠는가?

지금 부동산 중개업소에 매물로 나와 있는 교회가 무척 많다. 교회 건물이 불교신자들에게 팔려 십자가 대신에 만(卍)자를 달고 있는 경우가 서울 시내에만 십여 곳이 넘는다고 한다. 정말 부끄럽다. 교회건물이 타종교에게까지 팔릴 정도라면 세상 사람들은 기독교를 불교와 종류만 다르지 종교라는 점에서는 하등 차이가 없다고 여길 것이 분명하다. 기독교는 목사의 신통력에 좌우되는 미신의 한 형태라고 여길 것이 분명하다. 대형교회가 나서고 작은 교회들도 합심해서 매물로 나온 교회당을 사들여야 한다. 교단 소속을 떠나 유일하신 참 하나님께 봉헌된 교회들이 아닌가? 교회가 성장해서 새로 잘 지어 옮겨가면서 내놓는 경우는 건전한 경우지만 그래도 부동산에 내놓고 사고파는 것은 지양해야 한다. 심지어 교회건축을 잘 하거나, 신도시 재개발을 노리고 들어가 보상을 잘 받은 뒤에 교회를 정리해 버리는 사례도 있다. 정리해버리지는 않아도 전보다 작은 건물을 얻어나가 교회를 계속한다고 하지만 그 차액을 편취하거나 돈놀이를 통해 교회운영을 편하게 하려는 나쁜 경우도 있다.

교회가 침체되고 망할 때 나타나는 병리 현상 가운데 하나가 하나님의 것을 사유화하는 것이다. 기도원들마다 정상적으로 매매되는 경우가 참 귀할 정도이다. 그러면 그동안 수 없이 많은 사람들의 헌금은 어디로 가는 것인가? 드리는 그 순간만 하나님의 것이어서는 안 된다. 하나님께 드린 것이면 끝까지 하나님의 것으로 남아 있어야 하고, 하나님이 기뻐하시는 목적에 사용되어야 한다. 하나님의 것을 잠시 맡은 사람이 그 재산을 불릴 때는 하나님의 것이라고 하다가 어느 시점에서 소유주가 바뀌는 것은 도둑질이며, 사기질이다. 그동안 하나님을 섬긴다고 외친 모든 것이 다 거짓임이 증명되는 것이며 심지어 하나님을 도적질과 사기질의 공범으로 만드는 셈이다.

지금 세계적인 경제위기에 봉착해 있다. 금리가 어떻게 될지 장담할 수 없고, 무엇보다도 중산층의 경제력이 무너지고 서민들의 삶은 생계조차 장담하기 힘들다. 그러하면 더 많은 교회들이 부도를 맞고 매물로 나오게 될 것은 명약관화하다. 교회가 활력이 있고 생명력이 넘치고 있다면, 부흥하고 있다면 세상의 경제현황에 대해 무관심해도 상관이 없을 테지만 교회가 계속 침체하고 있기 때문에 문제는 더욱 심각해질 것 같다. 적극적 사고방식으로는 도저히 극복할 수 없는 구조적인 문제이며, 범세계적인 불황이다.

그러나 한국교계가 전반적으로 쇠퇴하고 소금과 빛의 능력을 급격히 잃어버리고 있는 이런 상황 속에서도 성장하고 부흥하는 교회가 있다. "지도자"가 문제라고 성경이 이미 명확하게 선언한 사실에 주목하라. "목사"가 문제의 핵심에 있다면 해결책은 가장 가까운 곳에 이미 준비되어 있는 셈이다. 목사가 썩어질 세상의 하찮은 것을 위하냐 아니면, 하나님을 위하느냐가 문제라면, 목사가 먼저 하나님 말씀을 삶의 기준이요 법도로 세워 살아가며 하나님의 백성들에게 좋은 본이 되기만 하면 된다. 기본원칙에서 해결책이 나온다. 이 해결책을 붙잡는 교회는 결국 하나님의 은혜와 능력을 맛본다. 결국, 부흥하고야 만다.

1. 살리는 능력을 가진 목사가 해결책이다

부산 서부교회는 주일학교로 유명한 교회였다. 서부교회의 주일학교는 세계에서 가장 큰 주일학교로 기네스북에 올라갔을 정도였다. 주일학교에 2만 명까지 모인 적이 있다고 한다. 1983년 통계에는 주일학교 학생이 재적 32,000명에 매주 평균 12,000명이 일시에 모였다가 흩어지는 장관을 연출하였다. 1989년에는 매주 평균 8,500명이 모였는데 7월에 3일간 개최된 여름성경에는 13,000명이 일시에 등록하고 출석하였다. 이 시기에 장년교인들은 대략 5,000명에서 8,000명 사이였고 주일학교 교사는 300명 정도였다. 그런데 2007년에는 1,500명으로 인원이 줄었다. 물론 그간에 이러저러한 문제가 있었으며 불가항력적이라고 핑계를 둘러댈 수는 있다. 하지만 그 숫자의 감소는 자연스러운 정도를 넘어서 부흥의 열기가 식었다고 평가할 수밖에 없는 정도다. 교회의 지도자들이 분열하고 대립하였다. 서부교회의 부흥을 이끌었던 백영희 목사가 돌아가신 뒤에 리더십을 바로 세우지 못하였던 것이다.

백영희 목사는 25세에 결신하여 집사까지 평신도 생활하다가 뒤늦게 목회자가 되었다. 부산 인근의 네 교회를 섬긴 뒤에 부산 서부교회에 부임하였다. 부임 당시 서부교회는 장년이 40명이고 주일학교는 70명이었다. 그 교회를 부산 최대의 교회로, 세계 최대의 주일학교로 성장시켰던 것이다. 백영희 목사의 핵심 비결은 결코 특별한 프로그램에 있지 않았다. 백영희 목사 자신이 뒤늦게 예수님을 영접한 것을 너무 아쉬워하여, 아이들의 마음이 순백의 도화지 같을 때 하나님 말씀을 가급적 많이 적어놓고 각인시켜놓겠다는 단순한 목적을 주일학교 교육의 목표로 삼았다. 자연히 성경 말씀을 단순 주입식으로 반복적으로 아이들에게 묻고 답하는 뻔한 방식을 택했다. 백 목사는 주일학교 교사를 원반사, 보조반사로 나눴다. 백영희 목사는 보조반사에게 영적 생명력을 불어넣고 어린 영혼을 사랑하고 구원하겠다는 열정을 갖게 만들었다. 그리고 보조반사는 무조건 자기 힘으로 주일학교 어린이 다섯 명을 전도해야 원반사가 되도록 하였다. 백영희 목사는 보조반사를 헌신적이며, 어린 영혼을 사랑하는 작은 지도자로 세울 줄 아는 지도자였다. 이것이 비결이라면 비결이었다.

지도자가 문제의 핵심이라는 것은 바로 이런 경우를 가리킨다. 지도자 한 명이 잘하면 다 살고 지도자 한 명이 잘 못하면 다 망한다. 품성 즉, 리더의 됨됨이에 좌우된다. 교회의 지도자는 생명력이 넘쳐나야 하고, 그 생명력으로 다른 생명을 살릴 수 있어야 한다. 그래야 교회다운 교회가 된다. 목사 혹은 목사후보생이라면 그런 지도력을 갖고자 소망해야 한다. 목사이기 때문이다. 그런 지도력을 가지고 목회를 잘하는 목사가 좋은 목사이다. 좋은 목사는 하나님의 방식대로 교회를 일구어 하나님을 영화롭게 하는 좋은 일을 많이 할 수 있다. 좋은 목사가 많다는 것은 좋은 교회가 많다는 것이며, 좋은 목사들이 합심하고 힘을 합하면 좋은 교회들이 더 많아질 수 있다. 그러므로 좋은 목사가 된다는 것, 그것이 하나님을 위하는 첩경이다. 반면에 하나님을 하나님의 방법으로 위하지 않는 것, 그것이 마귀를 위하는 길이다.

요한복음 13장 2절에, "마귀가 벌써 시몬의 아들 가룟 유다의 마음에 예수를 팔려는 생각을 넣었더라"라는 말씀이 있다. 누가복음 22장 3절에서 5절은 그 정황을 좀 더 자세히 기록한다. 이 문장을 읽고 쓰면서 무엇을 질문해야 그 핵심을 더 깊이 파악할 수 있을까를 생각해보라.

열둘 중의 하나인 가룟인이라 부르는 유다에게 사탄이 들어가니 이에 유다가 대제사장들과 성전 경비대장들에게 가서 예수를 넘겨 줄 방도를 의논하매 그들이 기뻐하여 돈을 주기로 언약하는지라

나는 다음과 같은 두 질문을 해야 한다고 생각했다.

첫째, 유다는 예수님을 팔아서 무엇을 얻으려 했는가?

둘째, 유다가 예수님을 팔 생각을 하게 된 원인은 무엇인가?

이 두 질문을 하나의 질문으로 합하면 "유다는 무엇을 얻기 위해 예수님을 팔 생각을 하였으며, 어떻게 그런 생각을 하게 되었는가?"가 된다. 하나로 묻든 두 개의 질문으로 묻든 이 두 초점을 연속적으로 붙여서 파악하는 것이 굉장히 중요하다.

첫째 질문의 답: "돈"

둘째 질문의 답: "마귀가 그 생각을 집어넣어서"

예수님의 제자가 어떻게 겨우 은 삼십에 예수님을 팔아넘길 생각을 했는지 도무지 이해가 안 된다는 생각은 하지 말아야 한다. 마귀에게서 영향을 받으면 얼마든지 그렇게 될 수 있다. 아담과 하와는

무죄상태 즉, 하나님의 완전한 피조물 상태에서 유혹을 받고 반역을 저질렀다. 가룟 유다는 예수님의 제자로서 예수님과 다른 제자들과 함께 했다. 그렇다면 하늘에 즉, 영적 세계에 계신 하나님과 소통해야 마땅하다. 그런데도 유다는 하나님과 통하지 않고 마귀와 통했다. 하나님의 음성을 받지 않고 마귀의 음성을 받았다. 영적으로, 마귀와 통하고 마귀의 메시지를 듣고 그대로 따라가서 마귀의 길 즉, 사망의 길로 갔다. 앞장에서 천상의 영적 세계와 현실세계를 통하게 하는 파장을 "영파"라고 한 것을 기억할 것이다. 그렇다면 영적 세계는 하나님과 하나님의 나라가 있고, 마귀와 그의 나라가 있다. 따라서 하나님께서 보내시는 "영파"가 있고 마귀가 보내는 "영파"도 있을 것이다. 그 대조적인 결과를 염두에 두고 전자를 "생명파" 후자를 "사망파"라 불러도 좋을 것이다.

영파	생명파 : 하나님의 성령이 천사들과 더불어 보냄
	사망파 : 마귀가 보냄

목회사역을 끝까지 성공적으로 해내려면 "생명파"를 잘 받아야 한다는 것은 불문가지이다. "사망파"를 받아서는 안 된다. 유다의 행위는 유다가 사망파를 받았다는 것을 입증한다. 유다는 마귀와 통하는 생각인 줄도 모르고 자기 생각대로 기쁘고 즐거운 마음으로 예수를 팔았다. 그렇다. 아무리 크게 성공한 목사일지라도, 아무리 큰 교회를 세웠을지라도, 아무리 큰 능력을 나타낼지라도 사망파를 받으면 이렇게 확 뒤집어진다. 기꺼이 하나님을 대적하고 예수님을 팔아

넘길 수 있게 된다.

여러분은 생명파를 받는 쪽인가? 아니면, 사망파를 받는 쪽인가? 나의 질문은 여러분이 어느 쪽에 속한다고 인정받고 싶으냐가 아니라 실제로 지금 어느 쪽에 속해 있느냐는 질문이다. 실제로 지금, 교회사역을 통해 생명파를 전달하고 있느냐 아니면 사망파를 전달하고 있느냐, 양심적으로 따져보라는 의미이다. 자신이 정말 생명파에 속해 있다고 믿는다면, 그렇다면 객관적 증거를 내놓아라.

그런데 증거를 내놓겠다고 하기 전에 먼저 고찰해야 할 것이 있다. 생명파와 사망파는 이름만 다른 것이 아니다. 성질은 동일하되 단지 그 종류만 다를 뿐인 것이 아니다. 자, 사망파를 먼저 따져 보자.

가인이 아벨을 죽인 일을 요한1서 3장 12절에서는 악한 놈이 그랬다고 말한다. 사도행전 5장 3절에서 아나니아와 삽비라가 성령을 속이고 돈을 숨긴 것은 사탄이 들어갔기 때문이라고 말한다. 사무엘상 16장 14절에 따르면 악령이 사울 왕을 번뇌케 했다. 사탄이 우리에게 보내는 신호 즉, 사망파는 죽이게 만들고 숨기고 번뇌케 한다. 주는 것은 하나도 없다. 결코 생산적이지 않다. 사망파의 이 본질을 있는 그대로 드러낸 사건이 공생애를 시작하시는 예수님을 사탄이 시험한 사건이다.

사탄은 예수님께 다가와 세 가지 시험을 했다. 돌로 떡을 만들라고도 했고 뛰어 내리라고도 했으며 자기에게 절하라고도 했다. 그때 각각의 요구에 대한 보상도 제시하였다. 그런데 한 번 생각해 보라. 세 차례 유혹을 할 때 마귀가 실제로 무엇을 내놓았던가? 마귀의 손에는 아무것도 없었다. 마귀는 우리에게 줄 떡이 없었다. 그러니 마귀는 떡을 내놓지 않고 돌로 떡을 만들어 먹으라는 말만 한다. 그런데 떡도 없는 것이 천하 영광은 어떻게 이뤘을까? 그 영광은 누구의 것이기에 자기를 경배를 하면 주겠다고 말하는가? 마귀가 우리에게 줄 천하 영광이 있으면 자신이 갖지 우리에게 주겠는가? 상식적으로, 마귀가 우리에게 줄 천하 영광이 있다면 자신이 갖지 우리에게 주겠느냐 말이다. 마귀에게는 우리에게 줄 천하 영광 따위는 없다. 그냥 하나님께로부터 우리를 꼬여 내려고 하는 수작에 불과하다. 하나님의 뜻과 목적을 저버리게 만드는 간계에 불과하다. 있는 것을 빼앗기고 파멸 당하게 만드는 것 이외에 마귀가 우리에게 줄 것이 없다.

마귀에게는 우리에게 줄 천하 영광 따위란 없다. 누가 그 영광을 받았단 말인가? 아나니아, 삽비라, 가룟 유다, 사울 왕, 아간, 그렇지 않으면 가인이 받았는가? 도대체 누가 받았단 말인가? 아나니아와 삽비라는 실패했어도, 가룟 유다는 실패했어도, 아간은 실패했어도, 가인은 실패했어도, 나는 성공할 것 같은가? 나는 마귀의 손아귀에 있는 천하영광을 성공적으로 받을 것인가? 바울은 "뱀이 그 간계로 하와를 미혹한 것 같이 너희 마음이 그리스도를 향하는 진실함과 깨끗함에서 떠나 부패할까 두려워하노라"라고 말한다(고전 11:3). 바울과 같은 능력자도 두렵다고 말하는데 겁 없이 덤벼드는 목사들이 많다. 담력이 대단한 것인가, 뻔뻔한 것인가, 아니면 무지의 소치인가?

예수님의 제자라면, 목사라면, 생명파와 사망파를 잘 구별할 수 있어야 하는데 뱀이 워낙 간교해서 사망파를 즐겁게 받아들이는 목사가 많다. 아닌 것은 아니라고 해야 하는데 그러지 못하는 신자들이 너무 많다. 백성들이 "사울은 천천이요, 다윗은 만만이로다"라고 사울 왕이 "다윗아! 여자들이 너는 만만이고, 나는 천천이란다. 내가 봐도 그런 것 같다. 너는 그럴만한 일을 했어. 나를 비롯한 이스라엘 모든 군사가 사망파를 받아서 쫄았을 때 너는 생명파를 받아서 우리를 이기게 했어! 계속 잘하거라!"라고 했으면 얼마나 멋있었겠는가? 그렇게 올바른 정신으로 받아들였더라면 사울 왕 자신도 살고 요나단도 살고 다윗은 죽을 고생을 하지 않아도 되고 정말 멋있었을 것이다. 그런데 사울은 '저거 죽여야 돼!'라고 생각하고는 그의 남은 일평생을 오직 다윗 죽이는 일로만 소모했다. 아들 요나단에게까지도 다윗을 죽이도록 명령하고 죽여야 한다고 설득하기까지 했다. 사탄의 생각이 사망파를 타고 여우처럼 사울의 마음에 파고들어왔다. 숨어들어온 여우가 굴을 파고 자리를 잡아 시온 산을 황무지로 만들기 시작했다.

반면에 사울에 대응하는 다윗의 처사는 생명파를 잘 받는 사람의 모습을 잘 보여준다. 사망파를 받으면 불의를 즐거워하여 의인 죽이기를 도모하지만 생명파를 받으면 자기를 죽이려는 악인을 죽이지 않는다. 끝없이 하나님과 소통하면서 하나님의 손에 모든 것을 맡긴다. 사울을 죽이면 모든 문제를 간단히 정리할 수 있는데도 죽이지 않는다. 오랫동안 고난의 길을 험악하게 살아가면서도 의인의 방식을 버리지 않는다. 전적으로 하나님의 생명파를 의존하며 끝까지 참아낸다.

신자들이 어떤 일을 도모하고 수행할 때는 절대로 뭔가 개인적 이익을 염두에 두고 방향을 잡으면 안 된다. 다른 사람을 짓밟고 끌어내리고 자기 이름을 높이는 방법은 피해야 한다. 사망파가 왕성해지기 때문이다. 바울이 염려하는 것처럼 우리 마음이 더러워지고 악해져서 사탄의 뜻대로 될 가능성이 커지기 때문이다. 생명파를 받는 곳에서, 생명파가 왕성해지는 방식으로 일해야 한다. 아무리 힘들어도 생명의 길로만 가는 것이 신자의 도리이고 목사의 길이다.

이제, 성경이 우리에게 주는 적극적인 경고를 찾아서 확인해보자.

근신하라 깨어라 너희 대적 마귀가 우는 사자 같이 두루 다니며 삼킬 자를 찾나니 너희는 믿음을 굳건하게 하여 그를 대적하라 이는 세상에 있는 너희 형제들도 동일한 고난을 당하는 줄을 앎이라 _벧전 5:8-9

베드로의 첫 마디는 "근신하라, 깨어라"는 명령이다. 이 말을 두 개의 명령으로 볼 수도 있고 하나의 명령을 반복해서 강조한다고 보아도 좋다. 그런데 두 단어는 어원적으로 미묘한 차이가 있다. "근신하다"(נηψατε)라는 말은 "술 취하지 말고 맨 정신을 유지하라" 즉, "분별력을 잘 유지하라"라는 의미이고, "깨어 있다"(γρηγορησατε)라는 말은 "주의해서 살펴보다," "지켜보다"라는 말이다. 이 두 뉘앙스를 연결하면 마치 경계근무를 서고 있는 병사처럼 "온전한 분별력을 갖춘 상태를 유지하고 있으면서 주변을 잘 살펴보라"라는 의미가 된다.

그러면 깨어 있고 잘 살펴보면 끝인가? 우는 사자처럼 삼킬 자를 찾아 두루 돌아다니는 마귀를 보면 어떻게 하라고 하는가? 잘 살펴보고 있다가 마귀가 오면 얼른 달아나라고 말하는가? 달려가서 은 삼십에 예수님을 팔아넘기라고 하는가? 9절 첫 머리에서 "대적하라"라고 명령한다. 우리말로는 동사 하나인데 원어에는 동사와 부사로, "안티스테테 스테레로이"ᵃᵃᵃᵃᵃᵃᵃᵃ이다. 말 그대로 옮기면 "굳세게 저항하라"라는 말이다. 이기라고 명령하지 않는다. 꿋꿋하게 버티라고 한다. 물들지 않기만 해도, 물러서지 않기만 해도 잘하는 것이라는 뜻이다. 베드로가 이 구절에서 신자들에게 명령하는 것을 구체적으로 열거하면 다음과 같다.

첫째, "근신하라"-건전한 분별력을 유지하라.
둘째, "깨어라"-눈을 부릅뜨고 잘 살펴보라.
셋째, "대적하라"-굳세게 버텨라.

결코 착각해서는 안 될 것이 이 세 명령이 무엇인지를 잘 설명한다고 설교를 잘하는 것이 아니라는 점이다. "깨어 있어라"라는 명령을 전달받는 것으로 사명이 끝나는 신자는 세상에 없다. 명령을 전달받은 자나 전달하는 자나 똑같이 정말로 "깨어 있어야" 한다. 그리고 깨어 있어야만 하는 그 목적을 성취해야 한다. 그러므로 베드로의 명령 세 가지는 한 세트이다. 셋 가운데 하나만 잘하면 되는 것이 아니라 셋 모두를 완벽하게 성취해야 한다. 베드로가 전달해주는 세 명령의 핵심을 이해하였다면 명령의 핵심원리도 잘 이해하였을 것이다. 정리해보자.

첫째, "근신하라"-분별력.
둘째, "깨어라"-주의력.
셋째, "대적하라"-용기; 담력.

이 세 명령을 잘 수행하는 데 필요한 자질을 분별력, 주의력, 담력이라고 하더라도 총명, 지식, 지혜가 반드시 있어야 한다. 즉, 이 세 명령을 잘 이행하려고 할수록 총명과 지식과 지혜가 커야 한다. 그러므로 이 세 명령에 대한 각성만 잘하면 되는 것이 아니라 어떻게 해야 총명과 지식과 지혜가 커지고 안정적이 되어서 분별력과 주의력과 담력도 더욱 크고 강력해지도록 만들 방안도 함께 마련해야 한다. 그래서 읽어야 하는 것이다. 성경을 읽고 각종 책을 읽어야 한다. 웬만한 분량의 단행본은 매일 하루에 20분씩 읽으면 매달 한 권씩, 연간 열두 권의 책을 읽을 수 있다. 그러나 한 달에 한 권은 목사에게는 너무 적은 분량이다. 교회를 온전히 돌보려면 적어도 사흘에 한 권씩, 매달 10권씩은 읽어야 한다. 간단하다. 하루에 200분씩 독서에 할당하면 된다. 그러므로 목사의 경우 근신하라, 깨어 있으라는 명령은 먼저, 책읽기를 하는 것으로 시작해야 한다.

책읽기와 더불어 매일 반드시 수행해야 하는 과제는 물론 "기도"

이다. 하나님의 마음과 생각도 읽어야 한다. 그리고 하나님의 마음에 내 마음과 생각을 적어드려야 한다. 기도로부터 능력이 나오기 때문이다.

> 이르시되 기도 외에 다른 것으로는 이런 종류가 나갈 수 없느니라 하시니라 _막 9:29

이 단계에서는 "기도하자"라는 학술적 정의는 의미가 없다. 기도는 하는 것이지 이해하는 것이 아니다. 기도는 하나님을 붙잡고 하소연하는 것이며 몸부림치는 것이다. 무엇인가 절실한 문제 때문에 하나님을 붙잡고 매달리며 부르짖는 것이다. 그러므로 원칙을 먼저 따져야 하는 것이 아니다. 기도는 절박한 것이다. 뛰어들기부터 해야 하는 것이 기도이다. 당신은 절박하게 기도할 것이 하나도 없는가? 목회를 잘하였다고 하나님으로부터 칭찬받는 것이 그리 쉬울까? 기도하지 않는다는 것은 자신의 자연적 능력으로도 충분히 해낼 수 있다는 태도에 다름 아니다. 절박하게 기도하지 않는다는 것은 그만큼 하나님과 하나님의 능력이 갈급해하지 않다는 것이다. 그러므로 애절하게 기도하지 않는 것 자체가 교만이며 죄악이다. 그래서 근신하고 깨어 있고 마귀를 대적하라는 명령의 두 번째 실행강령은 기도하라는 것이다.

기도를 통해 능력을 받아야 한다. 귀신 들린 자가 히죽 히죽 웃으며 나아오거든 "귀신아! 주 예수의 이름으로 물러갈지어다"라고 대

범하게 호통쳐라. 그러면 귀신이 나가면서 소문이 나 교회가 부흥될 것이다. 한 번 해보라. 그런데 귀신 들린 자가 오면 "하나님이 보내 주셨구나!" 이래야지, "잘못 오셨습니다. 우리 교회는 그런 거 안 합니다. 중문교회로 가십시오. 저 옆 교회로 가십시오." 이러면 되겠는가? 예수님은 귀신한테 "왜 이러세요, 저는 무당이 아닙니다"라고 하거나 "내가 왜 귀신을 쫓아? 저리가라"라고 하지 않으셨다. 주님은 다 주님께로 오라고 하셨다. 모든 것을 해결해 주시겠다고 하셨다. 그러므로 이러한 능력과 역사 또한 목사와 교회가 해야 할 사역이다.

사탄은 새 생명이 없는 자들과 무기력한 자들에게는 엄청난 영향력을 발휘한다. 그러나 하나님의 전신갑주를 입고 근신하고 깨어 기도하는 자들에게는 아무런 힘을 발휘하지 못한다. 주님께서 이미 사탄의 권세를 무너뜨렸다. 그러므로 주 예수 그리스도의 이름과 권세를 힘입어 맞서 나가면 무조건 우리가 이기게 되어 있다. 우리가 근신하고 깨어 있어 마귀를 대적하기를 쉬지 않는다면 우리는 쉬지 않고 승리를 거둘 것이다. 살리는 능력을 끊임없이 계발하고 확대하여 하나님의 나라를 더 크게 확장하는 주의 병사가 되려는 열정으로 살아가야 한다.

VII.
문제해결 중심적
사고를 하라

인생은 늘 문제에 직면하고 답을 찾고 그 답을 적용하는 과정의 연속이다. 목회사역도 마찬가지이다. 그런데 신자들은 인생살이에서 부딪히는 문제를 들고 목회자에게 찾아오지만 목회자는 자기 문제 이외에도 신자들의 문제를 해결해주어야 한다. 그것이 지도자로서의 목사의 숙명이다. 그래서 목사는 늘 하나님께 지혜와 총명을 구해야 한다. 그런데 지혜와 총명은 하나님께서 직접 주시는 것도 있지만 간접적으로 주시는 것도 있다. 단번에 주시는 것도 있지만 갈고 닦아야 하는 것도 있다.

우리의 학교교육은 언제나 모범답안 즉, 정답만을 강조해왔다. 그래서 우리는 철없는 시절부터 정답숭배자가 되어 정답만 찾았다. 언제나 정답은 하나뿐이었고, 미리 산정된 답안을 외우는 것이 학업 능력의 평가기준이었다. 대학교육을 마칠 때까지 시험에 매달리고 정답을 찾는 교육만 받다보니 우리 한국사회는 "정답사회"가 되고 말았다. 우리 자신의 관점에서 문제를 생각하고 자기에게 가장 적절한 해결방안을 찾기보다는 누군가가 정답 하나를 던져주기만을 기다리는 성향이 너무 강해졌다. 결국, 조금만 다른 소리를 내면 신경질적으로 반응하고 반드시 뜯어고쳐 놓아야 직성이 풀리게 되었다. 당연히, 주어진 문제의 정답을 반드시 찾아야 하고 그 답은 반드시 하나일 때도 있다. 문제는 사람에 따라 다른 문제가 될 수도 있고, 답이 하나뿐인 경우더라도 그 답에 접근하는 방안이 여럿일 수 있다는 점이다. 지도자는 이 점을 인정할 줄 알아야 한다. 만일 산 정상에 깃발을 꽂아야 할 때 그 산 정상으로 올라가는 길이 남쪽 비탈에 있는 돌계단 하나뿐이라고 해서 모든 사람이 심지어 북쪽, 동쪽에 있는 사람조차도 반드시 남쪽으로 와서 그 돌계단을 밟아 올라가야 한다는 것은 고정관념 혹은 무의미한 추종일 따름이다.

그러므로 총명하고 지혜로운 살리는 지도자가 되기 위해서는 문제를 올바로 인식하고 현실적으로 가능한 방편을 많이 찾아내는 사고력이 필요하다. 어떤 그럴듯한 방안, 많은 사람들이 택하는 방법 하나를 골라놓고는 만족스러워 하면서 뇌기능의 작동을 중단해서는 안 된다. 더 따져보고 더 찾아내야 한다. 시각을 달리해서 이런 관점, 저런 관점으로 돌려보면서 답이 될 수 있는 것들을 가능한 여럿을 찾아놓고 따져보는 능력이 지도자에게 있어야 한다. 문제해결 중심적 사고능력을 배양하기 위한 한 방안으로 나는 "인생의 네 박자"

라는 것을 소개하였다. 인생의 네 박자는 선택 가능한 네 가지 답을 찾아낸다. 그러면 형편에 따라 그 가운데 가장 나쁜 것 하나를 버린다고 쳐도 상책上策, 중책中策, 하책下策 이렇게 세 등급으로 우선순위를 매겨 문제가 해결될 때까지 차례로 적용하면 된다. 그런데 인생의 네 박자를 구성하기 정말 어렵고 선택지가 하나뿐인 경우라도 선택지를 하나만이라도 더 찾도록 해야 한다. 이 경우 반대편에서 찾으면 쉽다. 답을 오직 하나만 놓고, 이것을 할까 말까해서는 안 된다. "말까"는 포기이지 의견 혹은 대안이 아니다. 오직 "하자"만이 의견이다. "이렇게 하자"와 "저렇게 하자" 두 개의 명확한 대안代案을 놓고 그 가운데서 하나를 선택해야 진정한 선택이다.

예를 들어보자. "사람은 천하를 다 가져도 만족하지 못한다"라는 명제가 있다. 성경을 가르치다가 이 명제를 좀 설명하다보니 "천하를 다 가졌는데도 왜 만족이 없을까?"라는 질문이 나왔다. 여기에 대해 "사람은 본시 욕심이 많아서 그렇습니다"라고 누군가 대답했다. 이 답변만으로 설명을 끝내거나 이외의 답변을 전혀 고려하지 않는 듯한 태도를 주면 뭔가 부족하고 꽉 막힌 답답한 사람이라는 인상을 줄 수 있다.

사람은 본래 욕심이 많아서 그렇다는 대답은 사람의 본성에 초점을 두고 답을 찾은 것이다. 성경으로 눈을 돌려 "사람이 만일 온 천하를 얻고도 제 목숨을 잃으면 무엇이 유익하리요 사람이 무엇을 주고 제 목숨과 바꾸겠느냐"(마 16:26)라는 말씀에 의거해서 사람이 천하보다 귀하기 때문이라고 대답할 수도 있다.

이제, 두 답변 가운데 어떤 답변이 더 좋은 것인지를 따져본 뒤에 진짜 의미 있는 답변을 찾아서 선택하면 된다. 먼저 [답변 1]을 생각해보자. 만일 욕심이 많아서 만족함이 없다면 욕심을 버리면 만족함을 얻을 수 있다는 말이 된다. 이것이 정답이라고 여기는데서 "무소유" 사상이 나온다. 그것을 체계화시킨 세계관이 불교사상이다. 아무리 많이 채워도 만족함이 없으니 다 비워버리자는 것이다. 언뜻 들으면 맞는 말처럼 느껴진다. 이 말이 얼마나 그럴듯한 것인지는 불교가 얼마나 오랫동안 얼마나 넓게 퍼졌는지를 생각해 보면 된다.

하지만 욕심을 비워버린다는 것은 단지 체념에 불과한 것이다. 체념하자고 자기를 끊임없이 설득하는 것이다. 욕심은 사람의 육적 존재 그 자체로부터 샘물처럼 솟아올라온다. 사람에게 의식이 있고 따라서 마음이 존재한다면, 결코 욕심을 없애버릴 수가 없다. 육적 존재가 끝장나야 욕심이 없어진다. 그러므로 욕심을 비워버리자는 것은 사람의 능력으로 할 수 없는 것을 하자는 것이므로 올바른 답이 될 수 없다.

다른 예를 들어보자. 내가 대형교회에서 목회를 잘하다가 욕심을 비워 강원도 산골짜기 아주 작고 허름한 교회로 간다면 욕심을 비웠다고 말할 수 있을 것이다. 그런데 교회를 부흥시켜 대형교회를 만들고 싶은데 아무리 해도 안 되겠으니 욕심을 버리자고 말하는 경우는 체념이다. 그러므로 마음을 혹은 욕심을 비웠다는 것 자체는 동일한 모습을 띄는 경우가 있다. 하지만 실제로는 이처럼 서로 다르다. 더구나 욕심을 비워 아주 작은 교회를 섬기러 갔다가도 그 작고 허름한 교회를 부흥시키고 싶은 욕심이 생긴다면 여전히 욕심을 비운 것이 아니다. 큰 욕심 하나를 버렸는데 작은 욕심이 다시 생긴 것이다. 목회를 하다가 죽을병이 들었을 때 좀 더 오래 살면서 역사를 일으키고 싶어진다면 그것 역시 욕심이 생긴 것이다. 그러므로 끝까지 욕심을 비우기란 사람에게는 불가능한 일이다.

체념은 기독교에서는 용납할 수 없는 관념이다. 우리는 체념해서는 안 된다. 우리는 체념하는 것이 아니라 마음속에서 꾹 참아야 한다. 비워서 만족하는 것보다는 차라리 채워서 만족하는 방안을 택하는 것이 훨씬 기독교적이다.

〔답변 2〕를 검토해보자. 〔답변 2〕는 아무리 채워도 만족이 안 되는 이유는 내가 세상보다 크기 때문이라고 말한다. 그렇다면 사람보다 더 큰 동시에 천하보다도 더 큰 것이라는 두 조건을 동시에 만족하는 것을 확보할 수 있다면 사람은 만족할 수 있다는 뜻이다. 천하보다, 사람보다 더 큰 존재가 있는가? 있다. 하나님이시다. 그런데 피조물인 우리는 창조주 하나님을 찾아서 가져오지는 못한다. 그렇지만 창조주 하나님이 우리에게 찾아오셨고 우리 안에 들어오셨다. 예수 그리스도는 우리를 찾아오신 하나님이시다. 그렇다. 주 예수께서 들어가 거하시는 사람에게는 만족함이 있고 주 예수께서 거하시

지 않는 마음에는 결코 만족함이 있을 수 없다.

> **사람은 천하를 다 가졌는데도 왜 만족이 없을까?**
> 가장 올바른 답: 예수님을 영접하지 않았기 때문이다.

사람에게 체념을 가르치는 사상은 사람을 귀하게 여기지도 않고 사람을 채워주려고 하지도 않고 만족함이 무엇인지 제대로 알려주지도 않는다. 사람에게 있어서 만족은 불가능한 것이고 어차피 비워버려야 하는 것이라면 과연 만족을 제대로 알려고 하겠으며 사람을 만족시켜 줄려고 노력하겠는가? 반면에 사람을 천하보다 더 크게 여긴다는 사상은 천하보다 더 큰 창조주가 자신을 대가없이 내어준다는 사상과 얼마나 자연스럽게 연결되는가? 그래서 사람을 천하보다 귀하게 여긴다는 사상은 그리스도의 대속적 죽음에 의한 구원이라는 독특한 사상과 짝을 이룬다.

기독교는 초대교회 때부터 회중찬송이 있었다. 자신의 죄를 슬퍼하며 구세주를 찾는 찬송, 무죄한 구세주께서 죽음의 고통을 겪는 것을 노래한 엄숙한 찬송도 있지만 가장 기독교적인 회중찬송은 만족하여 즐거운 마음 혹은 만족함을 기대하며 부르는 기쁜 찬송이다. 그러므로 목회자는 성도들이 기쁘고 즐겁게 찬송하도록 이끌어야 한다. 교회의 분위기도 엄숙하면서도 즐겁고 행복한 마음을 편안하게 드러내도록 만들어야 한다.

사람을 바라보는 관점에 대해서 좀 더 생각해보자. 한 사람을 볼 때에도 그 사람은 변함없는 그대로인대도 관찰자의 시각에 따라 다르게 보이기도 한다. 먼저, 식인종이 어떤 사람을 바라본다고 가정하자. 식인종은 그 사람을 음식재료 즉, 먹을 것으로 볼 것이다. 음식재료가 아니라 너와 동일한 사람이라고 아무리 말해줘도 소용이 없을 것이다. 오히려 왜 먹을 것을 먹지 못하게 하느냐고 따질 것이다. 만일 장사꾼이 본다면 물건 살 돈이 있는 사람인지 아닌지를 따질 것이다. 공장을 운영하는 사람에게는 단지 노동력으로만 보일 것이다. 반면에 성경은 천하보다 더 귀한 존재로 보는 관점을 제시한다. 이렇게 사람을 보는 관점은 바라보는 관찰자의 전제에 따라 다르게 보일 수 있다. 물론 성경적 관점이 모든 관점의 토대에 놓여 있어야 한다. 하지만 세상은 성경적 관점을 거부한다. 오히려 사람을 도구라는, 이용가치라는 관점에서만 보려고 한다. 이 때문에 사람은 사람다운 대접을 받지 못하고 따라서 스트레스와 슬픔과 외로움 그리고 고통을 더욱 깊이 겪는다.

　세상을 살아가는 사람들에게 성경의 관점을 가르쳐주고 그 시각을 바꿔주어야 한다. 하나님은 사람을 영원한 존재로 창조하셨다. 죽음은 결코 끝이 아니다. 죽음은 결코 소멸이 아니다. 죽음 이후에도 영원토록 살아가야 한다. 두 가지 상태의 영원이 있다. 영원한 행복을 만족스럽게 누리는 삶과, 영원한 고통과 죽음 즉, 참 생명과 즐거움이 영원히 결핍된 영원토록 비참한 삶이 놓여 있다. 그 두 운명은 바로 이생에서 갈라진다. 지금 올바른 선택을 할 수 있도록 해주는 장치가 복음이며 복음적 교회이다. 그 복음을 올바로 전하고 가르치는 사명을 감당하는 존재가 바로 목사이다.

1. 빛이 없는 것이 어둠이다

창조의 장면을 보면 하나님께서 빛을 창조하시고 그 빛을 비출 도구인 해와 달과 별들을 지어 하늘에 두셨다. 빛이 없었을 때, 그 상태를 가리켜 어둠이라고 한다. 진리가 없는 상태를 혹은, 진리가 변질된 것을 거짓이라고 하는 것처럼 빛이 없는 상태를 어둠이라고 칭한다. 빛을 비추면 어둠이 물러간다. 빛을 끄면 어둠이 가득 찬다. 빛은 피조물이지만 어둠은 그 피조물이 없는 상태이다. 빛은 있는 것이지만 어둠은 빛이 없는 상태이다. 그렇다면 빛과 어둠은 결코 대립하고 싸우는 관계가 아니다. 사탄의 권세를 어둠의 권세라고 할 때 그 권세는 진정한 권세가 아니라는 의미이다. 진리의 빛이 약해지니까 다가오고 그 빛이 사라지니까 마치 지배하는 것처럼 보이게 될 뿐이다. 사탄의 권세는 단지 그림자 혹은 빈자리일 뿐이다.

그러므로 사람들의 눈에 보이는 대로 빛과 어둠이라는 두 개의 실체가 공존하며 싸우는 것이라고 생각해서는 안 된다. 그것은 착각이며, 이원론이라는 오류이다. 사탄의 속임수일 뿐이다. 어둠이 짙고 사방을 에워쌌다고 하면서 절망에 빠지는 어리석음을 범하게 만든다. 어둠의 정체를 바로 알았다면 어둠을 두려워하지 않고 단지 빛을 밝게 비추면 된다. 모든 것을 좌우하는 지배권은 전적으로 빛에게 있기 때문이다. 거짓을 무너뜨려야 진리가 오는 것이 아니라 단지 진리만 바로 세우면 거짓은 사라진다.

이 원리를 만족이라는 것에 다시 적용해 보자. 사람은 왜 만족이 없는가? "채움" 혹은 "가득 함"이 없기 때문이다. 위에서 언급한 것처럼 예수 그리스도가 없기 때문에 채워지지 않고, 따라서 만족함이 없다. 결코 불만족을 무찔러 굴복시키지 못하였기 때문에 만족할 수 없는 것이 아니다. 그러면 사람은 왜 즐거움이 없는가? 슬픔을 이기지 못해서가 아니라 참 즐거움이 없기 때문에 즐거워할 수 없는 것이다.

범죄 이전 아담과 하와가 있던 곳이 에덴이다. 오늘날 어떤 사람이 에덴동산에서 살 수 있을까? 에덴동산에서는 영원토록 무병장수할 수 있지만 지금 이 시대, 이 문명에서 누리는 모든 것이 하나도 없는 곳이다. 자동차도 없고 커피숍도 없고 아파트도 없고 냉장고도 없고 CGV도 없다. TV도 영화도 스포츠도 신문도 인터넷도 아무튼 아무것도 없다. 사람에게 재미를 주고 만족함을 줄 수 있다고 여겨지는 문명의 이기들이 하나도 없다. 그러면 사람이 에덴동산에서 무엇을 할까? 설교할 때 말로는 쉽게, 에덴동산을 관리하는 권능을 사람이 가지고 있다고 말한다. 그러면 이 시대를 살던 사람이 에덴동산에 가면 화분 분갈이를 해주면서 살면 될까? 언제까지나 옮겨심기를 하면서 살면 될까? 실은 에덴동산은 그런 것을 전혀 필요로 하지 않는다. 무엇인가 서둘러 열심히 해내야 할 일도 그럴 필요도 전혀 없는 곳이다. 얼마나 심심할까? 얼마나 지루할까? 해야 할 일은 하나도 없이 아주 오래 살아야 한다. 그런데도 우리는 에덴동산에서 살기를 원한다. 그곳에는 만족함이 있기 때문이다. 천국도 그런 곳으로 생각해야 한다. 천국을 아픔도 없고 슬픔도 없고 고통도 없고 등등으로 생각하면 여전히 부족한 설명이다. 천국은 만족과 즐거움이 한없이 넘쳐나는 곳이다. 그러한 만족과 즐거움이 있는 그곳은 우리가 하나님의 영광에 동참하며 하나님과 더불어 영원히 거할 곳이기 때문이다. 그렇다면 우리가 지금 이 부족하고 어둠이 많은 세상에서 살고 있더라도 우리 마음에 주 예수 그리스도께서 임재 하여 함께 하신다면 우리는 지금, 여기에서도 에덴동산이나 천국에서처럼 즐거워할 수 있어야 마땅하다. 그렇다면 에덴동산은 찾아가는 것이 아니라 내가 있는 그 자리에서 만족함을 누린다면 에덴동산은 이미 이뤄진 것이다.

그렇다. 목사는 교회를 이 세상에 있는 천국, 진정한 만족과 즐거움을 회복해주는 곳으로 만들어야 한다. 그것이 성공하는 목회이다. 교회를 교인들이 만족함을 회복하기 위해 찾아오는 곳으로 만들어야 한다. 그것이 부흥하는 목회이다. 이러한 교회를 만들려면 무엇보다도 먼저, 말씀사역을 감당하는 목사의 마음이 천국이어야 한다. 즐겁고 행복한 마음을 가져야 한다. 목회자의 마음에 주 예수 그리스도와 하나님 아버지로 인해 넘치는 즐거움과 기쁨이 없다면 그 목회사역은 참 빛을 회복하고 천국을 성취하는 사역이라고 할 수 없다. 오히려 그와는 반대로, 음부를 만드는 사역이 될 가능성이 크다. 에덴동산을 만들었다고 하더라도 창살 없는 감옥과 같은 그런 곳을 만들고 말 것이다. 그런 교회를 만들어놓고 사람들에게 어서 오라고 하면 과연 누가 오겠는가? 또 사람들이 예배에 참석하더라도 얼마나 곤혹스러워하겠는가? 목사가 행복하다고 교인이 행복한 것이 아니다. 교인들을 행복하게 만들어주도록 해야 한다. 붙잡을 무엇인가를 주고 붙잡으라고 해야 한다. 행복할 근거를 줘야 한다.

"가자! 죽으나 사나 교회로 가자! 목사님과 함께 예배드리자"라는 정신으로 교회에 오라는 목사의 입장은 성도들이 받아들이기에 너무 힘든 요구일 수 있다는 것을 알아야 한다. 목사가 먼저 행복하고 목사가 있는 곳에 항상 기쁨과 즐거움이 있어야 한다. 목사의 사역 현장에 즐거움과 기쁨이 넘쳐나서 목사와 교인들이 함께 즐거워할 수 있는 교회를 만들어야 한다.

나는 웃기는 설교에 목숨을 걸었다. 웃기는 설교를 하려고 그토록 애를 쓰게 된 이유의 하나가 바로 이것이다. 속을 모르는 사람들은 "장 목사는 웃기기만 해! 설교가 그게 뭐야"라고 말한다. 나는 "장 목사 설교는 재미있어! 들을수록 즐거워"라는 말을 듣고 싶다. 그러나 훨씬 더 간절히 듣고 싶은 평가는 "재미만 있는 게 아니야! 재미도 있지만 의미도 있어. 즐거운 마음으로 귀를 기울이다보면 잘 믿자는 생각을 하게 만들잖아"라는 말이다. 이왕이면 이렇게 들어서 기분 좋은 말을 해주면 얼마나 좋을까? 물론 앞에서는 말을 좋게 하지만 돌아서면 뒤에서 나쁘게 말해도 된다는 뜻은 아니다. 목사는 말로 살아간다고 할 정도인데 이왕이면 즐거움과 기쁨과 소망을 주는 말 습관을 가져야지 상처를 주는 말버릇을 가져서는 곤란하다. 부정적이며 험담에 익숙한 말버릇은 듣기 나쁜 것으로 끝나지 않고 생명력을 잃어버리게 만든다. 사람은 부정적인 말을 들으면 마음이 닫힌다. 반면에 즐겁고 기쁘면 마음이 쉬이 열린다. 열린 마음은 닫힌 마음보다 복음을 더 긍정적으로 받아들일 것이다. 그래서 나는 청중을 웃기는 일에 최선을 다한다.

2. 웃음으로 스파크를 일으켜라

때로는 감동을 주는 말이 스파크 즉, 불꽃을 일으킨다는 점을 언제나 상기하시기 바란다. 아무리 값비싼 승용차에 좋은 휘발유를 가득 채워놨어도 배터리가 없으면, 아니, 배터리가 있더라도 엔진 실린더 안에 불꽃을 일으켜주지 않으면 아무 소용이 없다. 엔진은 작동하지 않고 차는 움직이지 않는다. 감동을 주는 말이 아주 사소해 보여도 사람을 움직이고 교회를 움직이는 폭발을 일으키는 불꽃이 될 수 있다. 이 말을 기억하시지 바란다.

3. 앞 말은 사람이 듣지만 뒷말은 하나님이 들으신다

우리는 하나님께서 듣고 계시는데도 해서는 안 될 말을 너무 많이 하는 것 같다. 문제를 정확하게 인식하는 매서운 눈과 예리한 사고력을 가져야 한다는 것은 자명한 진리이다. 그러나 목사의 혀도 그에 못지않게 중요한 역할을 한다. 목사의 혀는 즐거운 마음으로 기운을 내도록 격려해주는 도구이다. 기운을 북돋아주는 말은 청중으로 하여금 직면한 문제를 붙들고 씨름하도록 만들어줄 수 있다. 목사는 그러한 능력을 끊임없이 육성해야 한다. 아니, 기회가 될 때마다 육성하는 것이 아니라, 늘 그런 상태로 갖춰져 있어야 한다. 늘 자신의 주위에서 일어나는 문제의 핵심이 무엇인지 정확하게 파악하고 그에 따른 가장 적절하며 유효한 해결방안을 모색하는 자세가 습성이 되도록 자신을 연단하라.

VIII.

목숨을
걸라

성경에 등장하는 인물은
약 3만 명가량이다. 그 가운데 목사가 본보기로 삼을만한 인물을 뽑
으라면, 물론 각자 취향에 따라 다르겠지만, 나는 우선 두 명을 뽑는
다. 구약에서는 모세, 신약에서는 바울이다. 보는 관점에 따라서 다
르겠지만 내가 왜 다른 사람을 다 놔두고 모세와 바울을 꼽는지를
중심으로 본 장을 전개하고자 한다.

먼저 모세와 바울의 고백에 주목하자.

그러나 이제 그들의 죄를 사하시옵소서 그렇지 아니하시오면 원하건대
주께서 기록하신 책에서 내 이름을 지워 버려 주옵소서 _출 32:32

모세는 하나님께서 택하신 백성 즉, 자신의 동족이 하나님께 죄를 짓고 멸망당할 지경에 처하자 민족을 구하기 위해 자신의 생명을 걸었다.

이번에는 로마서 9장에 있는 바울의 고백을 보자.

나의 형제 곧 골육의 친척을 위하여 내 자신이 저주를 받아 그리스도에게서 끊어질지라도 원하는 바로라 _롬 9:3

바울도 마찬가지였다. 다른 사람을 위해서는 자신이 그리스도에게서 끊어져도 좋다고 말한다. 이것이 지도자의 참 모습이다. 지도자라면 적어도 이 정도의 멋은 있어야 하지 않겠는가? 얼마나 감동적인가?

모세는 출애굽 즉, 민족을 노예상태로부터 이끌어내 새로운 땅에서 새로운 나라를 세울 수 있도록 약속의 땅으로의 여정을 이끈 해방의 지도자였다. 바울은 복음으로 로마제국을 뒤덮는 사역에 목숨을 걸고 도전한 지도자였다. 오늘날 목사와 성도들은 모세와 바울을 본받아야 한다. 다른 사람의 해방과 자유를 위해 자신의 생명을 희생하는 바로 그 정신과 모습을 보여줘야 한다. 사람은 어차피 죽는다. 가만히 놔둬도 죽는 것이 인생이다. 매순간 얼마나 많은 사람들이 생을 마치고 죽어가고 있는가? 성도도 목사도 예외가 아니다. 구원받았더라도 육신의 생명, 세상살이는 개인적 종말을 향해 다가가고 있다. 가만 놔둬도 죽을 목숨이다. 저절로 죽음을 향해 가는 그 생명을 가지고 세상에서 가장 크고 고귀한 일에 사용하자는 말이다.

> 내가 복음을 전할지라도 자랑할 것이 없음은 내가 부득불 할 일임이라 만
> 일 복음을 전하지 아니하면 내게 화가 있을 것이로다 _고전 9:16

바울의 고백을 유심히 살펴보며 설교로 발전시키는 연구를 해보자.

기초단계 : 본문의 이해

여기에서는 바울이 이 진술을 하게 된 상황과 맥락을 직접적으로 다루지는 않겠다. 다만 오늘의 교훈을 위해 이 진술의 내용을 정리해보겠다.

[본문: 고전 9:16]

- 내가 복음 전하는 것은 자랑할 만한 일이 아니다.
- 내가 반드시 해야만 하는 일이다.
- 복음을 전하지 않으면 내게 화가 미친다.

한마디로, 복음을 전하지 않으면 화가 미치기 때문에 어쩔 수 없이 복음을 전한다는 취지로 말했다는 것이 분명히 나타난다. 바울은 지금 복음을 전하지 않으면 재앙적 징벌을 당한다고 말한다. 복음에 빚진 자라는 의식과 그 빚은 자신의 생명을 걸고 수행하지 않으면 안 될 정도라는 의식을 가지고 있다. 과연 우리도 바울처럼 목사로,

복음사역자로 부르심을 받았는데 정말 바울이 가졌던 정신으로 목회사역을 감당하고 있는지 나 자신에게 반문한다. 우리에게 있는, 목회의 성공자, 설교를 잘하는 자랑스러운 목사가 되고 싶은 열정은 어떤 것인가? 정말이지, 목숨을 걸고 겨우 빚을 갚아나가고 있다는 의식을 가지고 있는가?

심화단계 : 교훈과 적용

본문으로부터 심층적 교훈을 얻어내고 효과적으로 적용하기 위해서는 다음과 같은 질문을 던져야 할 것이다.

첫째, 우리의 복음사역과 목회가 빚을 갚는 것이라면 우리는 누구에게 갚아야 하는가?

둘째, 우리는 어떻게 해야 정말 목숨을 걸고 사역한다고 할 수 있는 것일까? 어떻게 해야 하는가?

셋째, 무엇에 목숨을 걸어야 하는가?

1. 하나님과 주 예수께 빚을 갚기 위해 목숨을 걸라

바울이 언급한 재앙을 피할 수 있을 정도로 바르게 사역하려면 목숨을 걸더라도 올바르게 걸어야 한다. 바울은 구원받은 자를 빚진 자로 규정한다. 그렇다면 우리는 이자는 제대로 내고 있는가를 생각해야 한다. 이자조차 차일피일 미루고 채권자 눈을 피해 살살 도망다니는 대책 없는 채무자처럼 목회하는 목사가 너무 많은 것 같다.

그러나 그것보다 더 심각한 문제는 빚진 자로서, 빚을 갚기 위해 목숨을 거는 사역이 아니라 자기 것으로 삼기 위해 목숨을 걸고, 즐기기 위해 기를 쓰는 거짓 사역자의 모습을 더 많이 닮아가는 것이다. 우리에게서 원금과 이자를 받을 분은 오직 예수 그리스도뿐이다. 오직 주 예수 그리스도를 위해서만 우리는 목숨을 걸어야 한다. 우리가 무엇을 얻든지 빚을 갚지 못하든지 할 때 유일한 채권자 즉, 빚잔치를 하자고 나서서 우리의 모든 것을 청산해 가실 분은 오직 예수 그리스도뿐이다. 단 한 푼도, 단 한순간도 예수님의 원수에게 준다거나 그 원수에게 빼앗겨서는 안 된다.

내가 구원을 받았다는 것은 복음을 주신 주님과, 그 복음을 전한 누군가가 있었다는 것을 전제한다. 바울도 그렇게 복음을 받아들였고 구원을 받았다. 바울은 그래서 평생토록 복음 전도에 헌신하였다. 바울은 복음전도자로 헌신하였기 때문에 복음전도자가 된 것이 아니다. 빚을 갚기 위해 복음전도자가 되었다. 빚을 갚기 위해 평생토록 목숨을 걸고 신명을 다했다. 바울은 복음을 전하며 살다가 죽기 위해, 계속해서 여행을 다녔다. 전도하고 교훈을 전하여 교회를 세우면 자립과 자치의 공동체가 되도록 기초를 놓아주고는 다시 다른 곳으로 여행하였다. 생각해보면 바울에게는 개인적인 시간이 없었다. 눈만 뜨면 기도하고 말씀을 전하고 천막을 깁고 사람을 만나 상담해주고 기도해주고 편지를 읽고 답장을 썼다. 정말 말 그대로 목숨을 걸고 빚을 갚으려고 죽을 힘을 다하는 모습이다. 믿지 않는 사람을 보면 빚을 한 푼이라도 더 갚기 위해 복음 전하려고 애를 썼다. 과연 우리 가운데 누가 믿지 않는 사람을 보면 한 푼이라도 빚을 갚아보자는 생각을 하면서 복음을 제시하는가?

바울은 빚을 잘 갚는 최선의 길은 로마 황제 앞에서 복음을 증거하는 것이라고 생각하였다. 빚을 정말 잘 갚는 방안이 무엇인지를 고민한 사람답다. 어떻게 하면 빚을 잘 갚을 수 있을지, 오직 그것만을 항상 골똘하게 생각하며 사는 사역자의 모습이다.

빚을 갚기 위해 목숨을 걸고 복음을 전한다는 의식은 놀라운 관점을 갖도록 만들 수 있다. 커다란 교회를 잘 목회할지라도 어느 날 이 모든 것을 다른 사역자에게 넘겨주고 처음부터 교회를 다시 개척하는 것이 내게 복음을 전하고 나의 구원을 위해 기도한 사람들에게 진 빚과 주 예수께 갚아야 할 빚을 잘 갚는 방안임을 깨닫는다면, 주님을 기쁘게 해드리는 길이라는 깨달음이 온다면, 기꺼이 그렇게 할 수 있어야 한다. 이런 용단은, 내게 가장 좋은 것이 무엇인가 혹은 내가 어떻게 하면 큰 교회를 목회할 것인가를 생각하는 사람은 결코 내리지 못하는 결단이다. 복음을 전하는 일, 목회라는 것은 내 목숨을 걸고 빚을 갚는 일이라고 생각할 때만 내릴 수 있는 결단이다.

바울이 복음사역을 감당한 역사를 냉담하게 바라보는 목사의 심장을 한번 열어보고 싶다. 한국사회에 부패한 교회가 많은 것이 문제가 아니라 복음에 목숨을 건 사역자, 목숨 걸고 빚을 갚으려는 사역자가 너무 적다는 것이 진짜 문제이다. 우리는 이 민족을 다 구원하고 세상의 모든 민족을 다 구원으로 인도할 때까지 뜨겁게 복음을 전하는 사역자가 되어야 한다. 민족의 해방과 구원을 위해 자신의 목숨조차 기꺼이 내놓는 목사가 되어야 한다. 목사들마다 서로 생각이 다르고 성향이 다르고 취향이 다르고 신학이 다르더라도 구속자 예수 그리스도와 그 십자가 죽음과 부활의 공로를 전한다는 점에서는 모두 동일하다. 예수 그리스도를 영접하여 구원 받으라는 말은 똑같이 할 수 있다. 목숨을 걸고 복음을 전한다는 점에서는 모두 동일한 열정을 가져야 마땅하다. 우리는 그렇게 하려는 노력을 중단해서는 안 된다.

목사가 지금까지 목숨을 걸고 복음을 전하지 않았다면 과연 그 목사는 무엇을 위해 사역한 것인가? 목사 자신과 가족의 생계와 생활을 위해서였는가? 자녀들을 공부시키고 유학시키기 위해 열심히 목회한 것인가? 주변을 둘러보라. 주변에 아직도 불신자가 많은가? 그렇다면 도대체 갚지 못한 이자가 얼마나 밀렸을 지를 생각하기 바란다.

복음전하는 일과 목회라는 것이 한평생 목숨을 걸고 빚을 갚는 과정이라고 생각한다면 전도대상자가 우리 교회를 나오든 다른 교회를 나가든 그런 것은 상관하지 않을 수 있게 된다. 내가 성공하기 위해서 전도를 하고 목회를 한다면 다른 교회에 다니는 사람은 아무 소용이 없고 내 교회에 다니는 사람만 신자인 것처럼 인식하게 된다. 더욱 풍족한 교회재정이 성공하는 목회의 기준이라면 신앙이 좋은 사람보다 내 교회에 헌신적으로 봉사하는 사람을 더 좋아하게 되고 신앙이 돈독한 사람보다는 헌금봉투를 두둑히 내는 사람을 더 좋아하게 된다. 과시적으로 돈을 쓰며 다닐 수 있도록 해주는 집사를 떠받들게 된다. 목사도 사람인지라 자연히 그렇게 된다. 교회에 아무리 돈이 넘쳐나도 수없이 많은 사람들이 내 교회에 밀려들어와도 빚을 갚기 위해 목숨을 걸고 사역하는 사람 눈에는 아직도 갚지 못한 빚만 눈에 들어오고 어떻게 조금이라도 더 빚을 갚을까를 생각하는 법이다.

목숨을 걸고 빚을 갚는 사람 눈에는 이미 갚은 빚과 아직 갚지 못한 빚, 이 두 관점으로 주변 사람들을 바라본다. 이렇게 해서 각 교회의 주변으로부터 마을로, 마을에서 구역으로, 시 전체로, 지역으로, 점점 더 확대해 나가는 것이 민족복음화의 진정한 방편이다. 전도할 때에도 우리 교회만이 아니라 좋은 이웃교회를 연결해줄 수 있다. 얼마나 멋있는가? "그 교회 목사님! 전도를 참 열심히 하지만 우리 교회에도 전도 무지하게 많이 해줬어!"라고 칭송할 수 있다니! 얼마나 훌륭한 모습인가? 반면에 "그 목사는 말이여, 열심히 전도하는데 몽땅 자기 교회로만 데리고 가. 정말 지독해!"라는 말은 얼마나 부끄러운 평판인가?

앞 장에서 부산 서부교회를 부흥시킨 고 백영희 목사를 예로 들었다. 이분은 엄격한 유교집안에서 태어나 25살에 예수님을 영접하였고, 열심히 신앙생활을 해서 집사가 되었다. 신앙생활을 하는 자세가 목사감이길래 담임목사는 신학을 하라고 여러 번 권했다. 그때마다 자기는 목사감이 아니라고 거절하다가 둘째 딸이 기계에 손을 다치는 사고를 겪자 깨닫는 바가 있어 목회자의 길을 걷기로 결단을 내렸다. 그리고는 자신의 재산을 전부 정리해 여기저기에 헌금과 기부를 하고는 아무것도 가진 것 없이 사역에 매진하기 시작하였다.

마치 죽으러 가는 사람이 가산을 정리하듯이 모든 것을 정리한 뒤에 목숨을 다해 사역에 전념하였다. 목회자가 되어 이룬 모든 것은 자기 것이 아니라 주님 것임을 분명히 하는 청렴한 자세를 보였다. 당연히, 교인들도 알아보고 기쁜 마음으로 그 본을 따라 하면서 서부교회는 부산 최고의 교회가 되었다.

여러분이 사는 도시의 인구는 얼마인가? 50만? 100만? 도시의 총 인구수를 총 교회 수로 나누면 한 교회당 몇 명을 전도해야 하는지 숫자가 나온다. 그 수를 놓고 매년 몇 명을, 매월 몇 명을 전도할 지를 계획하고 실행에 옮기시기를 바란다. 나는 대전 중문교회를 섬기니 대전을 이미 계산해 보았다. 대전 인구는 150만 명이고, 현재 한 교회 당 700명씩만 모이면 대전 시민 전부가 교회에 다니는 셈이 된다. 그렇다면 평균적으로, 출석교인이 700명이 안 되는 교회는 회개해야 한다. 자기 교회가 내야 할 이자를 갚지 못하고 있는 셈이기 때문이다.

자, 그렇다면 모세는 어디에 생명을 걸었는가? 모세는 민족 해방에 목숨을 걸었다. 이스라엘이 강대국에 예속된 노예상태를 벗어나 자유롭게 독립하는 일에 소명을 받았다. 우리 민족은 2012년을 기준으로 보면 4345년의 역사를 자랑하지만 공식 기록으로 확인된 전쟁만 931회를 겪었다. 평균 5년에 한 번 꼴로 전쟁을 치렀다. 강대국의 틈바구니 속에 있었기 때문이기도 하고, 민족이 여러 나라로 갈라져 있었는데 각자 자신이 주도하여 통일하려고 겨루다가 전쟁을 치루기도 하였다. 그렇다면 1950년 6월 25일부터 1953년 7월 27일까지 치른 남북전쟁 이후로 지금까지 약 60년간 전쟁이 없었다. 평균 10배가 넘는 기간 동안 전쟁이 없었다. 하지만 지난 60년의 평화는 진정한 평화가 아니다. 연평도 포격사건과 같은 상황이 언제든 재개될 수 있는 불안한 정전상태이다. 모세가 지금 이 땅에 태어나 하나님의 부름을 받은 사역자라면 목숨을 걸고 어떻게 사역을 하였을지 생각할 필요가 있다.

이스라엘은 애굽에 손님으로 들렸다가 4백 년을 살았다. 손님으로 예우를 받고 살다가 어느 틈엔가 노예 같은 삶을 살게 되었다. 이스라엘이 독립된 나라가 되려면 이 예속상태에서 벗어나 자유롭게 살 터전을 마련하고 주권을 가져야 한다. 이것은 민족국가, 주권국가를 세우겠다는 의지만 가졌다고 되는 일이 아니다. 노예로 묶어두고 값싸게 부려먹으려는 애굽의 권세와 힘에 맞서 싸울 능력이 있어야 한다. 강대국 애굽의 군대를 이길 수 있도록 군대를 형성하고 무기를 갖추지 않을 수 없다. 이 모든 것을 하나님의 축복과 은혜로 극복하였지만, 불평불만과 배은망덕으로 하나님의 심판을 초래하여 오히려 멸망당할 위기에 처했다. 모세가 없었더라면 가나안 땅에 들어가 독립군 국가를 세울 준비를 전혀 하지 못하였을 뿐만 아니라 이스라엘 민족은 존속하지 못하였을 것이다.

그러나 모세는 자신의 헌신을 자랑스럽게 여기지 않았다. 물론 바울도 마찬가지였다. 모세와 바울은 자신이 위대하였기 때문에 위대한 역사를 이룰 수 있다고 생각하지 않았다. 하나님은 하찮은 자갈로도 자신들을 대신하여 역사를 이루실 수 있다고 생각하여 겸손히 자신들을 낮췄다. 모세와 바울의 마음을 차지한 가장 큰 문제의식은 어떻게 하면 빚을 조금이라도 더 갚을 수 있느냐는 점이었음은 분명하다.

하나님이 원하실 때, 모세가 순종하지 않았다면, 아브라함이 이삭을 바치지 않았다면, 바울이 복음을 전하지 않았다면, 하나님은 자신의 뜻을 이루지 못하셨을까? 사역자로 부름을 받은 사람들이 거역했어도 불순종했어도 하나님은 자신의 뜻을 완벽하게 성취하셨을 것이 틀림없다. 게다가 거역한 자들은 마찬가지로 부름 받았지만 패역의 길로 들어선 사울 왕처럼, 가룟 유다처럼, 아나니아와 삽비라처럼 화를 당할 것이다.

2. 계속해서 쓰임 받기 위해 목숨을 걸라

만약에 이만하면 나는 제법 잘했다고 여기고서는 하나님 앞에서 배짱을 부리며 복음을 전하지 않으면 어떻게 될까? "아이고, 내가 열심히 복음을 좀 전했더니 입술이 부르트고 피곤해서 말이야~ 하나님은 이제 다른 사람도 좀 보내시지 왜 나만 들볶으실까 몰라, 나도 좀 쉬어야 하는데, 에휴, 내 팔자야"라는 식으로 거드름을 피우면 하나님께서 "아이고, 잘하시는 분이 좀 더 하셔야지요, 제발"이라고 사정하시리라 생각하는가? 하나님은 그렇게 자만하는 자를 즉시 내치실 것이다. 하나님은 차라리 돌멩이를 쓰시지 교만한 장경동 목사는 버리실 것이다. 모든 사역자는 그 점을 늘 염두에 두어야 한다. 그리고 그 사실을 안다면 죽도록 힘들어도 불평불만은 그만두고 고

분고분 순종해야 한다.

간혹 궁금해 하다가 지나가는 말투로 "장 목사님! 목사님께서 TV에서 소위 뜬 지 한 십여 년 됩니다. 화무십일홍 권불십년이라고 했습니다. 일단 떴더라도 십년을 넘겨 줄기차게 가기가 쉽지 않는데 어떻게 그렇게 변함없이 잘 나가십니까? 비결이 뭡니까?"라고 묻는 목사들도 있다. 유명인들이 떴다가 말 한마디 행동 하나 잘못해서 피눈물 흘리기도 하고 사라지는 사람들이 많다. 설화舌禍라는 말도 있다. 8년 전, 10년 전, 심지어 데뷔할 때 멋모르고 떠든 한 마디가 유명인이 된 뒤에 비수처럼 날아와 심장을 찢는 경우가 비일비재하다. 정말 살벌하다. 나도 그런 위기를 몇 차례 넘겼다. 한번은, 침례를 너무 강조한다는 이유로 방송에서 짤렸다. 극동방송에서 세례라고 하지 않고 침례라고 말했다고 난리가 난 것이다. 그러자 반대쪽에서는 또 왜 자르냐고 야단이 났다. 방송국이 정말 난리가 났다. 그런데 침례교 목사가 당연히 침례라는 단어를 사용하고, 청취자가 이해하고 들어주면 되는데 방송국이 그것을 문제로 삼은 것이다.

그런데 그 다음에는 어느 교회에서 설교를 하다가 침례라고 하지 않고 세례라고 했다고 누가 또 시비를 걸었다. 설교하던 그 교회의 분위기가 너무 침례라는 단어만 쓰면 곤란한 문제가 생길 것 같아서 분위기를 원만하게 하려고 일부러 세례라는 표현을 사용하였던 것이다. 그럼에도 전후사정은 알아보지 않고 내가 침례교 정체성이 없다고 나를 제명하자며 총회에 안건 상정을 했다. 정말 어이가 없었다. 부흥사가 남의 교회에 초빙 받아 설교하면서 제 고집만 부리다가 문제를 일으키는 것이 과연 옳은가? 내가 목회를 하다가 침례가 틀렸다고 거부한 경우가 아니고, 다른 교회에 설교하러 가서 그 문제로 교회를 어렵게 하지 않으려고 세례라는 단어를 사용한 것을 문제 삼은 것이다.

사실 이 경우에 나는 자꾸 문제를 일으키면 인기가 떨어질 것 같아서 세례라는 단어도 사용하였다. 자, 그러면 인기라는 것은 있을 수도 있고 없을 수도 있는데 목사인 내게 인기가 그토록 중요한가? 나는 왜 인기에 연연해하는가? 그렇다. 나는 인기가 떨어질까 봐 무섭다. 그러면 나는 왜 그런가? 내게 있어서, 인기가 떨어진다는 것은 많은 사람들이 내게 귀를 기울이지 않는다는 의미이다. 더 이상 쓸모없는 사람이 되었다는 뜻이다. 용도폐기 된 이후의 그 비참함을 느낄 때마다 깊은 두려움을 느낀다. 나를 찾는 교회, 불러주는 교회가 더 이상 없고 내가 전하는 복음증거에 더 이상 귀를 기울이지 않는 그 비참한 상황은 생각만 해도 끔찍하다. 그래서 그런 비참한 사람이 되지 않기 위해, 계속 부름을 받는 목사가 되려고 끊임없이 악착같이 노력한다. 십년을 넘도록 각광을 받았다는 것은 필사적으로 노력한 시간이 십년을 넘었다는 의미이다.

대부분의 목사들은 한번 인기가 생겨서 유명해지면 그 인기가 있으면 항상 있을 줄 착각한다. 하나님의 은혜처럼 한 번 주어지면 영원토록 함께 하는 것이라고 여긴다. 그러나 은혜와 은사가 다르다. 인기는 인기로 유지되지 않는다. 그러다보니 일단 뜨면 뜨기 위해 발버둥 칠 때처럼 노력하지 않는다. 빈둥거리는 게으름이 아니라 노력을 덜 하는 게으름이 스며들어와 자리를 잡는다. 마음가짐과 행동에 여유가 생기는 그만큼 자기도 모르는 사이에 영양분이 부족해져서는 말라죽기 시작한다. 결국 밑천이 다 떨어져서 더 이상 써먹을 수 없는 지경이 되어 폐기처분 된다. 폐기처분, 이것이 진짜 무서운 것이다. 인기가 좋아서, 인기가 좋을 때 누리는 특별한 어떤 것 때문에 인기를 유지하려고 발버둥 친다고 생각해서는 안 된다. 더 이상 쓸모가 없어서 용도폐기 된다는 것이 하나님 앞에서 어떤 의미인지를 생각해야 한다. 하나님께서 필요 없다며 더 이상 쓰시지 않는 도구, 그 비참함을 생각해보라.

닭의 가치를 놓고 생각해 보자. 병아리가 알을 깨고 나오는 즉시, 감별사는 암컷인지 수컷인지 구별해서 따로 대우한다. 암컷은 알을 낳을 것이기 때문에 목숨을 부지하고 훨씬 높은 가격에 팔린다. 정육점에서 육계가 한 마리에 7천 원 할 때 더 이상 알을 낳지 못하는 폐계는 천 원도 되지 않았다. 이것을 목사에 비하면 어떨까? 하나님의 관점으로 보며 비유해보자. 새 생명을 계속해서 잉태하고 낳는 목사와 더 이상 새 생명을 낳지 못하는 목사가 있지 않겠나? 용도폐기해도 아깝지 않은 목사란 폐계처럼 사료값이 아까운 목사라는 의미이다. 살려두어야 할 이유가 없는 무가치한 존재이다. 그러므로 목사란 유명한가 무명한가, 인기가 있느냐 없느냐가 판단기준이 아니다. 새 생명을 잉태하고 낳는 목사냐, 그런 능력이 아직 충분히 남아 있는 목사냐, 생산능력이 고갈된 목사냐가 판단기준이다. 능력이 주어져서 목사가 되었으면 그 능력을 잃어버리지 않고, 계속해서 사역할 수 있도록 끊임없이 노력해야 한다. 그 결과가, 그 자리를 계속 지키는 것으로 나타난다.

출애굽 당시 2백만 명의 남자들이 있었고 젊은이들도 많았다. 여호수아도 40세 전후로 혈기가 부족하지 않았다. 하나님은 80세의 늙은 모세를 불러 40년을 쓰셨다. 120세가 되어 죽을 때가 되었어도 늙어 노쇠해서 못쓰게 되어 용도폐기 된 사역자가 아니었다. 모세는 하나님께서 잘 썼다, 다 썼다고 하시면서 즐겁게 안식을 취하도록 허락하신 사역자였다. 만일 모세가 더 이상 못 쓰겠다, 너를 쓰느니 돌맹이를 쓰겠다면서 하나님께서 분노하여 내팽개친 사역자였다고 상상해보라. 그랬더라면 모세의 남은 인생은 얼마나 비참하였을까? 게으르고 무익해지면 사울 왕처럼, 엘리 제사장처럼 그렇게 될 수 있다.

반면에 사역자가 주님의 영광을 위해 목숨을 걸고 끝까지 사명을 다할 때 민족은 구원을 받았고 영광된 새 나라를 세우기 위한 여정을 출발할 수 있었다. 가나안 정복을 위한 모든 준비를 잘 마칠 수 있었다. 마찬가지로 오늘 이 시대에도 목사가 부름 받은 자리에서 생명을 걸어야 이 나라, 이 민족도 안전하다. 한국에 복음이 들어온지 120년쯤 되었다. 한국은 선교국이 되었지만 어떤 면에서는 여전히 피선교국이다. 영혼구원을 강조하였고, 예수 믿고 천국가라는 외침에 치중해왔다. 그러나 모세의 40년 사역을 생각해보면 영혼구원은 놀라운 역사의 시작에 불과하다. 민족사의 방향을 설정하여 이끌고 하나님의 법을 준행하며 하나님을 영화롭게 하는 민족으로 탈바꿈해야 한다. 가나안 땅을 정복하여 하나님 나라를 세워야 한다. 오직 구원만 강조하면 예수 그리스도의 제사장직만을 강조하는 셈이다. 오직 말씀만 강조하면 예수 그리스도의 선지자직만을 강조하는 셈이다. 주님의 주권과 은혜의 법, 주님의 왕권도 강조해서 그리스도의 왕직도 수립해야 한다.

예전에는 거의 대부분 한 가지로 쓰임을 받았다. 그러나 지금은 복합적으로, 다면적으로 쓰임 받을 수 있도록 준비되어 있어야 한다. 옛날에는 재주가 많으면 끼니 걱정을 한다고 했지만 지금은 재주가 하나뿐인 사람은 언제 짤릴지 모르고 일단 짤리면 다시 기용될 가능성이 없다. 축구도 옛날에는 공격 전문이든 수비 전문이든 한번 배정받은 포지션 하나로 쭈욱 갔는데 지금은 공격이든 수비이든 필요하면 다 잘해야 한다. 이것을 멀티 플레이어라고 한다. 전천후 선수를 말한다. 마찬가지로 목사가 영혼구원만 외친다고 될 일이 아니다. 정치가 정치가만의 전문분야에서 국민의 생활, 빈곤의 문제, 개인의 생계문제까지 깊은 관계가 있다보니 일반 국민들도 정치에 관심이 많아졌다. 정치가 당파의 문제라면 목사가 굳이 아는 척할 필요 없지만 국민의 생활에 관련해서 정치가 어떻게 흘러가고 있으며 어떻게 흘러가야 한다는 것쯤은 알고 있어야 한다. 전쟁은 피할 수 있으면 피해야 하지만 전쟁을 치러야 한다고 판단되면 교인들과 함께 마음을 굳세게 하고 있다가 전쟁에 대처해야 할 것이다. 나라를 굳건하게 하고 살기 좋은 나라를 만드는 데 목사도 일조를 해야 하는 시대가 되었다. 그러기 위해서는 목사도 많은 것을 깊이 있게 알아야 한다. 부단히 노력해야 한다. 죽을 때까지, 하나님께서 하늘로

부르실 때까지 하나님 보시기에 늘 준비되어 있고 여러 일에 요긴하게 쓰일 수 있는 도구가 되도록 합시다.

3. 계속해서 강력하게 쓰임 받도록 건강에 목숨을 걸라

건강을 유지하려고 기를 쓰는 것을 이기주의라고 생각하는가? 자기희생적이란 자기 건강에는 신경을 쓰지 않고 자기 몸을 돌보지 않는 것을 가리킨다고 보는가? 영적인 사역자는 자신의 몸을 건강하게 유지하려고 노력하지 않고 다만 신유의 능력을 받아 자신의 질병까지도 고침 받아야 하는가?

무엇보다도 먼저 생각해야 할 것이 있다. 하나님께서 어떤 사람을 도구로 선택하셨다면 그 도구는 끝까지 아무런 문제를 일으켜서는 안 된다는 사실이다. 인격적인 도구는 자신의 건강상태를 최상으로 유지할 인격적, 도의적 책임이 있다. 먹는 것을 절제하지 않아서 지나치게 비만해지고 건강을 잃는다는 것은 잘못이다. 음식을 가리지 않고 먹어서 배탈이 나 사역을 중단하는 것도 잘못이다. 현대인들의 질병 가운데 상당한 것은 문명의 이기利器, 건강에 해를 끼치는 환경, 바르지 않은 생활패턴들로부터 야기되는 경우가 많다.

옛날에도 단 것을 많이 먹었다. 그런데 당시에 단 것이란 꿀, 조청, 엿 따위로 맛을 낸 것이지만 요즘에는 설탕을 많이 사용한다. 설탕의 경우처럼 자연상태의 식재료를 제대로 사용하지 않고 공장에서 생산되거나 정제 가공된 재료를 사용하는 경우가 많아졌다. 자연 그대로의 맛을 흉내 내거나 강한 맛으로 자극을 주어 미각을 속이기 위해 식품첨가물을 첨가한다. 밖에서 사먹는 음식들 특히, 패스트 후드에는 특히, 설탕을 많이 넣는다. 설탕도 사탕수수, 사탕무우에서 추출하였다는 것만 생각하고는 자연식품으로 착각하는 사람들이 많다. 그러나 설탕은 자연의 원재료에서 화학공정을 거쳐 설탕 액기스만을 추출하여 정제한 것이다. 이 과정에서 하나님께서 창조하실 때 사람이 섭취해야 할 좋은 물질들을 모두 제거한다. 그래서 엄밀히 말하자면, 정제 설탕은 식품이 아니라 식품첨가물이며 화학물질이다. 특히, 백설탕은 사람 몸에 백해무익하다고까지 말할 수 있다.

사람 몸에 백해무익한 것을 값싸고 편리하다고 습관적으로 지나치게 많이 먹어서 몸에 병이 나는 것은 분명히 신앙관의 문제이며 무지의 소치이다. 쌀도 껍질을 많이 깎아서 하얀 것보다는 덜 깎아서 누리끼리한 현미가 하나님의 창조 원리에 가깝고, 따라서 건강에 좋다. 쌀눈에 영양분이 많다고도 하지만 자연상태에 가까운 것이 사람의 혈액과 인체의 영양섭취 원리에 훨씬 좋다. 새하얀 밀가루를 수입해서 만든 도넛도 많이 먹으면 몸에 좋지 않다. 그런데 그 도넛을 뜨겁게 끓인 액체설탕에 푹 담았다가 꺼낸 것을 젊은이들이 매우 좋아한다. 정말로 입안에서 살살 녹는다. 액상설탕이 굳기 전에 입안에서 살살 녹는 그 맛을 잊지 못해서 몇 상자씩 사다가 놓고 전자렌지에 돌려서 먹기도 한다. 그러면 건강은 어떻게 되겠는가? 하나님께서 창조하시고 허락하신 몸의 상태를 파괴한다는 가책을 갖지 않아도 될까?

하나님은 우주만물을 창조하신 창조주이시다. 죄와 부패는 세상 모든 영역에서 하나님의 주권을 부인하고 하나님께서 창조하셨을 때의 본 모습을 파괴하는 것이며, 피조물이 자기 소견대로 살면서 하나님의 창조질서를 왜곡시키는 것이다. 구원은 새 생명의 회복이기도 하지만 하나님 주권의 회복이 더 본질적이다. 하나님의 주권이 회복되면 창조원리와 창조질서도 회복된다. 그렇다면 모든 신자의 영과 육, 마음과 생각도 하나님의 뜻과 영광을 향해 돌아서고, 그 조화로운 모습을 나타내야 마땅하다. 그렇다면 신자는 하나님께서 창조하신 상태의 건강성을 회복하고 유지하는 것이 당연한 도리이다. 하나님께서 어떤 사람을 사역자로 불렀다면 당연히 건강을 유지해야 마땅하다. 함부로 먹고 자기관리를 부실하게 해서 건강을 잃는 것은 하나님 앞에서 재물손괴죄로 심판받아 마땅한 죄악이다.

자! 이렇게 가정해보자. 담임목사가 강대상에 서서 콜록거리면서 "여러분! 오늘 밤 예배시간에는 안수기도를 할 계획입니다. 몸이 아프신 분들은 오셔서 안수기도를 받으시기 바랍니다. (마른기침을 계속하며…) 기도를 받으면 병이 나을 것입니다"라고 말한다면 그 광고를 들으면서 교인들은 뭐라고 생각할 것 같은가? "아이고, 우리한테 안수하려고 하지 말고 목사님 기침이나 어떻게 고쳐보라고 그려!"라고 생각하지 않겠는가? 그러므로 사역자는 다른 사람의 건강을 회복해주는 신유의 능력을 갖는 것도 좋지만 자신의 건강에도 각별히 신경 쓰고 돌볼줄 알아야 한다.

그러면 건강을 유지하기 위한 원칙을 간단히 정리합시다.

1) 끊임없이 공부하라

모든 것은 앎으로부터 시작한다는 점을 항상 명심해야 한다. 건강도 공부를 해야 지킬 수 있다. 물론 머릿속에 무조건 집어넣은 그런 무익한 암기지식은 별 의미가 없다. 여러 해 묶은 중국산 쌀로 지은 밥은 영양가가 별로 없다는 지식은 그 자체로는 소용이 없다. 식당에서 내주는 공기밥이 몇 년 묵은 중국산 쌀인지 미국산 쌀인지 아무리 봐도 먹어봐도 모른다면 그것이 바로 무식한 것이다. 먹기 전에 눈으로 보고 알아야 한다. 정 모르겠으면 좋은 쌀로 집에서 한 밥만이라도 싸가지고 다니는 것이 훨씬 똑똑한 것이다. 대접받는 것이 기분 좋아서, 기름진 음식을 배불리 먹기를 반복해서, 간과 심혈관계에 무리가 가고 성인병이 생기는 것은 정말 무식한 것이고 종교인으로서 기본이 되지 않는 것이다. 어쩔 수 없어서 많이 먹었다면, 내가 달리기를 몇 분 동안 해야 되는지 벌써 딱 계산이 되고 실제로 열심히 땀을 흘리며 운동을 해야 한다. 그것이 똑똑하고 유식한 것이다. 그렇게 하기 위한 공부에 게으름을 피우면 안 된다.

2) 항상 기뻐하라

성경은 항상 웃으라고 명령하지 않는다. 웃는 것은 얼굴 근육을 움직이면 된다. 일부러 소리 내서 웃는 동작을 반복하기도 한다. 운동효과가 있어서 몸에 좋다고 한다. 그러나 "기뻐하라"라는 것은 마음속에 스트레스가 쌓이면 못하는 명령이다. 그러니 항상 기뻐하기 위해서는 항상 즉, 스트레스가 쌓일 때마다 즉각적으로 스트레스를 날려버리고 마음을 즐거움이 넘치는 상태로 유지하라는 명령이다.

그런데 성경은 항상 기뻐할 이유는 가르쳐주지만 어떻게 하면 기뻐할 수 있는지 그 방법을 알려주지 않고 다만 명령한다. 그 방법을 어떻게 마련하든 누구보다도 목사는 항상 기뻐하도록 자신을 다스려야 한다. 목사들도 암에 많이 걸린다. 스트레스가 암 발병의 주원인이라고 가정할 때 어떤 이들은 목사에게 가장 스트레스를 많이 주는 사람들은 안수집사 혹은 장로일 것이라고 생각한다. 장로교단 특히, 통합측에서는 장로의 권세가 막강해서 그렇게 생각하는 사람들이 있는 것 같다. 정말 그렇다고 한다면, 장로직을 없애거나 장로를 두지 않으면 목사가 암에 걸릴 가능성이 없어질 것이다. 그러나 실제로는, 교회에서 안수집사 혹은 장로를 없애도 암이 생길 것이다. 장로가 없으면 또 다른 것이 가장 큰 스트레스 원인이 되어 암을 일으킬 것이기 때문이다. 진짜 문제는 스트레스를 통제할 능력이 없는 것이다. 장로가 아무리 드셀지라도 신앙과 경륜에서 목사가 훨씬 탁월하면 아무런 문제가 되지 않는다.

교인이나 장로가 똑똑해서 부담스러운가? 똑똑한 장로가 두툼한 신학서적을 줄줄이 꿰고 앉아 있어서 답답한가? 목사가 감당하기엔 너무 깐깐한 교인이라서 스트레스를 받는가? 이런 것은 그 교인들이 아니라 목사 자신의 역량에 문제가 있다는 적신호이다. 목사 그릇이 불충분하고 더러워졌다는 뜻이다. 먼저 그릇을 항상 깨끗이 유지하고, 그릇을 더 키우도록 해야 한다.

3) 항상 운동하라

꼭 운동해야 한다. 티 내지 않도록 조심해서 운동하라. "저 양반, 지금 테니스 쳐. 말씀 아카데미 갔다 오더니 도전 받아서 운동한다고 테니스장에서 살어!" 이런 말을 듣고도 상황 파악이 안 되면 그 목사는 건강은 하겠지만 교회에서 쫓겨나기 십상이다. 표 나지 않도록 조심하라. 누가 보더라도 근면성실하게, 꾸준히 자기 몸을 단련하고 건강을 유지하려고 한다고 볼 수 있는 정도가 좋다.

운동은 공부와 마찬가지로, 몸 안에 있는 혈액, 영양상태, 근육의 건강성을 조절하는 것이지 절대로 취미가 아니다. "독서가 취미이다" 혹은 "공부에 취미가 없다"라는 말처럼 무식한 말이 없다. 취미가 없어서 안 해도 큰 죄가 아니고 못해도 상관이 없다면, 돈벌이에 취미가 없으니 가난해도 상관없는가? 학생이 공부에 취미가 없으면 중간고사, 기말고사를 대충 보아도 상관없는가? 공부보다 영화에 취미가 많은 학생은 자기 취미대로 영화관에서 살다시피 해도 될까? 목사가 본래 목회에 취미가 없는데 하나님께서 불러서 할 수 없이 목회하니 목회를 대충해도 괜찮은가? 무슨 특별한 사정이나 하나님의 인도하심 때문에 목회에 어려움을 겪을 수 있고 교회가 성장이 안 될 수는 있지만 목회에 취미가 없어서, 지금 맡은 교회는 내 취향이 아니라서 대충 아무렇게나 목회해도 괜찮은 경우는 절대로 없다. 공부나 독서를 취미라고 해서는 안 되는 것과 마찬가지로 운동도 취미로 한다는 발상은 잘못이다. 건강은 하나님의 명령이다. 건강을 위해 운동이 필수적이라면 운동하는 것 역시 하나님의 명령이다. 명령이란 명령받은 사람이 하고 싶을 때, 내킬 때 내키는 만큼만 적당히 알아서 하면 되는 것도 아니고 싫으면 안 해도 되는 것도 결코 아니다.

오상효라는 사람이 위암말기라는 진단을 받았다. 그런데 이 사람이 달리기를 해서 암을 극복했다는 신문기사가 났다. 그러자 그 신문기사를 읽은 암 환자 아내들이 자기 남편을 밖으로 내보내 달리기를 시켰다. 이렇게 등 떠밀려 달리기를 한 사람은 거의 다 죽어버렸다. 오상효 씨의 이야기를 잘 들어봐야 한다.

오상효 씨는 2011년에 위암말기라는 진단을 받고 위를 70%가량 잘라내는 수술을 받았다. 문화일보 기자와 인터뷰한 기사를 보면 그 때 오상효 씨를 찾아온 것은 두려움과 절망이었다고 한다.

"수술이 끝난 뒤 고통스러운 항암치료를 받으며 누워 있으면서 이대로 가다간 죽겠다는 생각이 들었어요. 아내와 어린 아들을 떠올리며 이를 악물고 걷기 시작했습니다."

이 분도 다른 사람들과 똑같았다. 두려움을 느꼈다. 하지만 두려움에 사로잡히지 않으려고 두려움에 맞서기 시작하였다.

"여섯 달 정도 매일 1.5㎞씩 걷다가 2002년 9월부터는 뛰기 시작했죠. 일주일에 4~5일은 5~6㎞씩 뛰었는데 온몸에 생기가 돌면서 그렇게 좋을 수가 없었습니다."

두려움에 맞서서 걷기운동을 하는 6개월이 얼마나 힘들었을까? 걷기가 웬만큼 되니까 더 어려운 단계에 도전하였다. 뛰기 시작하였던 것이다. 이 기사의 마지막 부분에 있는 "온몸에 생기가 돌면서 그렇게 좋을 수가 없었습니다"라고 느낄 수 있는 단계에 도달하는 것이 중요하다. 그 이후로 "마라톤 풀코스를 10번이나 완주했고 하프 마라톤 대회에도 10회 이상 참가했다. 42.195㎞ 풀코스 최고 기록은 지난해 한강변에서 열린 서울마라톤대회에서 거둔 2시간 43분이다. 올해(2009년에)도 오는 10월 28일 열리는 춘천마라톤 대회에 참가 접수를 해놓은 상태이다. 대회를 위해 연습에 매진해야 할 때지만, 요즘은 발목이 아파서 자전거를 타고 출퇴근하는 것으로 운동을 대신하고 있다고 한다. 평소 서울 상암동 집에서 63빌딩까지 10여 ㎞를 하루도 빠짐없이" 달린다. 그는 왜 달리느냐고 묻는 말에 "행복하니까" 달린다고 답한다. 그렇다. 오상효 씨는 행복하였기 때문에 암을 이길 수 있었다. 행복이 비결이었다. 오상효 씨는 지금도 전과 같이 계속해서 요리사로 일을 하지만 무엇보다도 자신의 본업을 행복전도사로 여기고 열심히 활동한다.

자, 목사인 당신은 지금 행복한가? 행복하니까, 그리고 항상 행복하기 위해서 달리는가? 행복한 마음으로 목회하는가? 아니면 잘 살기 위해, 성공하거나 교회를 성장시키기 위해 목회하는가? 전전긍긍하는가? 하나님을 기쁘게 해드리고 그 기쁨 가운데 당신 자신의 기쁨이 넘치도록 하기 위해 지금 열심히 목회하는가? 목사라면, 지금 주님 안에서 무엇을, 어떻게 하면 행복한지를 잘 알고 있어야 한다. 어떤 일을 해야 하는지 잘 알고 있다면, 그 일을 열심히, 꾸준히 하고 있어야 한다. 그리고 그 일을 꾸준히 죽을 때까지 잘하기 위해 자신의 건강을 돌보는 일에도 열심을 내고 있어야 한다.

목사인 당신은 무엇 때문에 행복한가? 무엇 때문에 행복하고 싶은가? 목사로 소명받은 그 목적을 이루기 위해 목숨을 걸고 있는지 항상 자신에게 물어야 한다. 목회라는 달리기가 힘겹고 고통스러운 단계를 뛰어넘어 당신에게 엔돌핀이 넘쳐나게 하고 행복하게 만드는 단계에 이르도록 끊임없이 달리며 도전해야 한다. 아직 행복한 단계에 도달하지 않았다면 달려라. 더 달려라. 더 힘들게 달려라. 목숨을 걸고 달려라.

IX.
본질을
파악하라

처갓집과 측간은 멀수록
좋다는 속담이 있다. 이런 속담은 우리 옛 문화를 단적으로 보여준
다. 공감한다는 것은 같은 혹은 비슷한 문화를 공유한다는 의미이
다. 조선조 5백년 통치의 상징인 경복궁에 가보았는가? 조선의 문화
가 유교라고 하는데 운현궁에는 가보았는가? 나의 이 질문에 "아니,
운현궁은 뭐하려고?"라는 소리가 자기도 모르게 나오고 눈꼬리가
치켜떠지는가? 운현궁은 조선말기의 대표적인 건축물이다. 조선의
26대 국왕인 고종이 12살 때까지 자란 곳이고 명성황후가 세자빈의
신분으로 거처하던 곳이며, 흥선대원군이 막후정치를 벌이던 내력
이 깃든 건물이다. 1863년 고종이 즉위한 뒤에 증축하여 궁으로서
의 면모를 갖췄다. 그렇다고 뭐, 이런 역사와 연도를 외우러 운현궁

에 가보라는 말이 아니다. 혹시, 운현궁을 가보았다면 그 당시에 사용하던 화장실을 일부러 찾아서 확인해보는 문화적 안목이 있는지를 확인하고 싶어서 한 질문이다. 경복궁, 운현궁까지 찾아가서 볼일 봤냐고 묻는 것이 아니다. 조선시대 왕들이 살면서 통치하려고 지은 궁궐, 홍선대원군이 떵떵 거리던 운형궁, 그 지체 높으신 양반들은 볼일을 어떻게 보았는지를 꼼꼼히 살펴보고, 그 문화를 볼 줄 아는 안목을 가졌느냐고 묻는 것이다.

화장실은 인간인 이상 세계 어디를 가나, 어떤 시대에서나 반드시 최우선적으로 갖춰야 할 필수시설이다. 문화의 양식과 수준을, 그리고 그 문화의 독창성의 한 단면을 가장 적나라하게 보여주는 것이 화장실 문화이다. 따라서 어떤 민족을 연구할 때 그 민족이 만든 법과 더불어 화장실을 먼저 살펴보는 것은 그 민족과 문화를 파악하는 지름길이다.

프랑스의 하수도 시설은 세계적으로 유명하다. 19세기에 도시개조계획을 세워 철저히 정비한 탓에 하수도가 마치 지하도시의 도로망처럼 잘 정비되어 있다. 그러면 19세기 이전에는 어땠을까? 유럽 각국의 풍속을 연구하여 『풍속의 역사』라는 유명한 저술을 출간한 독일의 역사가 에드아르트 푹스Edvard Fuchs에 따르면 도저히 상상할 수 없이 불결한 프랑스의 문화가 현대적인 양산과 하이힐을 출현시켰다. 17세기에도 프랑스의 수도 파리의 가정과 건물에는 화장실 시설이 없어서 집집마다 아침에 해야 할 가장 중요한 일은 창문 밖으로 간밤의 배설물들을 쏟아버리는 일이었다. 그러니 골목과 대로에는 항상 오물이 넘쳤고, 아침 일찍부터 집을 나섰다가 재수 없이 남의 집 오물을 뒤집어쓰는 일도 빈번했다. 당시 파리 사람들은 이 문제를 해결하는 방법으로 큰 우산을 들고 다니는 방법을 택했다. 그리고 집집마다 내버린 오물로 범벅이 된 길을 다닐 때 드레스 자락을 오물로 더럽히지 않기 위해서 하이힐을 개발하였다. 효과적이며 위생적인 해결책인, 잘 정비된 하수도 시설은 2백 년 뒤에나 가능했다. 하수도 시설이 없었다면 상수도 시설은 있었을까? 그렇지 않았다. 그래서 날마다 몸을 청결하게 씻을 수 없었다. 더러운 피부를 가리기 위해 화장을 하였고 악취를 가리려고 향수를 발전시키는 편을 택했다.

우리나라에서 대개 옛날 서민들의 집에는 화장실이 울타리 바깥에 하나가 있었고 울타리 안쪽, 북쪽 뒷마당 구석에 하나가 있었다. 오줌을 받는 통이 따로 있었고, 변을 보는 곳이 따로 있었다. 변을 보는 곳에는 아궁이에서 꺼낸 재를 쌓아두었다가 볼 일을 본 뒤에 변위에 재를 덮었다. 이렇게 하면 냄새도 없고 농사에 반드시 필요한 한국식 퇴비가 된다. 측간이라고 부르던 당시 화장실은 어딘가 허술하고 틈도 많았다. 으스스한 분위기였다. 전등이 없는 시대에 해가 진 뒤에는 측간에서 볼 일 보기가 그다지 좋지 않기도 해서 해가 지면 여자들은 방안에서 요강에 볼 일을 보았고 아침에 일어나서 요강을 비웠다.

왕이나 지체 높은 양반은 유교 문화에 길들여진 탓에 여자들이 사용하는 물건을 쓸 수도 없었고, 아랫것들과 같은 화장실을 사용할 수도 없었다. 그래서 왕은 "매화틀" 혹은 "매우틀"이라는 이동식 화장실을 사용하였다. 왕은 정사를 보는 편전, 침전, 외빈을 접견하는 전각, 이렇게 세 곳에 매화틀을 준비해 두고 사용하였다. 대바와 왕비는 두 개씩을 사용하였다. 그러다보니 경복궁 그 넓은 곳에서도 왕과 왕비 전용의 화장실이 따로 없었다. 대개는 눈치 채지 못하고 무심코 넘어가는 사실이다.

우리 문화는 집안에서는 신발을 신지 않는다. 밖에 나갔다 들어오면 마당에서 섬돌에 신발을 벗고 마루와 방안으로 들어온다. 방은 침실겸 식당겸 서재겸 회의실겸 등등 생활에 필요한 모든 일을 처리하는 다용도 공간이다. 그리고 집 밖에서 대문을 통과하는 것이 어렵지 일단 대문만 지나면 집안의 곳곳은 수월하게 들락거린다. 반면에 서양의 집은 대문 즉, 현관을 통과하기는 쉽지만 각각의 방은 주인의 허락이 있어야 한다. 개인의 침실이 따로 있고, 각자의 서재나 작업실이 따로 있다. 그래서 서양인들에게는 노크하는 예의범절이 생겼다. 사람들이 공동으로 사용하는 거실도 따로 있다. 무엇보다도 각자의 침실 안까지, 밖에서 신던 신발을 그대로 신고 들어가서 생활한다.

집을 보더라도 서양식 집과 우리식 집은 근본적인 철학과 원리가 다르다. 어떤 이들은 서양은 기독교식 문화이기에 그렇고 우리는 전통식이기에 그렇다고 말한다. 꼭 그렇지는 않다. 전통식이라는 말은 예부터 내려온 방식을, 현대적 방식과 비교해서 하는 표현이다. 서양 기독교식도 영국의 전통식과 현대식, 미국의 전통식과 현대식으

로 따져야 의미가 있다. 두 번째로는 집, 건물의 건축양식과 기독교
는 크게 상관이 없다. 오히려 주변 환경과의 관계성이 훨씬 강하다.

우리 전통의 건축양식은 자연친화적이며, 이웃과 어우러진 공동
체성과 동시에 개별적 독립성을 보존할 수 있는 공간을 만들려는 창
의성이 발휘된 문화의 소산이다. 화장실 문을 엉성하게 만들거나 가
마니를 걸어둔 것도 마찬가지다. 반면에 서양문화의 밑바탕에는 게
르만 전사문화가 깔려 있다. 집안까지 신발을 신고 들어와 생활하는
것이 편리했고, 심지어 집안까지 말을 데리고 들어올 수밖에 없었
다. 중세초기의 궁벽한 성채에서는 영주와 신하들 그리고 시종들이
말들과 함께 한 곳에서 생활할 정도였다. 마지막 순간까지 무장을
한 채 생활하고 언제든 싸움에 임할 태세를 갖추고 있기 위함이었
다. 필요하다면 갑옷을 입고 칼을 품거나 바로 옆에 놓고 자야 했다.
그러다보니 침상이 유용해졌고 무장을 풀고 잠에 든 그 개인공간은
최대의 안전을 보장해야 하니까 단단한 문과 자물쇠가 있어야 했다.
같은 건물에서 생활하는 사람들도 그 방에 들어설 때 반드시 노크를
해서 주의를 환기시켜주고 방주인의 허락을 받고서야 들어가는 문
화가 자연스럽게 조성되었다.

1. 문화를 알아야 사람과 사회를 안다

문화는 생활양식이다. 생활양식은 그 주변 자연환경과 역사에 대
해 그 주민들이 대를 이어 적응하면서 만들어낸 습관인 동시에 태어
나는 그 순간부터 주어지는 무언의 교육이다. 만일 그 주민들에게

고유의 종교가 있다면 그 종교의 원리와 철학도 생활양식과 뒤섞이게 된다. 자연 및 역사적 환경과 그 생활환경에 녹아든 종교에서 생활방식이라는 문화가 형성되고 거기에 규율을 형성하고 체계화하면 진정한 의미의 문화가 만들어진다. 그렇다면 문화를 읽을 수 있다면 그 문화를 만들고 그 문화 속에서 성장한 이들을 보다 쉽게 읽어낼 수 있다. 여기에서, 목사가 전도를 잘하고 교회를 잘 이끌고 지역사회를 주도하는 그 본연의 사명을 잘 감당하기 위해서는 자신이 목회하는 지역의 사람들의 특성을 잘 알아야 한다는 말이 나온다. 따라서 목사는 문화를 아는 안목을 갖춰야 하고, 그 문화를 본질까지 꿰뚫어 읽어야 한다.

복음서에 따르면 유대인들은 세리 즉, 세무공무원들을 혐오했고 죄인으로 간주하였다. 단지 예수님께서 세리의 집을 방문했고 그 가정을 축복하였다는 점과 예수 믿고 구원받는 원리만을 연결하여 설교하고, 반면에 세리들을 안 좋게 보는 당시 유대인들의 편견과 비복음적 태도를 비판하는 목사들이 많다. 그러나 관련된 말씀을 찾아서 유심히 살펴보면 세리들을 상대해서는 안 될 죄인으로 여기는 유대인들의 관점 자체를 예수님께서 잘못되었다고 반박하지 않으신다. 누가복음 19장에 부유한 세리장 삭개오가 등장한다. 삭개오는 동족 유대인들의 질시와 따돌림으로 상처 받았다. 그 내면에는 죄책감으로 상처를 받고 있었다. 사실 예수님은 삭개오의 그러한 측면을 부정하지 않으셨다. 단지 예수님은 그 부분의 상처를 치유하시고 그럼에도 그가 가진 순수한 믿음과 구세주를 향한 갈망을 인정하신다.

여기에서 삭개오의 문제를 이해하고 성경을 바르게 강해하기 위해 삭개오를 둘러싼 문화를 보는 눈이 필요하다. 로마제국의 세금징수 방식과 모세오경이 어떤 식으로 충돌하는지를 먼저 파악할 수 있어야 한다.

문화의 특성, 문화의 본질을 보지 못하는 것이 진짜 무식이다. 안목이 트이지 않은 무식이 진짜 문제다. 지식은 사전과 참고문헌을 뒤져서 알아낼 수 있지만 보는 눈이 열려있지 않으면 보아도 소용없다. 전도라는 것도 넓게 보면 전도문화 혹은 기독교문화라고 할 수 있는 것을 형성한다. 여기에 먼저 전도를 예로 들어 살펴보자. 한국교회는 전도를 무척 강조하는 전통이 있다. 한국교회 초창기부터 노방전도 축호전도 사랑방전도를 정말 열심히 했다. 자, 당신이 교회를 개척했고 10만 명을 전도할 수 있다고 가정해놓고 다음에 열거한 선택지 가운데 하나를 골라보라. 당신은 어떻게 하겠는가?

첫째, 10만 명 전부를 내 교회로 인도하여 대형교회를 세우겠다.

둘째, 5만 명을 내 교회로 받아들이고 5만 명을 다른 교회들로 보내겠다.

셋째, 1만 명만 내 교회로 받아들이고 9만 명을 다른 교회들로 보내겠다.

넷째, 5백 명면 내 교회로 받아들이고 나머지 전부를 다른 교회로 보내겠다.

다섯째, 10만 명 전부를 다른 교회로 보내겠다.

이 다섯 방안 가운데 다음 질문에 따라 선택해보라. 먼저 어떤 것이 가장 좋은 방인인지를 생각한 뒤에, 당신의 마음이 진정으로 원하는 것을 양심적으로 골라보라. 마지막으로, 여러분 주변의 목사들과 교회들이 어떻게 해왔는지를 골라보라. 예수님과 바울 그리고 사도들은 어떻게 했는가? 분명히, 다섯 번째 방안대로 하셨다. 예수님과 침례 요한이 제자들을 빼앗으려고 싸웠는가? 요한의 제자들이 예수님께 갈 때 예수님은 "다른 제자들도 데려와라. 내가 능력이 더 낫지 않느냐? 내게 붙는 편이 훨씬 장래가 밝지 않냐? 너만 오지 말고 다 데려오너라"라고 하지 않으셨다. 또 요한도 자신의 제자들에게 "가지 마라. 나를 배신하고 가냐? 아무리 능력이 있다고 해도 그동안에 지낸 정을 생각해서 가지 마라. 그 양반은 왜 와서 내 제자를 뺏어 간단 말이냐?"라고 말하지 않았다. 이런 유치한 갈등은 전혀 없었다. 요한은 "그는 흥하여야겠고, 나는 쇠하여야 하리라"라고 말하였다(요 3:30).

성경은 다섯 번째 방안이 가장 성경적임을 분명히 밝히고 있고 그 사실을 웬만하면 알 수 있음에도 불구하고, 실제 대부분의 한국교회는 첫 번째 방안을 선택하였다. 다섯 번째 방안 이외의 모든 것은 성경이 보여주는 예수님의 정신에서 벗어나고 있고 첫 번째가 가장 많이 벗어났음에도 불구하고 이 땅의 교회문화, 전도문화는 아무런 죄책감도 없이 첫 번째를 택하였다. 죄책감이 생기면 10만 명이 출석하는 대형교회를 이뤄 선한 사마리아인처럼 좋은 일을 많이 하겠다는 생각을 면죄부처럼 내민다. 어떤 변명을 들이대도, 다섯 번째 방안을 택하고 그 방안대로 해야 할 의무와 사명이 있음에도 불구하고 그렇게 하지 않았다는 사실에서는 결코 벗어날 수 없다.

　나는 지금 한국의 전도문화가 틀렸으니, 바르게 하자, 성경으로 돌아가자고 주장하려는 취지로 말하는 것이 아니다. 한국의 전도문화가 틀렸다는 것은 현상이다. 즉, 지금 틀린 상태에 있다. 결코 적은 수도 작은 규모도 아닌 한국교회가 전체적으로 이렇게 일탈된 원인을 찾아내려는 노력, 이러한 현상을 만들어낸 힘의 진정한 기원을 간파하는 통찰력이 중요하다. 목사는 무엇보다도, 그런 통찰력을 가지려는 노력이 반드시 필요하다고 지적하고 싶다. 한국에 발을 디딘 젊은 선교사 호레이스 언더우드는 감리교회의 아펜젤러와 함께 한국 최초의 개신교 선교사였지만 실제로 교회를 개척한 적도 성공적인 목회를 해본 적도 선교전략을 깊이 있게 연구한 적도 없었다. 내한한 다른 선교사들도 마찬가지였다. 그래서 언더우드는 미국 북장로교 선교본부에 이 문제를 도와달라고 여러 차례 간청하였다. 마침내 중국 산동성에서 선교하던 네비우스 선교사가 본국 선교부의 지시를 받고 한국으로 건너와서 한국에서 활동하던 선교사들을 상대로 선교전략 세미나를 개최하게 되었다. 그 결과, 한국 선교사공의회가 1893년에 네비우스 선교방법론을 정식 전략으로 채택하였다. 언더우드는 네비우스 선교방법론을 자립, 자치, 자전으로 요약했다. 이것이 오늘날 비정상적인 개교회주의 정신을 한국교회의 특징적 문화로 갖도록 만든 주요 원인의 하나이다. 한국에서 대형교회가 나타나게 된 뿌리이기도 하다. 장로교 선교방법론으로서의 개교회주의와 침례교 정체성을 가리키는 개교회주의는 단어는 같아도 내용과 의미는 사뭇 다르다. 네비우스 선교방법론의 밑바탕에는 미국식 이기주의, 자본주의적 개인주의 문화가 깔려 있다. 성경의 정신을 제대로 소화하였다면 자립, 자치, 자전이라는 개념을 당연히 거부했어야 마땅하다. 총체적으로 말해서, 문화를 보는 안목이 없으니 하나의 문제를 해결하기 위해 선택한 방책은 더 큰 문제를 만들어내는 뿌리가 되고 말았다.

문화는 현상으로 나타나는 모습이 있고, 그 모습과 그 문화를 형성하는 힘이 있다. 목사가 무엇인가 말을 하거나 주장할 때 그 말을 듣는 사람들을 무식한 사람이라고 전제하는 버릇이 있다면 고쳐야 한다. 이런 태도 역시, 선교사들의 우월의식과 네비우스 선교방법론이라는 미국적 원리에서 빚어지는 기독교 문화의 파생물에 다름 아니다. 똑똑한 사람들이 목사의 설교를 듣고 '아, 목사라는 이 양반은 뭔가 (적어도 나보다) 제대로 아는 것 같은데! 게다가 우리네 같은 사람을 동료인간으로 대등하게 여기는 정신이 있어!' 라는 생각이 들도록 할 수 있어야 한다. 어떤 사안에서 시작하여 안목의 폭을 점점 넓혀 문화 전반을 깊이 있게 바라볼 수 있도록 해야 한다. 그래서 목사는 끊임없이 다양한 "글"을 읽어야 한다. 법학, 사회학, 역사학 등에 관한 학위보다도 어떤 사회 그 자체, 그 사회의 법, 그 사회의 역사에 관한 살아 있는 지식과 통찰력을 가져야 한다. 그리고 그 통찰력을 자신의 설교와 목회에 연결하는 총명함과 지혜로움을 가질 수 있도록 계발해야 한다.

솔로몬은 잠언을 통하여 이렇게 말했다.

곧 허탄과 거짓말을 내게서 멀리 하옵시며 나로 가난하게도 마옵시고 부하게도 마옵시고 오직 필요한 양식으로 내게 먹이시옵소서 _잠 30:8

솔로몬은 왜 이렇게 간구하였을까? 가난과 부의 중간인 중용中庸 원리를 좋아하기 때문일까? 중용은 성경의 정신인가? 그러면 잉글랜드 튜더 왕가가 수행한 종교개혁 특히, 엘리자벳 여왕이 로마 가톨릭과 청교도 개혁주의의 중간노선을 택하여 앵글리칸 교회를 세운 것은 성경적인가? 그러면 진리와 거짓의 중도가 곧 진리인가? 강도들이 모여서 세 집을 놓고 맨 왼쪽 집을 털자, 아니다 오른쪽 집을 털자고 대립하다가 서로 한 발씩 양보해서 가운데 집을 털자고 합의하는 중도정책도 진리인가? 가난과 부의 중간이 좋은 길이어서 솔로몬이 이렇게 기도한 것이 결코 아니다. 솔로몬은 잠언의 그 다음 구절에서 자신이 그렇게 간구하는 까닭을 밝힌다.

혹 내가 배불러서 하나님을 모른다 여호와가 누구냐 할까 하오며 혹 내가 가난하여 도둑질하고 내 하나님의 이름을 욕되게 할까 두려워함이니이다

_잠 30:9

솔로몬이 그렇게 기도한 까닭은 인간의 본성, 세상 문화의 본질에 대한 깊은 통찰 때문이다. 그래서 잘못에 빠지지 않기 위한 최선의 지혜로운 방책을 찾았고, 그 길을 하나님께 간구하는 것이다. 한국 교회의 전도문화를 다시 말하자면, 사람을 전도하여 자기 교회로 끌

어오는 전도만 있지 보내는 전도는 거의 없다. 남의 교인들도 우리 교인으로 만들어내는 전도만 있지 그 사람에게 가장 적합한 교회를 찾아서 보내주는 전도는 없다. 그러다보니, 불신자가 교회를 다니지 않는 것에 대해서보다 우리 교회를 출석하던 교인이 다른 교회에 출석하는 것에 대해 목사들이 더 신경을 많이 쓴다. 그래서 이 문제에 관한 발언이 많은 비중을 차지한다. 사실, 우리 교회를 다니다가 다른 교회로 옮긴 신자에 대해 목사는 입이 열 개라도 할 말이 없어야 마땅하다. 다른 교회로 옮긴 신자가 신앙생활을 잘한다면 굳이 거론할 까닭도 없다. 이런 경우에는 아예 말을 꺼내지 않는 편이 더 현명하다. 반면에 누군가가 교회를 다니지 않는 것, 신앙생활을 제대로 하지 않는 것에 대해서는 많은 말을 해야 정상이다. 그것이 목사다운 태도이며 합당한 처세이다. 그런데 우리는 반대로 처신한다. 말하지 말아야 할 현상에 대해 많은 말을 하고 반면에, 말을 해야 할 것에 대해서는 입을 다문다. 사랑의 관점으로 봐야 할 것을 능력의 관점으로 보기 때문이다. 넓게 보면, 세태에 편승하기 때문이다. 세속 사회의 경쟁주의적 문화, 양적 성장이 가져다주는 만족감과 물질적 혜택 즉, 물질주의적 문화에 무비판적으로 젖었기 때문이다. 잘못된 것을 정상으로 보는 문화에 취해 있는 탓이다. 만일 이런 습성과 문화에 젖어 있다면, 그 문화의 본질을 직시하고 그 악의 늪에서 빠져 나오려고 발버둥쳐야 한다. 그것이 생명력이다.

한국교회의 헌금 문화도 마찬가지로 기묘하게 변질되어 있다. 물론 하루아침에 이렇게 된 것이 아니라고 변명할 수 있다. 역사적 뿌리가 있고 계기가 있고 추동력이 있고 발전이 있다. 그 맨 끝에 지금 우리가 있다고 할 때 무슨 수로 목사 개인, 개교회가 문화를 뒤집느냐는 반론이 나온다. 여러 흐름과 사정들이 복합적으로 작용하여 변질된 거대한 괴물처럼 우리 앞에 떡 버티고 서 있다. 그런데 대세에 편승하는 심리는 변질되고 부패한 문화 앞에 무기력하게 서 있는 것으로 그치지 않고 그 흐름을 이용하여 더 큰 악을 도모하는 묘한 특징이 있다. 한마디로, 사탄은 무지를 이용하여 악을 선으로 포장해 주어 신자들로 하여금 더 큰 악을 저지르게 한다.

　이것을 구레네 시몬이 십자가를 진 경우를 예를 들어 설명해 보겠다. 간혹 목사님들이 "구레네 시몬은 억지로 십자가를 졌지만 그 억지로 진 십자가로 인해 하나님의 놀라운 축복을 받았습니다. 그러니 여러분도 억지로라도 십자가를 져야 합니다"라는 식으로 설교하는 경우가 있다. 이렇게 해석하면 안 된다. 문장의 외적 표현에 치중하면, 구레네 시몬이 억지로 즉, 자신이 그 십자가를 짊어질 이유가 없는데 십자가를 짊어진 것은 사실이다. 하지만 하나님 아버지와 주 예수 그리스도는 우리에게 부당하게, 억지로 짐을 지우시는 분이 결코 아니라는 사실을 염두에 두어야 한다. 그것은 하나님의 본성에 맞지 않는다. 하나님 보시기에 아무리 옳다 하더라도 그것이 우리에게 억울하고 부당한 짐이 된다면 결코 우리에게 요구하지 않으신다. 주님은 우리가 그 일을 기쁨으로 받아 들일만 하거나 우리의 복된 삶에 반드시 필요한 경우에 요구하신다. 그것도 우리가 감당할 정도

만큼만 이다. 성경은 자발적이고 기쁨으로 하는 순종을 가르친다. 성경을 해석할 때 이 점을 최우선적인 원칙으로 삼아 고려해야 한다. 그런데 우리는 하나님의 방식에 역행해서 내 생각, 내 방법을 천편일률적으로, 일방적으로, 무차별적으로 강제하는 목회를 잘한다고 여긴다. 잘못된 목회철학, 부패한 목회문화를 합리화하기 위해 성경을 억지로 해석한다. 그러다 보니 교회문화가 부패하게 되고, 헌금문화도 변질시켜버린다.

가정해보자. 어떤 집사가 십만 원을 기쁨으로 헌금한다. 그러나 그 집사가 1억 원을 헌금한다는 것은 무리이다. 십만 원을 기쁨으로 헌금할 수 있는 신자가 정말 기뻐하며 십만 원을 헌금할 때 하나님은 기쁨으로 받으신다. 그런데 목사들이 여기에 개입한다. 더 많은 축복을 받기 위해 더 많은 헌금 천만 원 혹은 오천만 원을 기쁨으로 헌금하라고 제안한다. 목사는 절대로 강요로 받아들이지 말고 기도해 보고 헌금하라고 말한다. 목사가 아무리 강요가 아니고 하나님의 뜻대로 하라고 말하지만 그래도 그 집사는 부담스러워 한다. 미적거린다. 물론 경우에 따라서는 "목사님! 부담스러운데요"라고 의사를 표현할 수도 있다. 이 반응에 대해 목사는 "억지로라도 하세요. 구레네 시몬이 억지로라도 십자가를 지니 복 받은 거 아닙니까?"라고 대답하거나 설교를 한다. 여기에 대해 그 집사가 아무 대꾸를 하지 않으면 목사는 자기 논리가 먹혔다, 옳다고 여긴다. 하지만 집사들은 우리 목사는 헌금을 강요한다고 생각하기 시작한다. 목사가 성경을 들먹이니 집사가 성경과 맞서 싸울 수는 없고 고민만 깊어진다. 이런 식으로 목사들은 전혀 주님의 의도와는 상관없는 목회를 한다. 그러면서도 자신은 목회를 잘한다고 여긴다. 동료 목사들도 자신과 거의 동일하게 하는 모습을 보고 반성할 수도 없다. 실상은 똑같이 부패한 문화에 편승하고 있는 셈이다. 성공적인 목사가 되려면 자기가 속한 문화의 본질, 자기 목회행위의 진정한 정체를 간파할 수 있어야 한다. 그리고 부패한 문화에 맞서 참 문화를 회복하는 길을 찾아야 한다.

목사가 그 집사에게 천만 원을 헌금하라고 제안하려면 최소한 그 제안이 부담이 없고 믿음으로 받아들일 수 있도록 해줘야 한다. 정작 믿음도 없는데 믿음이 생기도록 해주지는 못해놓고 요구만 하고 있다. 이것은 잘못된 문화이며 결코 주님의 방법이 아니다. 하나님께서는 아브라함에게 독자를 바치라고 하셨다. 아브라함이 독자를 바치라는 명령을 받았을 때 마음이 고통스러웠다는 등, 속이 쓰렸다는 등의 단서는 전혀 찾아볼 수가 없다. 만약 아브라함의 마음이 쓰렸다면 이른 새벽에 출발하지 않고 저녁 느지막하게 출발했을 것이다. 또한 삼일 길을 가지도 않고, 내내 고심하다가 가까운 곳에서 재단을 쌓았을 것이다. 아내와 함께 이삭을 살려달라고 밤을 지새며 통성기도를 하였을 것이다. "제가 순종은 하지만 말입니다 아무리 생각해도 제가 우르를 잘못 떠난 것 같습니다. 이삭을 줄 때 좋아했었는데, 그걸 또 내놓으라고 하시니… 참! 줬다가 뺏는 건 또 뭡니까?"라고 항변하였을지도 모른다.

하나님의 명령을 수행하는 아브라함과 함께, 영문도 모르는 이삭이 장작을 지고 산을 올랐다. 이삭은 불과 나무는 있는데 번제할 어린 양이 보이지 않아 아브라함에게 "불과 나무는 있는데 번제할 어린 양은 어디에 있어요?"라고 묻는다. 그러자 아브라함은 이삭에게, "아들아, 번제할 어린 양은 하나님이 자기를 위하여 친히 준비하실 것이다"라고 대답한다. 그러면 아브라함은 이삭을 제물로 드리기 위해 죽이려는 찰나에 하나님은 아브라함이 이삭의 멱을 따려고 든 칼을 멈추게 하실 것이라는 것까지 계산했을까? 결단코 아니다. 아브라함은 정말 기쁨으로 드렸다. 아브라함은 그냥 하나님을 믿었다. 히브리서는 이 순간 아브라함이 온전한 믿음으로 하나님을 믿었다고 선언한다. 주신 이가 취하실 것이고 취하신 이가 다시 살리실 것을 믿는 믿음이라고 표현한다. 이 믿음이 성경이 원하는 믿음이며, 이 믿음으로 드린 봉헌을 원하는 것이 틀림없다. 참다운 믿음이 있으면 기쁨이 있고 즐거운 봉헌이 있다.

아브라함은 믿음으로 기쁘게 아들을 드렸다. 그것을 보신 하나님께서는 됐다고 말씀하셨다. "아브라함이 실제로 이삭을 죽여 제사를 드렸는가"와는 상관없이 아브라함은 하나님께서 원하는 그런 순종을 드렸다. 그래서 하나님은 아브라함의 손을 막으셨다. 이미 죽인 것과 마찬가지인데 굳이 죽일 필요가 없다는 뜻이다. 만일 억지로 순종하였다면 그것은 결코 하나님을 만족케 하는 순종이 되지 못하였을 것이다. 만일 아브라함이 기쁨과 즐거움으로 하나님을 만족케 할 능력이 없는 사람이었다면 하나님은 이삭을 죽여 제사를 드리라는 명령을 주시지 않으셨을 것이다. 정말이지, 성경 전체에서 이런 명령을 하나님께로부터 받은 사람은 아브라함뿐이다. 억지로 드려도 복이 된다면 그 후로 얼마나 많은 신자들이 자기 아들을 억지로라도 제물로 받쳤겠는가? 그런데도 억지로라도 헌금을 내야 하고 억지로라도 순종을 해야 한다고 강요하는 잘못된 철학과 문화가 한국교회를 지배하고 있다.

왜 잘못된 문화인지를 그 본질을 명확히 깨닫지 않으면 안 된다. 다시 한번 생각해보라. 아무리 크고 위대한 업적을 이루었더라도 목사 개인의 욕망을 주님의 뜻보다 앞세우는 것보다 하나님을 역겹게 해드리는 것이 없을 것이다. 아무리 시원찮고 변변치 못해도 하나님의 뜻을 전적으로 앞세우고 즐겁게 순종하기 위해 애썼다면 사람들로부터는 인정을 받지 못해도 하나님은 기꺼이 큰 상을 베푸신다. 이 원리는 비록 믿음이 허접하면 깨우치지 못할 만큼 어렵지 않다. 하나님의 관점에서 옳고 바람직한 것을 기쁘게 받아들이는 정신을 바로 세우고 잘 따라야 한다. 이런 정신이 지배하는 교회와 교회문화를 세우도록 영향을 미치지 않는다면 목사가 개인적으로 아무리 잘했어도 여전히 부족하며 책망을 면치 못할 수준의 사역을 하고 있다는 사실을 깨달아야 한다.

목사는 열심히 행할 당시에도 옳고 나중에, 심지어 은퇴한 뒤에 돌이켜 생각해 보아도 옳은 그런 일을 행해야 한다. 이것을 인생의 네 박자로 표현해 보자.

나중 보기에도 \ 지금 보기에도	옳다	틀렸다
옳다	지금도 나중에도 다 옳다	지금은 틀렸는데 나중에는 옳다
틀렸다	지금은 옳고 나중에는 틀렸다	지금도 나중에도 다 틀렸다

내가 지금 하는 일은 옳은가? 지금까지 열심히 수행한 사역들 하나하나는 하나님 보시기에 옳은가? 늘 그런 식으로 생각해야 하는 책무가 목사에게 있다. 무심코 반복하는 일과, 반복되는 원리가 신자들에게 영향을 미쳐 교회문화를 형성한다. 그렇다면, 우리 각자가 섬기는 교회의 문화는 건강한지, 이렇게 하였을 때 나쁜 습성 및 문화가 형성되는 길로 가고 있는 것은 아닌지 항상 성찰해야 한다.

나는 로버트 슐러 목사를 만나면 이렇게 물어야겠다고 생각해왔다.

"만일 목사님은 자신의 사역이 끝나면서 그와 동시에 수정교회도 부도가 날 것을 알았더라도 그렇게 건축을 하셨겠습니까?"

로버트 슐러 목사는 적극적 사고방식 하나로 수정교회Crystal Cathedral를 건축하였다는 말을 단순하게 이해하면 안 된다. "할 수 있다, 하면된다"라는 적극적 사고방식으로 지었다고 말하는 것으로는 매우 부족하다. 간략하게나마, 수정교회의 건축과정을 이해해야 한다. 수정교회는 1955년에 가진 것이라곤 단돈 500달러뿐인 로버트 슐러 목사가 개척하여, 70년대 중반부터 6년간의 건축을 통해 1980년에 완성한 건물이다. 그런데 로버트 슐러 목사가 교회를 건축할 당시 미국은 베트남 전쟁을 치르는 과정에서 발생한 막대한 채무가 문제가 되었고 석유파동도 겪으면서 굉장한 불경기에 시달렸던 때였다. 불경기와 실업 때문에 카터 대통령이 레이건에게 패배하여 재선에 실패하였다. 그런 세계적 불경기 속에서 엄청난 규모의 교회를 짓는다고 당시에도 무수히 많은 사람들로부터 비난을 받았다. 그때 그분은 특유의 적극적 사고방식으로, "어려우니까 경기가 돌아가게끔 해야 될 것이 아닙니까? 이것을 하나 지음으로 인하여 다른 많은 경제적 유발 효과를 볼 수 있을 것입니다"라고 대답했다.

수정교회를 건축함으로써 일자리를 창출하고 건축 자재가 팔리는 등 불황기에 경제가 돌아가도록 만들겠다는 취지이다. 이 변명의 본질은 교회 건축을 일자리 창출과 고용과 같은 자본주의 개발경제론에 입각해서 정당화하는 것이다. 실질적으로는 구차한 궤변이다. 더구나 교회를 너무 크게 짓다가 감당 못해서 이미 부도 위험에 처한 상태에 있었다. 슐러 목사가 TV에 출연해서 도와달라고 하소연을 할 지경이었다. 그 호소를 듣고 미국의 많은 사람들은 저런 위대한 목사를 잃어버리면 안 된다고 하면서 도움을 줘서 교회 건축을 마쳤다. 어떤 관점에서 보면 정말 적극적 사고방식 때문에 불가능이 가능으로 바뀐 것처럼 보인다. 겉만 보면 그렇다. 본질적으로는 어떤가? 디즈니랜드에서 불과 5분 거리에 위치하였고, 스스로 관광지로 자처하는 교회, 20세기의 유명한 건축가인 필립 존스의 걸작물이며 구경거리가 많은 교회, 그래서 한국의 많은 목사들이 마치 성지순례 코스처럼 수정교회를 방문했다. 유명해졌으니 성공한 것처럼 보인다.

그런데 한 세대를 지탱하지 못하고 부도위기에 처하고 말았다. 처음 부도 소식이 외부에 알려졌을 때에는 로버트 슐러 목사는 은퇴하고 그분의 장녀가 담임목사를 하고 있었다. 당시 교회 측은 최근 현금 흐름이 많이 좋아졌다 곧 부도상황을 타개할 것이라고 긍정적으로 발표하였다. 하지만 결국 2012년 3월에 들어서면서 로버트 슐러 가족은 교회로부터 축출 당했다. 로버트 슐러 목사를 계승하여 담임목사가 된 큰 딸은 불과 100명 남짓의 추종자들을 데리고 다른 교회를 개척하여 나가게 되었다. 그런데 로버트 슐러 목사 가족이 수정교회를 떠난 지 두 주 만에 예배출석자 수와 헌금액이 두 배로 늘었다. 긍정적 사고방식을 주장한 이들이 떠나자 교회가 긍정적으로 바뀌었다니 정말 역설적이지 않은가? 이제 교회가 전통적인 예배와 교회의 본질을 회복할 수 있게 되었다는 희망으로 가득 찼다고 남은 교인들이 말한다. 아이러니가 아닌가? 그렇다. 본질을 대체할 수 있는 것은 아무것도 없다. 어떤 철학과 정신도 복음 그 자체, 성경의 가르침 그 자체를 대신할 수 없다. 본질을 잃으면 모든 것을 잃는다.

2. 본질을 잃으면 모든 것을 잃는다

나는 정말 로버트 슐러 목사에게 하고 싶은 말이 있다. 그때 그 교회를 지을 때 단지 적극적 사고방식만이 아니라 이것이 과연 하나님의 온전한 뜻이었는지를 더불어 생각해 보았어야 하지 않았냐고 묻고 싶다. 불과 한 세대 만에 이런 결과를 낳는다는 것은 결코 바람직하지 않다. 물론 로버트 슐러 목사가 이룩한 공을 깎아내려서는 안 된다. 로버트 슐러 목사는 비참한 실패자이며 내가 더 훌륭하다고 생각해서 그런 말을 하고 싶은 것도 아니다. 나는 그런 교회를 짓지 못했다. 로버트 슐러 목사는 커다란 사역을 많이 하였다. 그런 점에 서는 그런 생각을 한다는 것조차 민망하다. 다만 우리 자신과 우리 의 사역을 관통하는 문화, 분위기의 본질, 그 정체성을 정확하게 통찰하는 안목의 필요성을 지적하고자 할 따름이다.

3. 본질을 보는 안목을 가져라

우리는 사역의 크기와 질을 떠나, 본질을 통찰하는 안목을 가져야 한다. 잘하고 올바른 말을 하면 가장 좋겠지만 잘하지는 못해도 말 은 바로 하자는 정신에서 로버트 슐러 목사와 수정교회를 거론하였 다. 이 정신은 가르치는 직분을 가진 자의 자세라고 생각하기 때문 이다. 그러니 내가 로버트 슐러 목사의 허물을 들춘다고 비판하기 보다는 옳은 말을 한다고 보아주면 좋겠다. 다만 나의 생각이 그렇 다는 것만을 이해해주면 좋겠다. 정말 궁금한 것은 로버트 슐러 목 사가 이 시점에서 적극적 사고방식과 수정교회 건축에 대한 과거의 철학을 어떻게 생각하느냐는 점이다.

하나님 아버지와 주 예수 그리스도께서 성취하신 구속사역과 교 회는 영원에서 시작하였고 영원히 계속될 속성을 가지고 있다. 우리 가 받은 소명은 그 영원한 사역에의 동참이며, 우리가 세운 교회와 그 교회의 영광도 영원해야 마땅하다. 결코 우리의 은퇴가 목표가 아니며 자식이나 손주에게 물려주었다고 되는 일이 아니다. 불과 한 세대를 겨우 버티고 흔들리는 사상과 업적은 교회에 걸맞지 않으며,

하나님의 영광에 어울리지 않는다. 우리의 사역은 여러 세대를 지난 뒤에도, 우리의 이름이 잊혀진 뒤에라도, 우리가 남긴 것을 보고 참 잘했다는 평가를 할 수 있을 정도로 잘하자는 의미이다. 교인들이 자기 목사를 가리켜, 참 좋은 목사, 목회 잘하는 목사로 평가한다면 좋은 것이다. 나아가서 목회의 소명을 다 마친 뒤에 바울처럼 말할 수 있어야 한다.

나는 선한 싸움을 싸우고 나의 달려갈 길을 마치고 믿음을 지켰으니 이제 후로는 나를 위하여 의의 면류관이 예비되었으므로 주 곧 의로우신 재판 장이 그 날에 내게 주실 것이며 내게만 아니라 주의 나타나심을 사모하는 모든 자에게도니라 _딤후 4:7-8

바울은 자기에게 맡겨진 경주를 성공적으로 마친 승자의 기쁨으로 말하고 있다. 세상의 종말은 바울에게 있어서는 시상대에 올라 면류관을 받는 날이다. 정의로운 심판자를 설레는 마음으로 기다리는 우승자의 기쁨, 우리 모두는 이런 승자가 되어야 한다. 그러므로 경기를 준비할 때나, 경기를 진행하고 있을 때나, 경기의 마지막 순간까지 우리는 본질을 놓쳐서는 안 된다. 무조건 힘껏 달리기만 해서는 안 된다. 끝까지 완벽하려고 최선을 다해야 한다. 우리가 그러한 자세를 지레 포기하고, 중간에 잠깐 앞섰다고 느슨해지는 것은, 본질적인 것을 버리고 비본질적인 것에 한눈을 파는 것은 주 예수 그리스도를 실패자로 만들기로 작정하는 셈이다.

예수 그리스도께서는 어떤 성공을 하셨는가? 예수님은 젊은 나이에 변변한 집도 없이 모아놓은 재산도 없이 장가조차 가지 못하고 죽임을 당하셨다. 나쁜 짓을 하지도 않았는데 조롱과 멸시를 당한 채 십자가에 못 박혀 죽으셨다. 과연 예수 그리스도의 생애는 성공한 사람의 삶이라고 할 수 있는가? 오히려 예수님을 십자가에 못 박은 자들이 성공한 것처럼 보였다. 그들은 여전히 권세를 누렸다. 총독 빌라도가 성공한 것처럼 보였다. 헤롯은 성공한 자의 윤택함을 계속 누렸다. 그러나 본질을 들여다보자. 누가 진정 성공한 자인가? 누가 영원한 영광을 가슴 벅찬 즐거움으로 기대할 수 있는가?

적극적 사고방식에 입각한다면, 큰 교회가 성공한 교회이다. 풍족함과 위세를 누리는 교회가 성공한 교회이다. 그러나 하나님의 관점에서는 큰 것, 풍족한 것, 그리고 위세는 오히려 암일 수 있다. 잘못된 것을 하나님의 이름으로 추구하고, 외적인 것을 본질적인 것에 앞세워 자랑하는데 열중한다면 암에 걸린 것이라고 할 수 있다. 그런 점에서 한국 교회는 암에 걸렸다. 미국 교회가 암에 걸렸다. 건강성이 사라지면 종양이 자라 온 몸에 퍼진다.

마태복음 7:22-23

그 날에 많은 사람이 나더러 이르되 주여 주여 우리가 주의 이름으로 선지자 노릇 하며 주의 이름으로 귀신을 쫓아내며 주의 이름으로 많은 권능을 행하지 아니 하였나이까 하리니 그 때에 내가 그들에게 밝히 말하되 내가 너희를 도무지 알지 못하니 불법을 행하는 자들아 내게서 떠나가라 하리라 주님은 우리가 아무리 귀신을 쫓아내고 주의 이름으로 많은 권능을 행한다 하더라도 그것 때문에 우리를 알아주지는 않겠다고 선언하신다. 주의 이름으로 이적을 행하고 권능을 행한 자들을 불법을 행하는 자들이라고 선언할 수도 있다는 의미이다. 놀랍게도, 예수님의 이름으로 이적을 일으키는 업적들이 불법일 수 있다. 피조물이 생성한 가치, 피조물이 만들어낸 문화는 하나님의 말씀을 이기지 못한다. 소돔과 고모라의 멸망이 그 진리를 실증하였다. 하나님의 말씀이 밑바탕이 되고 하나님의 말씀을 성취하는 삶을 살고, 그러한 문화를 형성해야 한다. 성경에 바탕을 둔 참된 문화를 지향하고, 세상문화를 변혁해 나가는 것이 오늘날 목사와 교회의 사명이다.

세상에서는 사람들이 하는 일과 직업이 문화를 형성한다. 그리고 개인은 그러한 문화 속에서 그 문화에 적응한다. 사람들은 노가다를 하면 노가다 꾼처럼 산다. 군복을 입으면 군바리가 된다. 그리고 그렇게 행동한다. 택시운전을 하면 택시운전사처럼 된다. 그런데 목사도 그런 일을 할 때 그 문화에 적응하여 일반 사람들과 비슷하게 된다. 다른 사람도 아닌 목사는 어떤 일을 해도, 택시운전을 하든 트럭운전을 하든 노가다를 하든 목사여야 한다. 목사의 품격과 행동거지가 나타나야 한다. 그런데 우리는 목사나 교인들이 세상 문화를 변혁시킬 충분한 영향력을 발휘하지 못하고 오히려 세상 문화에 속절없이 젖어들 만큼 허약하다는 사실을 놓친다. 이 현실을 직시해야 한다. 그런데 그런 것은 내다보지도 못하고 그저 교인이 많고 교회당 잘 지어놓고 시설 좋은 것만 부러워하고 있는 경우가 많다. 무슨 수를 사용하든 부흥하려고만 할 줄 알았지 한 영혼이 어떻게 구원받는지 어떤 문화를 따라가는지도 모르는 채 세상적인 시각만 가지고 살아온 세월의 허구를 드러내고 있다. 그럼에도 허구가 드러난 그 발자취를 자꾸만 따라가려고 한다. 이제는 주님의 뜻대로 말씀을 보고, 주님의 뜻에 부합하는 교회를 세우고, 주님의 뜻이 온전히 담긴 문화를 세우는 데까지 통찰력이 미치게 해달라고 기도하고 사역해야 한다.

X.

덧없는 것을
붙잡지 말라

살아 있는 교회는

하나님의 뜻이며 예수 그리스도의 삶과 죽음과 부활의 목적이다. 목
사와 성도는 자신들이 포함된 회중을 진정한 하나님의 교회로 세우
고 그 살아 있는 능력을 드러내기 위해 부르심을 받았다. 마태복음
16장 16절은 예수 그리스도의 교회를 음부의 권세가 이기지 못한다
고 선언한다. 이 말씀을 뒤집어보면 음부의 권세는 교회에 도전한다
는 의미가 된다. 그러므로 세상에 건축된 모든 교회가 아니라 음부
의 권세가 이기지 못하는 교회가 진짜 교회라는 뜻이다. 진정한 교
회는 영원히 든든히 서 있을 것이다. 그렇다면 당연하게도, 목사의
사명은 교회를 개척하고 세우되 영원히 흔들리지 않도록 세우도록
하는 것이다. 물론 본질적으로는 교회를 붙잡고 든든히 하는 것은

주님의 사역이지만 목사도 주님의 일에 동참하도록 명령을 받았다. 그러므로 목사, 그리고 성도들은 그러한 교회를 세우고 있는가를 항상 물어야 한다.

1. 덧없는 것 : 적극적 사고방식

적극적 사고방식은 70~80년대 한국교회의 무섭도록 빠른 성장을 이끈 원리였다. 아직도 교회개척과 성장의 중심원리의 자리를 차지하고 있다. 하지만 어느 틈엔가 적극적 사고방식이라는 중심축이 무너지고 있고 그 후유증을 심각하게 앓고 있다. 적극적 사고방식은 미국적 실용주의의 종교적 변형판이다. 노만 빈센트 필은 45권의 저서를 남겼는데 그의 출세작이 42개 언어로 번역되어 2천 2백만 부 이상 팔린 『적극적 사고방식』(The Power of Positive Thinking)이다. 필이 이 책에서 제시한 원리로 목회한 유명한 사람이 로버트 슐러 목사이고 그 결과물이 수정교회Crystal Cathedral이다. 그런데 얼마 전에 이 교회가 부도에 직면하여 파산보호 신청을 하였다고 한다. 정말 궁금해 하지 않을 수 없다. 적극적 사고방식을 통해 세워진 세계적인 교회 즉, "할 수 있다, 하면 된다" 정신을 상징하는 대표적인 교회는 왜 적자에 시달리고 빚이 쌓이는 것을 피하지 못하였던 것일까? 적극적 사고방식은 왜 이런 상황에 빠지는 것을 막지 못하였던 것일까? 적극적 사고방식은 성경의 일면의 진실로부터 파생된 것이지 성경이 아니기 때문이다. 거칠게 말하자면, 적극적 사고방식은 성경에 근거하여 사람들이 개발한 사상이지 성경은 아니다. 그래서 적극적 사고방식이 아무리 탁월해도 일시적인 것이지 결코 완전하지도 영원하지도 않다. 잘 먹힐 때도 있고 안 먹힐 때도 있다. 이 점을 놓치면 안 된다.

적극적 사고방식은 어느 시점에서는 하나님과 교회를 섬기고 발전시키는 매우 유용한 도구였다. 아주 유용하다보니 성경에서 파생한 사상이라는 것을 자꾸 잊어버리고 성경 자체와 동일시하는 오류를 범하는 일이 발생한다. 적극적인 사고방식이 성경의 가르침을 발전시킨 것은 사실이다. 할 수 있다, 하면 된다, 믿는 자에게는 능치 못함이 없다는 말은 분명 성경의 가르침이다. 그러나 그 교훈을 가장 적절하고 온당하게 적용해야 하는 경우와, 꺼내들어서는 안 되는 경우를 잘 구분해야 한다.

무너져 가는 것이 하나 또 있다. "한 번만 와 봐라Come and See"라는 구호를 내건 총동원주일이 그것이다. 총동원주일은 한 때 전국적으로 히트를 쳤다. 총동원주일의 사상적 출발점인 구호도 성경말씀이다. 이 구호와 프로그램은 대 히트를 쳤다. 총동원주일 행사를 안 해본 교회가 없을 것이다. "한 번만 와 봐라"라는 정신은 일단 사람들을 교회에 오도록 만들고, 교회를 방문한 사람들에게 무엇인가를 주고 경험하게 하고, 복음을 전하자는 취지였다. 이 행사에서 사람을 교회에 오게 하는 방법은 무엇이 되었든 상관이 없었다. 그렇게 해서 다 교회로 불러들였다. 행사는 성공리에 마쳤다. 1,000명이 모이던 교회에 30,000명이 왔다고도 했다. 30,000명이 모이던 교회는

50,000명이 모였다. 사람을 끌어모을 수 있다는 소문이 나자 너도 나도 행사를 벌였다. 총동원주일 행사의 취지는 이웃집 큰 잔치에 부담 없이 들려서 축하해주고 밥을 함께 먹으면서 사귀는 문화를 이용한 것이다. 평상시에는 교회를 어렵게 생각하는 불신자들이 가벼운 마음으로 친구 부탁을 들어주고 선물도 받는 교회잔치에 올 수 있게 만든 문화행사였다. 교회 문턱을 밟게 만들고 복음증거의 기회를 만들었으니 설령 초청받아 교회에 온 불신자가 당장은 예수를 믿지 않더라도 복음은 듣고 갔으니 최소한 절반의 성공은 거둔 것이라고 생각했다.

그런데 시간이 흘러가면서 총동원주일 행사는 행사를 위한 행사가 되고, 체면치레로 대충하다보니 불신자들을 교회로 데려오지 않고 다른 교회 신자들을 데려오게 되었다. 목사님들이 점차 오로지 목표 달성에만 매달리자 성도들도 편하게 신자와 불신자들을 구분하지 않고 교회에 데려왔다. 행사 품앗이를 하게 된 셈이다. 저쪽 교회 장로가 이쪽 교회 행사에 참석해서 장로 체면 세워주고 담임목사의 목표를 달성해주었으니 나중에, 저쪽 교회 행사에도 참석해주었다. 행사 품앗이, 얼마나 손쉽고 간편한 해결책인가? 어느 교회 행사든 교인들로 교회가 꽉 찼다. 겉으로 보면 교회들이 치르는 행사마다 성공했지만 교계 전체적으로는 성장이 없었다. 돌려막기인 셈이다. 거기에 부작용도 생겼다. 교인들이 행사 품앗이로 여기저기 교회를 방문하다보니 교회들과 목사들을 비교하는 눈이 생기게 되었다. 그래서 갈등도 불만도 생기기 시작했다. 한두 명이 아니라 많은 교인들이 교회에 대한 비교의식을 갖고 공감대를 형성하여 떼로 몰려다니기 시작했다.

진짜 부작용은 교인들이 교회와 목사의 진정한 내면을 비교하는 눈은 없이 행사와 프로그램, 교회의 외형을 보고 비교하는 것에서 생겨났다. 내면적인 것, 질적인 것은 보는 눈이 생기지 않으면 아무리 많이 보려고 해도 보이지 않는다. 눈이 열리는 은혜를 받지 못하면 성경을 아무리 보아도 말씀이 은혜의 말씀으로 들어오지 않는다. 얕은 귀로는 오히려 깊은 말씀, 목사의 깊은 진정을 알아듣지 못한다. 그런 실정에서, 자기 교회 목사가 성경을 따라 죄와 회개를 설교하면 그 목사를 부정적 사고방식을 가졌다고 하면서 쓸모없는 물건 취급한다. 결국, 좋은 목사가 자리를 잡지 못하는 문화가 만들어졌다. 게다가 어떤 교회가 급속히 성장하면 그 성장한 만큼 그 주변에 있던 작은 교회들, 단지 외적으로만 작아보이던 교회들이 타격을 받고 약화된다. 목회를 뒷받침하던 중진 신자들이 떠나고 흔들려서 약화된 교회는 어지간해서는 회복되기 어려운 지경에 처한다. 그 모습을 보고 원인과 결과를 뒤집어 판단해서는 은혜가 없다고 여기면서 다른 교회로 옮기는 것을 정당하게 여기는 성향이 더욱 커진다. 이렇게 해서 작은 교회가 사라져버리게 된 것이다. 결과적으로, 작은 교회는 살아남기가 어려운 환경이 되고 말았다. 이제는 이 현상이 심화되어 막을 수 없는 시대적 대세가 되고 말았다.

큰 나무에서는 새로운 가지가 뻗어 나오고 그 끝에서 새순이 돋아나오는 것은 생명력이 있기에 나타나는 자연현상이다. 큰 나무가 자라는 그늘 아래에서는 음지식물이 자라고 그 곁의 공터에서는 양지식물이 뿌리를 내린다. 이렇듯 다양한 식물이 골고루 자라는 것이 자연의 이치인데 한국교회에서는 새로운 생명이 움트지 못하고 공존하지 못하는 환경이 되고 말았다. 큰 나무 한 가지만 자라는 숲은 없다. 큰 나무만 존재하는 숲은 장래가 없을 것이 뻔하다. 큰 교회만 교회로 인정받고, 큰 교회를 다녀야만 신앙생활을 하는 것처럼 여기는 분위기는 새싹을 질식시키고, 다양성과 상호공존을 불가능하게 만드는 잘못된 분위기이다.

쉽고 편한 길, 유행과 대세에 편승하는 길은 결국 부작용을 일으키고 악화시켜 모두를 원치 않는 방향으로 끌고 간다. 성경적 원리를 고수하고, 성경의 깊은 의미를 살리는 정신의 가치가 결국 자신과 모두를 살린다는 것을 깨달아야 한다. 적극적인 사고방식, 프로그램은 아무리 성경을 바탕으로 했다고 해도 결코 성경이 아니다. 일시적인 도구에 불과하다. 일시적인 것이다. 덧없는 것에 다름 아니다.

적극적 사고방식은 인간을 지나치게 절대화하는 낙관주의적 관념이다. 실제로 필요한 일을 전혀 하지 않고, 단지 될 수 있다는 생각 하나만으로 목적을 달성할 수 있다고 여기는 자기중심적 최면일 수 있다. 만일 예수님께서 십자가를 앞에 놓고 나는 할 수 있다는 적극적 사고방식을 가졌다면 겟세마네 동산에서 기도하셨겠는가? 실제로 십자가를 짊어지고 십자가에 못 박혀 죽지 않아도 인류를 구원할 수 있다고 적극적 사고방식을 믿고 따랐다면, 예수님은 아직 십자가를 지시지 않았을 것이다. 어떤 공동체를 구성하는 모든 사람이 적극적 사고방식을 가지는 것은 재앙이다. 그 공동체 구성원들이 아무 조치도 취하지 않으면서 우리 공동체는 성공할 것이라는 긍정적 사고만 하고 있기에 결국 아무것도 이룩하지 못할 것이기 때문이다. 단지 적극적 사고방식만 가진 사람에게 어떤 일이 성취되는 것은 누군가가 그 일을 대신해준 사람이 있기 때문이다.

2. 도전해야 성취한다

할 수 있다, 하면 된다는 사고방식은 할 수 있는 능력을 가진 능력자가 실제로 그 일에 도전할 때 성취된다. 어려움을 감내하지 않고 적극적인 사고방식으로 바꾸어 놓으니 교회가 외적인 성장은 하더라도 십자가 정신은 실종되기 십상이다. 이런 교회성장은 결코 부흥이 아니다. 본질적인 것을 버리고 일시적이며 덧없는 것을 붙잡았기 때문이다. 그런데도 부흥이라고 여기고, 우리 교인들은 진짜 잘했다고 여기는 왜곡에서 파생되는 후유증을 지금 우리 세대가 겪고 있다.

교회의 규모도 척도의 하나가 될 수 있다. 하지만 그 교회가 올바른가, 성경의 전체적 가르침에 일치하고 있는가가 훨씬 본질적인 척도이다. 그럼에도 대다수의 사람들은 자기 마음에 들면 족한 것으로 여기고 자기만 복 받으면 되고 만사형통하면 된다는 생각에 빠져 있다. 옳으냐 그르냐를 따지면 대개는 부딪힌다. 맞냐 틀리냐를 따지면 틀린 것은 변명의 여지없이 틀린 것이다. 틀린 것이 있을 때는 그

틀린 것을 없애지 않으면 안 된다. 틀린 그것을 바로 잡지 않으면 다 죽는다는 결말을 피하지 못한다. 이 현실에 직면하기 싫으니 진짜냐 가짜냐, 옳은가 그른가를 버리고 크냐 작냐만 따진다. 이 후유증은 보통 심각한 것이 아니다. 진리인가 거짓인가를 따지지 않는 분위기가 만연하였다. 이러면 진리는 거짓에 밀려나고 만다. 거짓이 왕 노릇을 하고 거짓이 진리처럼 행세하기 때문이다.

목사라면 이 원리를 깨달아야 한다. 원리를 깨우치면 단지 응용력만 늘지 않는다. 본질을 보게 되고 항구적인 것 즉, 영원한 것을 알아볼 수 있게 된다. 적극적 사고방식이 미국식 인본주의에 물들어 있는 만큼 경우에 따라 매우 효과적일지라도 결국 일시적이며 따라서 덧없는 사고방식이다. 적극적 사고방식을 활용하여 얻는 성과가 아무리 커도 그 성과 자체도 일시적이다. 덧없는 것이다. 하나님의 원리가 그렇다. 오직 영원한 하나님의 말씀에 따라, 하나님의 능력으로, 하나님께 속한 것을 해야 영원한 결실이다.

크면 큰 대로 성공한 것이고 작으면 작은 대로 성공한 것이다. 그런데도 우리는 자꾸만 크면 성공한 것이고 작으면 실패한 것으로 착각한다. 유명해지면 성공하고 무명해지면 실패한 것이라고 오해한다. 권세를 휘어잡고 많은 사람들이 떠받들면 성공한 것이고 많은 사람들이 무시하면 실패한 것으로 여긴다. 이런 사고방식은 부질없다. 덧없는 결과를 만들어낼 뿐입니다. 이것은 세상적 사고방식이 교회와 교회문화 속으로 스며들어온 것이다. 우리 몸은 교회 목양실에 앉아있으면서도 정신 줄 놓고 속된 문화에 젖어버린 것일 수 있다.

마태복음 25:14-30

또 어떤 사람이 타국에 갈 때 그 종들을 불러 자기 소유를 맡김과 같으니 각각 그 재능대로 한 사람에게는 금 다섯 달란트를, 한 사람에게는 두 달란트를, 한 사람에게는 한 달란트를 주고 떠났더니 다섯 달란트 받은 자는 바로가서 그것으로 장사하여 또 다섯 달란트를 남기고 두 달란트를 받은 자도 그같이 하여 또 두 달란트를 남겼으되 한 달란트 받은 자는 가서 땅을 파고 그주인의 돈을 감추어 두었더니 오랜 후에 그 종들의 주인이 돌아와 그들과 결산할새 다섯 달란트 받았던 자는 다섯 달란트를 더 가지고 와서 이르되 주인이여 내게 다섯 달란트를 주셨는데 보소서 내가 또 다섯 달란트를 남겼나이다 그 주인이 이르되 잘 하였도다 착하고 충성된 종아 네가 적은 일에 충성하였으매 내가 많은 것을 네게 맡기리니 네 주인의 즐거움에 참여할지어다 하고 두 달란트 받았던 자도 와서 이르되 주인이여 내게 두 달란트를 주셨는데보소서 내가 또 두 달란트를 남겼나이다 그 주인이 이르되 잘 하였도다 착하고 충성된 종아 네가 적은 일에 충성하였으매 내가 많은 것을 네게 맡기리니 네 주인의 즐거움에 참여할지어다 하고 한 달란트 받았던 자는 와서 이르되주여 당신은 굳은 사람이라 심지 않은 데서 거두고 헤치지 않은 데서 모으는 줄을 내가 알았으므로 두려워하여 나가서 당신의 달란트를 땅에 감추어 두었었나이다 보소서 당신의 것을 가지셨나이다 그 주인이 대답하여 이르되악하고 게으른 종아 나는 심지 않은 데서 거두고 헤치지 않은 데서 모으는 줄로 네가 알았느냐 그러면 네가 마땅히 내 돈을 취리하는 자들에게나 맡겼다가 내가 돌아와서 내 원금과 이자를 받게 하였을 것이니라 그에게서 그 한 달란트를 빼앗아 열 달란트 가진 자에게 주라 무릇 있는 자는 받아 풍족하게 되고 없는 자는 그 있는 것까지 빼앗기리라 이 무익한 종을 바깥 어두운 데로내쫓으라 거기서 슬피 울며 이를 갈리라 하니라 성경본문이 내가 한 말인지 주님께서 하신 말씀인지 도대체 분간이 안 갈 정도로 읽고 써야 한다. 반복해서 읽고 쓰다보면 내용은 자동적으로 파악하고 주제와 논지도 감이 잡힌다. 그래도 목사는 설교를 마칠 때까지 긴장의 끈을 놓으면 안 된다. 자신이 올바르고 정확하게 파악하였는지, 더 깊게 이해할 것이 없는지를 계속 따져봐야 한다. 아마 목회자라면 이 본문을 수없이 다뤄봤을 테지만 그래도 다음과 같이 두 개의 질문을 하겠다.

(1) 달란트 비유 전체를 올바르게 해석하기 위한 핵심 어귀는 무엇인가?
(2) 이 비유에 등장하는 "주인"은 종에게 무엇을 원하였는가?

이 두 질문에 나름대로 답한 뒤에 각 부분의 의미를 풀어서 설명해야 한다. 그래야 이 비유를 말씀하신 주님의 취지에서 벗어나지 않는 설교를 할 수 있을 것이다. 물론 내가 제시하는 의견 하나만 옳은 것이 아니다. 목사마다 독특한 관점을 가질 수 있다. 첫 번째 질문의 답은 "그 재능대로"라는 말과 "즐거움"이라는 말이다. 그리고 여기에 두 번째 질문의 답이 들어 있다. 주인은 종들에게 그 종들 본연의 능력대로, 감당할 만큼만 기대하면서 적절한 책임량을 주었다. 주인은 종들에게 어떻게 하라고, 얼마만큼을 벌어놓으라고 요구하지 않았다. 종들은 자기 적성과 능력대로 일하면 된다. 죽도록 일하는 것이 아니라 주인의 기대를 충족시키고 주의 즐거움에 함께 즐거워하기를 기대하면서 즐겁게 일하면 되었다. 징벌을 받은 종은 자신의 재능에 대한 주인의 판단을 신뢰하지도 않았고 자신의 재능을 고려하지도 않았다. 그것이 징벌을 받은 종의 행위이다.

다섯 달란트를 받은 사람은 다섯 달란트를 남겨서 즐겁고 행복하였다. 두 달란트를 받은 사람은 두 달란트를 남겨서 즐겁고 행복하였다. 주인은 다섯 달란트를 맡아 다섯 달란트를 남긴 종이나 두 달란트를 맡아 두 달란트를 남긴 종이나 차별 없이 칭찬하고 똑같이 장차 많은 것을 맡기겠다고 약속한다. 한 달란트를 맡은 종의 태도 속에는 원망이 있다. 그리고 주인에 대한 오해와 착각도 있다. 그 종이 한 달란트를 맡은 것은 주인의 뜻이다. 그 한 달란트를 가지고 적게 남겼더라도 다른 종들 못지않게 행복하였을 것이다. 한 달란트를 맡은 것 때문이 아니라 그 한 달란트를 받아들고 잘못 생각하였기에 불행한 종이 되고 말았다.

각자에게 주어진 환경이 13평이든, 15평이든, 31평이든, 200평이든 그 안에서 각자가 영위하는 삶과 사역이 행복하면 된다. 그 안에서 하나님께서 여러분에게 주신 재능을 꽃피우며 주님께서 기대하신 것을 남겨드리면 장래에도 영원토록 행복할 수 있다. 달란트 비유에 등장하는 종들을 다시 생각해 보라. 다섯 달란트이든 두 달란트이든 한 달란트이든 다 누구 소유였는가? 다섯 달란트 받아든 사람이 한 달란트 받아든 사람을 우습게 본들, 한 달란트 받아든 종이 다섯 달란트 받아든 종을 부러워한들 무슨 소용인가? 다 주인의 것인데 달란트의 개수를 가지고 서로를 비교하면 무조건 불행해진다.

자신이 놓인 환경, 교인들이 사준 승용차의 배기량, 교인들이 주는 목사 생활비와 활동비를 가지고 서로 비교한들 그것이 목사의 본질적 행복일까? 일시적이고 덧없는 것들을 비교하면 본질적 행복이 찾아올까? 절대로 아니다. 비교의식은 모두를 불행하게 만든다. 본질적인 것을 가지고도 비교하면 불행해지기 십상이고, 신앙생활과 목회사역 그리고 교회를 세속화시켜버릴 위험이 크다.

오늘날 한국교회는 세계가 놀랄 정도로 크고 많은 대형교회를 세우고도 비판을 많이 받는다. 그 가장 중요한 이유는 대형교회가 덧없는 것들을 붙잡고 있기 때문이다. 하나님을 위한다는 순수한 믿음과 열정은 있지만 세속적인 것들을 중시하고 의지하는 경향이 크다. 그런데 이런 것들을 놓고 옳다 그르다 논쟁을 하니 갈등만 깊어진다. 작은 교회들도 시기에 찬 눈으로 보기도 하고 의심에 찬 눈으로 보기도 하기 때문에 서로 하나가 되기 어렵고 오히려 서로 죽일 듯이 대하는 현실이 되었다. 해결책은 서로 덧없는 것을 버리고 믿음과 교회의 본질을 회복하는 것뿐이다.

덧없는 것, 속된 것을 바라보고 의존할 때 거기에서 불의가 뿌리를 내고 자라서 열매를 맺는다. 악은 잡초와 같다. 아무리 잘라내도 소용이 없다. 뿌리 채 뽑아서 말려 죽여야 한다. 하나님의 백성들은 자기 마음과 생각과 행동이 본질적인 것을 붙잡는 것인 동시에 덧없는 것을 뿌리 뽑는 것이어야 한다. 특히, 목사라면 자신의 정신, 마음, 생각 저 밑바닥까지 더듬어서 뿌리를 뽑아내는 노력을 게을리 하면 안 된다. 아예 자리를 잡지 못하도록 해야 한다. 요한계시록 12장 7절에서 9절에 따르면, 하늘에서 전쟁이 있었고 사탄과 그 추종세력이 패하여 하늘에서 쫓겨났다.

> 하늘에 전쟁이 있으니 미가엘과 그의 사자들이 용과 더불어 싸울새 용과 그의 사자들도 싸우나 이기지 못하여 다시 하늘에서 그들이 있을 곳을 얻지 못한지라 큰 용이 내쫓기니 옛 뱀 곧 마귀라고도 하고 사탄이라고도 하며 온 천하를 꾀는 자라 그가 땅으로 내쫓기니 그의 사자들도 그와 함께 내쫓기니라 _계 12:7-9

당신은 이 말씀에서 무엇을 설교하는가? 모든 악의 근원은 사탄이다. 그렇다. 모든 악에는 사탄이 숨어 있다. 맞다. 그러나 잡초 혹은 독초가 생명을 유지하고 악한 결실을 맺는 것은 땅에 뿌리를 내렸기 때문이다. 자기 땅이 아니어도 뿌리를 내리면 생명을 유지하고 자라고 결실을 맺는다. 우리가 오직 선만을 보고 누리기를 원한다면 우리가 거하는 이 땅에서 사탄을 쫓아내야 한다. 뿌리를 뽑아버려야 한다. 단 한 순간도 뿌리를 내리지 못하도록 해야 한다. 그러나 성도가 영원한 것이 아니라 덧없는 것을 따라 살 때, 덧없는 것을 붙잡을 때, 사탄은 그것을 통해 뿌리를 뻗어 내린다. 무엇을 하든 성도들은 선한 것, 영원한 것, 하나님께 속한 것을 쫓고 붙잡아야 한다. 목사는 성도들을 그렇게 하도록 인도하는 직분을 맡은 사람이다.

여의도 순복음교회 조용기 목사를 모르는 목사는 없다. 조용기 목사가 세운 교회의 규모에 대해서도 잘 알 것이다. 그러나 당신이 만일 그 교회의 건물과 규모와 재정능력 등에 마음을 둔다면 당신의 가슴에서는 부럽다는 생각이나 시기심만 나올 것이다. 그것은 다 주변적이며 비본질적인 것 즉, 덧없는 것인데도 말이다. 당신이 초점을 두어야 할 것은 그 분이 이단 시비를 그토록 받았는데도 기죽지 않고 치열하게 사역하였다는 바로 그 점이다. 당신은 그런 어려움을 겪어보았는가? 당신은 이단 시비를 겪을 이유가 없다고 당당한가? 그렇다면 조용기 목사보다 훨씬 더 탁월하게 사역하고 더 놀라운 결과를 내놓아야 한다. 길거리에서 몰몬교 선교사들을 본 적이 있을 것이다. 몰몬교단에서는 그 선교사들에게 지원을 해주지 않는다. 젊은 선교사들은 자기가 선교할 나라를 미리 정한 뒤에 그 나라의 언어를 배우면서 준비를 한다. 2년 동안 선교지에서 머물 때 필요한 비용도 자신이 직접 마련한다. 몰몬교의 젊은이들은 그렇게 2년을 타국에서 선교한 뒤에 본국으로 돌아가서 자기 진로를 간다. 한국의 젊은이들, 신학생들, 목사들이 주님과 교회를 섬기는 열정이 몰몬교라는 대표적인 이단만도 못한 것이 사실이다.

그렇다면, 어떤 점에서 이단만도 못한지를 따져봐야 한다. 어떤 점에서 부족한 것이 진짜 문제가 될까? 비본질적인 면에서 우리가 이단보다 아무리 뛰어나도 소용이 없다. 우리가 본질적인 면에서조차 이단보다 아무리 뛰어나도 우리가 비본질적인 것, 덧없는 것을 붙잡고 매달리고 있다면 본질적인 것에 속하는 열매를 맺기 힘들다. 헛수고로 끝날 뿐이다. 내가 너무 단편적으로만 이야기한다고 생각하실 수 있겠지만 우리의 정신력이 이단에 비해 너무 떨어지는 것 같아서 하는 말이다. 이단 선교사들은 누가 도와주지도 않는다. 그런데도 악착같이 노력해서 해낸다. 이단은 도움이 없어도 해내는데 우리는 도움을 줘도 못한다. 귀신의 끝 발을 가지고도, 미혹의 영인 마귀의 끝 발 가지고도 저렇게 열심히 해내는데 성령의 끝 발을 가진 우리들이 해내지 못한다면 도대체 말이 되는가?

왜 이런 어처구니없는 현상이 나올까? 이단이 잘했기 때문에 우리가 못하는 것이 아니다. 이단이 열심히, 잘할 때 우리도 잘해야 한다. 그러면 우리도 좋은 결과를 맺는다. 덧없는 것이 아니라 본질적인 것을 붙잡고 이단보다 더 지독하고 철저하게 할 때 우리는 이단을 이길 수 있다. 그런데 우리가 본질적인 것을 버리고 덧없는 것을 붙잡고 열심을 내거나 생기 없고 무기력한 모습을 보이니 세상 사람들은 이단을 정통처럼 대하고 참 종교를 거짓 종교처럼 취급한다.

주님께서도 뱀같이 지혜롭고 비둘기 같이 순결하라고 말씀하셨다 (마 10:16). 하나님의 자녀들과 목사들은 지혜롭고 순결해야 한다. 이것은 주님의 명령이다. 순결해야 하나님의 영원한 나라와 그 영광에 들어갈 수 있다. 지혜로워야 그 순결을 지킬 수 있다. 잘못된 길로 빠지지 않을 수 있다. 한 달란트 맡은 무익한 종처럼 되지 않을 수 있다. 어리석은 자에게 주어진 풍성한 은혜는 재앙의 씨앗이 될 수 있다. 하나님께서 재물을 풍성하게 주셨을 때 비록 그 재물은 하나님께서 주신 것이지만 어리석은 자는 욕정을 채우고 재미를 좇다가 허랑방탕에 빠져 탕진하기도 하고 사기를 당하고 패가망신 당하는 경우가 많다. 그 실패는 언제나 헛된 망상에 사로잡히고 덧없는 것을 붙잡아서 생긴다.

모세는 바로 앞에 서서 "내 백성을 보내라"라는 하나님의 명령을 전했다. 모세가 지팡이를 던져 뱀을 만들어 보이고 지팡이로 나일 강물을 피로 만들어 하나님의 능력을 보여줬다. 하지만 바로는 자신의 술사들의 말을 듣고 술사들이 보여주는 마술을 보고 모세의 말을 거부하였다. 바로는 덧없는 것을 붙잡고 마음을 단단히 먹은 것이다. 덧없는 것을 붙잡았다는 것은 영원한 것을 거부하였다는 의미에 다름 아니다. 여기에서 바로는 모세 당시의 이스라엘 장로들이 택한 길과 다른 길로 접어들었다. 어떤 변명으로도 그 선택의 필연적 결과를 피할 수 없었다. 이것을 요한계시록은 귀신도 많은 이적을 행하여 사람들의 마음을 현혹한다는 말로 표현한다(계 16:13, 14). 그렇다. 목사가 아무리 은혜를 많이 받았고 목회사역을 잘 해왔더라도 비본질적인 것, 썩어질 세상, 불구덩이 속에 던져질 것을 붙잡는다면 아무리 대단한 것을 많이 이뤘더라도 하나님 앞에서 덧없이 잊혀질 것이다. 그러므로 자신이 무엇을 붙잡고 있는지, 무엇을 좇고 있는지 항상 깨어 살펴보아야 한다.

XI.

열정에
불을 붙여라

단거리든 계주든 마라톤이든
목회를 달리기에 비교하는 것이 적절하더라도 결코 그 비유 자체로
만족해서는 안 된다. 비유 그 자체만으로는 아무 의미가 없다. 일단
100미터 달리기에 비유해보자. 그렇다면 몇 초에 주파해야 빛이 날
까? 12초에 주파를 하면 아마 동네에서 빛이 날 것이다. 10초 34라
면 그런대로 국내에서 빛이 날 것이다. 2010년 제64회 전국육상선
수권대회에서 김국영 선수가 10초 31로 깰 때까지 한국 최고 기록
이었다. 그러므로 한국 최고가 되려면 10초 30이 되어야 한다. 세계
에서 빛이 나려면 9초 5 가까이 되어야 한다. 자메이카 육상선수인
우샤인 볼트가 세운 기록이 9초 5이다. 적어도 9초대에 들어와야 세
계적인 선수들과 나란히 이름을 올릴 수 있다.

1. 영광을 위해 달려라

그러면 목회는 몇 초에 들어와야 세계적으로 빛이 날까? 비유대로 한다면 9.5초이다. 그런데 나는 안타깝게도 100미터를 달리면 15초가 나온다. 물론 14초, 13초, 12초, 11초. 심지어 10초 가까이 나오는 목사들도 있을 것이다. 지금 그런 기록을 가지고 있다면 세계적인 선수가 되기 위해서는 15초는 5.5초를 단축시켜야 한다. 14초의 기록을 가지고 있는 사람은 4.5초, 13초는 3.5초, 12초는 2.5초, 11초는 1.5초, 그리고 10초는 0.5초를 단축해야 한다. 목회를 달리기에 비유한다면 비록 비유적이나마 이러한 수치를 얻어야 한다. 이러한 수치가 나오면 각자 자기가 지금 어떤 노력을 해야 하는지 답이 나온다. 정확한 목표 수치와 그 수치를 달성할 방법이 구체적으로 파악되지 않는다면 비유 자체로는 아무 의미가 없는 말장난에 불과하다.

우리는 15초의 기록을 가지고 있는 사람은 기록을 많이 단축시켜야 하고, 10초의 기록을 가지고 있는 사람은 아주 조금만 단축시키면 된다고 생각한다. 단순하게 말하자면, 그 말이 맞다. 하지만, 본질적으로 생각해보면 그 단순한 수치는 보다 중요한 부분을 간과하고 있다. 예를 들면, 15초를 달리던 사람이 5초를 단축시키는 것과 10초를 달리던 사람이 0.5초를 줄이는 것은 단지 "5 대 0.5"가 아니다. 이것은 숫자의 차이가 아니라 차원이 다른 문제이기 때문이다. 아무것도 모르는 사람은 5초를 줄이는 것이 0.5초를 줄이는 것보다 10배나 힘든 일처럼 생각할 것이다. 그러나 사정을 아는 사람은 오히려 정반대라는 것을 안다. 아니, 15초에서 5초를 줄이는 노력의 수준과 경륜으로는 결코 10초에서 0.5초를 줄이지 못한다는 것이 진실에 가깝다.

실제로 2010년에 김국영 선수가 10.31로 한국 신기록을 수립하였다. 그때까지 한국 신기록은 10.34였다. 100미터를 10초 34에 주파한 이 기록은 서말구 선수가 1979년에 세운 기록이다. 그러니까 한국 육상선수들이 0.03초 줄이는데 31년이 걸린 셈이다. 1979년에 서말구 선수가 세운 기록에 가장 근접한 것은 1985년 장재근 선수가 아시아육상선수권대회에서 세운 10.35였다. 단순히 장재근 선수로부터, 산술적으로 계산해도 0.01초 줄이는데 10년이 걸렸다. 2010년에 한국 신기록을 달성한 김국영이 우사인 볼트만큼 뛰려면 0.81초를 줄여야 한다. 0.03초를 단축시키는데 31년이 걸린 실력으로는 810년 뒤에나 가능하다는 계산이다. 물론 기록단축은 반드시 이런 식으로 되는 것은 아니지만 국내에서 0.03초 줄이는 데 31년이 걸린 현실에 준해서 0.81초를 줄이는 일이 얼마나 어려운 일인지를 실감하는 데는 도움이 될 것이다. 기록을 줄이는 것은 이처럼 결코 단순한 일이 아니다. 도저히 상상할 수 없을 만큼 힘과 기량이 필요한 일이다. 어떤 사람은 "저 사람과 나는 0.5초밖에 차이가 나지 않아!"라고 말하기도 한다. 실제로는 15초대에서 0.5초를 줄이는 것과 10초에서 0.5초를 줄이는 것은 도무지 비슷하지도 않다. 후자의 경우라고 해서 별것도 아니라는 투로 말해서는 안 된다.

2. 지금까지 보다 더 열심히

목회를 예로 들자면, 목회를 잘한다고 평가할 수 있는 어떤 목사가 13초대를 달리고 있을 때 그 목사를 따라잡고 싶어서 뛰는 다른 목사가 15초를 뛰고 있을 수 있다. 조금 더 효과적으로 노력하면 따라잡을 수 있을 것처럼 보인다. 마치 어떤 목사의 설교를 들어보고는 "그 목사 설교 별 거 아닌데, 목회하는 것도 나보다 특별히 잘한다고 보이지 않는데? 그런데도 몇 만 명이 모이네"라고, 겨우 0.5초 정도만 따라잡으면 되는 것처럼 느껴질 때가 있을 것이다. 하지만 무조건 0.5초가 아니다. 10초에서 9.5초로 줄이는 것일 수도 있다. 이 경우라면 한국 육상의 경험에 빗대어 말하자면, 500년 걸릴 일이다. 쉽지 않은 정도가 아니라 거의 불가능한 일이다. 하룻강아지가 범 무서운 줄 모르고 철없이 떠드는 셈이다. 그런 핀잔을 받아도 왜 그렇게 말하는지 깨닫지 못한다면 노력과 성취에 대해 정말 아무것도 모르는 사람이다.

그 목사와 당신 사이의 간격은 0.5초에 불과하다. 그런데 그 사람은 0.5초를 앞서 달리는 능력으로 몇 만 명을 목회한다. 겨우 0.5초 뒤진 사람은 9만 5천 명을 목회하고 있을까? 실제로 개척목회 경험을 돌이켜 참조해보자. 개척해서 30명을 돌파하는 일이 쉬울까? 그러면 30명을 돌파하는 것의 3배 정도만 노력하면 100명을 돌파할까? 100명을 돌파하는 것의 3배의 노력이면 300명을 돌파할까? 100명을 목회하는 사람이 10배의 노력을 하면 1,000명 목회가 될까? 그와 같은 식으로 1,000명 교회가 10,000명 교회가 되는가? 100명을

1,000명으로 만드는 것이나, 1,000명을 10,000명으로 만드는 것은 똑같이 10배의 차이다. 그러면 동일하게 어려울까? 결코 그렇지 않다.

동일한 논리를 교회성장에 적용해서 생각해보자. 작은 교회가 성도 수를 늘리는 것이 아무리 어렵고 힘들어도 큰 교회가 성도 수를 늘리는 것보다는 쉽고, 큰 교회가 훨씬 더 어렵다는 결론에 도달한다. 그런데도 대부분의 사람들은 작은 교회는 성도들을 일일이 찾아서 전도를 하는데도 안 되고 큰 교회는 수월하게 저절로 성장한다고 생각하는 경향이 있다. 작은 교회에서 애써서 전도를 하고 양육해놓으면 큰 교회로 옮겨가는 바람에 맥 빠지고 힘들어서 목회 못하겠다는 목사들도 있다. 과연 교회성장에 대한 부담감이 가장 없는 목사는 누구일까? 작은 교회, 미자립 교회 목사들은 입만 열면 교회성장을 말한다. 성공적으로 부흥한 교회로부터 무엇이든 배우려는 열정은 식을 줄을 모른다. 그렇다면 과연 큰 교회 목사는 교회성장의 압박감에서 해방되었는가? 큰 교회는 교회성장에 무신경할까? 그러면 조용기 목사는 어떨까? 조용기 목사는 내가 만나본 목사들 가운데 교회성장에 관해 가장 열정적으로 반응하고, 교회성장에 관한 이야기를 그 누구보다도 열렬히 입에 올린다. 잠시라도 대화를 나누다보면 교회성장을 위한 방법론, 계획, 프로그램에 관해 궁금해 하고 적극적인 의욕을 보인다. 그리고 더 열정적으로, 더 적극적으로, 좀 더 무엇을 해보지 못하는 것을 아쉬워한다. 이제 막 개척을 시작할 젊은 목사보다 더 뜨겁다. 내가 듣다 못해서 "목사님! 누구 기죽일 일이 있습니까?"라고 말한 적도 있다. 조용기 목사는 9.6초를 달리면서도 아직도 0.1초를 더 줄이지 못한 아쉬움을 잊지 못하고, 지금이라도 그것을 넘어보려고 도전하겠다는, 한 번이라도 더 해보겠다는 의욕이 철철 넘쳐흐른다. 그런데 15초는 지금 뭘 하고 있는가?

세계 챔피언인 우사인 볼트는 지금 놀고 있을까? 우사인 볼트야말로 그 누구 못지않게 자신의 기록을 더욱 단축시키고, 자신의 신기록을 갱신하고 또 갱신하려고 무지하게 열심히, 누구보다 힘들게 노력하고 있다. 그런데 10초대를 뛰는 한국 선수가 주저앉아 있으면 될까? 프로와 아마추어는 결코 비교 대상이 아니다. 프로는 그냥 타고나서 프로가 되었고, 프로니까 힘들지 않게 휘파람 불고 놀며 쉬며 가도 아마추어를 이기는 것이 아니다. 프로는 아마추어와는 비교할 수 없이 힘든 과정을 이겨냈다. 3등은 4등보다 더 노력하였기 때문에 된 것이다. 3등이 2등을 따라잡으려고 기를 쓰고 노력하는 것보다 2등이 더 노력하니까 아직도 2등의 자리를 지키고 있다. 2등의 노력보다 월등히 더 노력해야 지킬 수 있는 자리가 1등의 자리이다. 1등의 자리를 고수한다는 것은 가장 탁월한 노력가라는 의미이다.

당신은 지금 어디에 서 있는가? 당신은 자신의 기록을 얼마나 단축시켜야 하는가? 지금 15초를 뛰는 목사는 한 달에 책을 한 권만 읽는다 해도 설교가 달라질 것이다. 워낙 책을 읽지 않았으니 한 권만 읽더라도 교인들은 금방 느낄 수 있을 것이다. 그 한 권을 다 써먹어서 더 이상 내용이 없게 될 것 같으면 또 한 권을 읽으면 된다.

이런 식으로 해나가도 충분하다. 하지만 이런 식으로 하는 것에 관해 반드시 깨달아야 할 것이 있다. 이 방식은 마치 비가 올 때만 물이 나오는 샘터와 같다. 이런 샘물은 약수가 아니라 단지 고인 물이다. 암반수가 아니라 건수乾水에 불과하다. 좋은 물은 지하 암반의 위에 살짝 고인 물이 아니라 그 암반 밑 깊숙한 곳을 흐르던 수맥이 암반의 미세한 틈을 타고 몇 방울씩 솟아나는 물이다. 미네랄이 풍부한 생명수란 이런 물을 가리킨다. 책의 표면에 기록된 문자들이 아니라 저자의 마음 깊숙한 곳까지 파고들어가는 통찰력을 통해 진리의 깊은 곳에서 나오는 생명수로 설교에 영양분을 더하는 경지에 도달해야 한다. 목사의 설교를 듣는 이들이 감탄할 수 있는, 도대체 어떤 책들을 읽으면 저런 설교가 나올 수 있을까 하고 감탄할 수 있는, 그런 설교를 할 수 있어야 한다. 이런 설교의 경지는 어쩌다 한 권씩 읽는 독서로는 결코 도달하지 못한다.

3. 시너지 효과를 추구하라

예를 하나 들어보자. 어느 무인도에 남자만 500명이 있다. 다른 무인도에는 여자만 500명이 있다. 또, 다른 무인도에는 오직 남자 한 명과 여자 한 명이 있다. 그런 상태로 500년이 흐르게 된다면 어떻게 될까? 남자만 500명이 있던 무인도에는 남자의 해골만 500개가 남게 될 것이다. 여자만 500명이 있던 무인도에서도 같은 결과일 것이다. 그런데, 남자 한 명, 여자 한 명이 있던 무인도에서는 충분히 상상할 수 있는 것처럼 500년의 세월이 흐른 뒤의 그 무인도는

500만 명의 사람들로 가득한 번창한 섬이 될 수도 있다. 이 섬에 있던 남녀 한 쌍이 시너지를 일으켰던 것이다.

책을 읽는 것도 마찬가지이다. 우리는 필요한 지식 몇 토막을 얻기 위해 책을 읽지만 읽은 책들이 우리의 심령 속에서 시너지를 일으키도록 하기 위해서도 책을 읽는다. 이처럼 우리는 성경을 읽을 때도 그냥 문자 그대로만 읽을 것으로 만족해서는 안 된다. 문자 그 너머에 있는 것을 찾아낼 수 있어야 한다. 시너지 효과를 많이 얻기 위해 목사는 여러 분야를 섭렵해야 한다. 사과뿐만 아니라 배도 먹고, 수박도 먹어야 한다. 다양한 분야, 다양한 주제를 다룰 뿐만 아니라 단일한 주제를 다루는 다양한 시각을 접하기 위해 많은 책을 읽어야 한다. 한 주제에 적어도 백 권 이상을 읽어야 한다. 그래야 어떤 주제에 대한 안정되고 신뢰할만한 관점이 어떤 것인지를 알 수 있고 충분한 시너지 효과를 기대할 수 있을 것이다.

다섯 달란트를 받은 종은 한 달란트를 받은 사람보다 수월하게 다섯 달란트를 더 남긴 것이 아니다. 한 달란트를 받은 사람이 다섯 달란트보다 유난히 더 힘든 것도 아니다. 다섯 달란트를 받은 종이나 한 달란트를 받은 종이나, 주인이 각자의 재능에 따라 맡겼기 때문에 모두에게 다 똑같이 힘들다. 능력이 있으면 있는 대로 힘들고, 없으면 없는 대로 힘이 든다. 그런데도 우리는 교회가 클수록 수월하고 작은 교회일수록 더 힘들다고 여긴다. 하지만, 큰 교회는 큰 교회대로 힘들고, 작은 교회는 작은 교회대로 힘들다는 점을 이해해야 한다. 다섯 달란트도 힘들었고, 두 달란트도 힘들었다. 한 달란트로 마찬가지였을 것이다. 다만 그 힘든 것을 어떻게 극복하느냐, 어떻게 이겨내느냐는 점에서 차이가 있을 뿐이다.

4. 힘들기는 매한가지이다

힘들다는 점에서는 모두 똑같다고 생각해야 한다. 하지만 어떻게 이겨내느냐라는 점에서는 5초를 줄이는 경우보다 0.3초를 줄이는 경우가 더 힘들 수도 있다. 그 0.3초의 차이는 5초를 줄이는 것과는 비교할 수 없이 엄청난 일인 경우일 수 있기 때문이다. 멋모르고 결코 우습게 보는 실수를 범하지 말라. 우샤인 볼트와 경주를 벌인 선수가 자신의 기량이 우샤인 볼트보다 별로 뒤지지 않는다는 의미로 "야, 난 우샤인 볼트하고 얼마 차이 안 나. 겨우 한 걸음 차이야"라고 말한다면 그 한걸음의 차이가 어떤 것인지를 제대로 알지 못한다는 것을 드러낼 뿐이다. 성공했다 혹은 잘한다는 평가를 받는 목사에 대해 "뭐, 별거 아니네"라는 생각이 드는가? 그렇다면 자신과 그 목사 사이에 놓인 "그 별거 아니네"로 보인 그 간발의 차이에서 무엇인가를 놓치고 있는 것은 아닌지 깊이 생각해봐야 한다.

"어떻게 그런 설교를 가지고 몇 만 명을 모았다냐?"라는 생각이 들걸랑 즉시, "저 설교를 가지고도 몇 만 명을 모았구나!"라고 생각을 바꿔야 한다. 그리고 "저 목사의 설교를 좀 더 깊이 알아야겠구나"라고 생각해 봐야 한다. 무거운 것을 가볍게 생각한다고 해서 문제가 가볍게 해결되지 않는다. 반면에 가벼운 것을 무겁게 생각했을 때 얻는 것이 오히려 많을 수 있다. 가볍게 생각해서는 우샤인 볼트를 입술 두께만큼도 따라잡기 쉽지 않다. 지금 나보다 설교와 목회를 잘하는 목사보다 더 잘하기 위해서는, 그 목사보다 더 기도할 뿐만 아니라 책을 더 많이, 더 깊게 읽어야 한다. 지금 나는 설교 및 목회를 더 잘하기 위해서 해야 할 것이 많이 있지만 무엇보다도 책읽기를 우선해야 하며, 책읽기로부터 시작해야 한다고 말한다. 왜냐하면 지식, 지적 능력의 문제가 한국 교회 목사들에게 가장 취약한 부분이기 때문이다. 나 자신도 그렇지만 대개의 목사들은 신학생 때부터 공부가 많이 부족하고 머리에 든 것도 없이 목회를 하고 있다고 느끼는 적이 많기 때문이다. 만일 자신이 15초를 달리는 사람은 당연히 누구보다 더 많이 읽어야 한다. 그런데 현실을 보면 9.7초를 달리고 있는 사람이 훨씬 더 많이 읽는다. 9.7초가 15초보다 성경도 더 많이 읽고, 설교도 더 많이 만든다. 목사가 다른 목사를 경쟁상대로 여기는 것은 바람직하지 않지만 나보다 잘하는 사람을 보고 그 이상 잘하려고 자극을 받는 것은 좋다.

물론, 책을 읽는 것이 도무지 적성에 맞지 않고, 우선순위를 저 뒤쪽으로 돌리고 싶다면, 만일 다른 것을 먼저 잘하고 싶다면, 그렇게 해도 된다. 목회 이외의 것은 아무리 열심히 해도, 아무리 잘해도 소용이 없다. 기도, 말씀, 설교준비, 심방, 전도 등과 같이 목회에 관련된 분야 가운데 자신이 가장 잘 할 수 있는 분야를 하나 골라서 먼저 온 힘을 집중하라. 그 하나를 골라서 그냥 시작하라. 은사가 있든 없든, 열심히 끈덕지게 시도하라. 목회자로 소명을 받았기 때문에 목회를 구성하는 필수분야에 열심을 다한다는 자세로 하라. 시도하는 것조차도 지레 포기해서는 안 된다. 은사가 없어도 능력이 없어도 해야 한다. 재능이 없다면 더 열심히 노력하라.

베드로는 주님을 모른다고 부인하고서는 고기를 잡으러 갔다. 본래 어부였기 때문이다. 따라서 고기잡이는 베드로의 본업일 뿐만 아니라 가장 잘 할 수 있는 유일한 분야였다. 그런데 고기가 잡히지 않았다. 그래도 고기잡이를 포기하지 않고 끝까지 그물을 던졌다. 어부이기 때문이다. 자신은 뭘 해도 안 된다는 생각이 가슴에 꽉 차있어도 정말 재수 없는 사나이에 틀림없다고 결론 내렸더라도 고기잡이는 자신과 가족의 생계수단이며 미래다. 할 수 있는 한 끝까지 시도해야 한다. 목사도 자신의 본업에 속하는 일에 있어서는 베드로처럼 결코 포기해서는 안 된다. 고기가 충분히 잡힐 때까지 그물을 던져야 하지만 고기가 잡히지 않아서 맥이 빠졌더라도 끝까지 던지는 근성을 우리는 배워야 한다. 효과가 없어도 계속할 수 있어야 한다. 정말 쉬운 일이 아니지만 효과가 없다는 것이 포기해도 좋은 이유가 되어서는 안 된다. 좋은 결과에 도달할 때까지 시도해야 한다. 좋은 결과를 내놓을 수 있을 때까지 포기해서는 안 된다.

마치 호숫가에 서서 물속에 돌을 던져 넣는 것과 같다고 생각하라. 처음에 물속에 돌을 던지면 어떤 일이 일어날까? 아무 일도 일어나지 않을 것이다. 몇 번을 던져도, 며칠을 반복하더라도 아무런 변화가 일어나지 않을 것이다. 그래도 포기하지 않으면 마침내 수면 위로 돌이 모습을 보이는 날이 온다. 물속으로 계속해서 돌을 던져 넣는 것이 헛되고 무익한 일처럼 보이지만 그렇지 않다. 효과가 당장 가시적으로 나타나지 않았을 뿐이다. 다만 어느 시점까지는 효과가 눈에 띄지 않았을 뿐이다. 여기에 관한 유명한 본보기가 진돗개 전도왕 박병선 집사이다.

나는 박병선 집사가 우리 교회 집회에서 한 간증을 듣고 크게 반성한 적이 있다. 박병선 집사는 한 집에서 350년, 16대가 살아온 집안에서 태어났다. 그런 분이 자신보다 더 심지가 굳은 아내에 의해 예수를 믿게 되었다. 교회에 출석한지 얼마 안 되어 교회가 건물을 새로 지었다. 박병선 집사는 새 교회의 모든 빈자리를 자기가 채우겠다고 결심하고 전도를 시작했다. 새 신자인 박병선의 전도방법은 지극히 단순했다. 오랜 친구를 찾아가서 "여보게, 나 교회 다니네, 교회 나가세"라는 말을 끊임없이 반복했다고 한다. 듣던 친구가 너무 지겨워서 자기 스스로 "그래, 알았어, 언제 나가면 되는가?"라고 말할 때까지 반복하였다.

나는 박병선 집사의 간증을 들으면서 얼마나 부끄러웠는지 모른다. 내 마음속에서 '저 사람은 집사고 나는 목사인데, 저 사람은 안 유명하고 난 유명한데, 내가 목회하고 부흥회는 했지만 솔직히 내가 한 영혼에게 저렇게 애착을 가지고 전도를 했던가?'라는 생각이 가슴을 찌르기 시작했다. 내가 목사인데 진돗개만큼 전도하지는 못하더라도 강아지만큼이라도 전도를 했어야 한다. 그랬더라면 얼마나 많은 영혼을 구원시킬 수 있었을지를 생각해 보게 되었다.

그래서 나는 그 집회 이후로는 사람들이 내게 인사치레로 건네준

명함을 활용하기로 했다. 먼저, 명함에 그 명함주인을 언제, 어떻게 만났는지 가능하면 메모를 한 뒤에, 틈을 내서 그 영혼을 위해 기도하고는 그 명함주인에게 전화를 걸기 시작했다. 한번은 음식점에서 식사를 할 때 주인이 내 팬이라면서 반갑게 인사를 했다. 그래서 그 사람과 인사를 나누면서 교회에 다니냐고 묻자 장사에 바빠서 교회에 안 다닌다고 대답하였다. 하지만 하는 나중에 전화를 걸어서 교회에 다니라고 권하였다. 이렇게 두 번 전화를 걸어주니 그 사람이 수원중앙침례교회에 출석하기 시작하였다.

5. 안 된다는 것을 포기의 근거로 삼지 말라

목사라면 미친 듯이 전도를 해야 한다. 일단 물었다면 결단코 놓지 않는 진돗개처럼 끈질기게 전도해야 한다. 이것이 베드로의 근성이었다. 고기가 잡히지 않더라도 끝까지 그물을 던지는 베드로는 진돗개와 같다. 전도가 되지 않음에도 찾아가고, 또 찾아가고, 계속 찾아가는 그 정신은 모든 목사, 모든 신자가 반드시 본받아야 할 정신이다. 베드로는 포기하지 않고 계속해서 그물을 던지다 예수님을 다시 만났다. 예수께서 베드로를 다시 찾아오셨던 것이다.

이 장면에서 반드시 깨달아야 할 또 하나의 사실이 있다. 되는 것도 기적이지만 안 되는 것도 기적이라는 점이다. 한 번에 153마리의 물고기가 잡힌 것도 기적이지만, 한 번에 153마리의 물고기가 잡히는 곳에서 밤새도록 한 마리도 잡지 못한 것은 더 큰 기적이다. 그렇다면, 목회가 잘 되는 것도 하나님의 역사지만 목회가 안 되는 것도 그에 못지않게 더 큰 역사이다. 생각해보라. 고기가 153마리가 잡힌 것은 주님께서 그물 속으로 물고기를 몰아주신 탓이다. 그런데 한 마리도 안 잡힌 것은 주님께서 물고기를 그물 밖으로 쫓아내셨기 때문이다. 그 이유는 베드로에게 있다기보다는 주님께 있다. 주님께서 자신의 능력을 보여주기 원하셨기 때문이다. 주님께서 베드로가 물고기가 잡히지 않는 자리에서 밤새 헛수고한 뒤에 주님의 능력을 보여주기를 원하였던 그것이 결정적인 이유였다. 목회는 주님을 위해 내가 무엇을 해야 하는가의 문제이기도 하지만, 내가 어디에 있느냐는 문제가 훨씬 더 근본적으로 중요하다. 그런데도 사람들은 자신이 부흥해야 한다는 것을 더 중요하게 여기고 부흥이라는 목적을 달성하게 해줄 무엇인가를 찾아서 정신없이 돌아다닌다. 부흥이 우선이 아니라, 주님께서 우리에게 기다리며 머물라고 하신 그 자리를 찾고 지키는 것이 우선이다.

나는 포도나무요 너희는 가지라 그가 내 안에, 내가 그 안에 거하면 사람이 열매를 많이 맺나니 나를 떠나서는 너희가 아무 것도 할 수 없음이라

_요 15:5

사도 요한을 통해 주신 이 말씀은 우리가 마땅히 있어야 할 제자리에 붙어있기만 하면 열매를 많이 맺는다고 선언한다. 열매가 많은 것을 부흥이라고 한다면, 우리의 부흥은 우리가 무엇을 하느냐가 아니라 주님께 잘 붙어있는가에 달여 있다는 뜻이다. 탕자의 비유를

다시 고찰해보자. 달리 가정해보자. 탕자가 아버지로부터 받은 재산을 가지고 멀리 타국으로 떠났으되 허랑방탕하지 않은 경우를 생각해보자. 허랑방탕하지 않으면 괜찮은가? 타국에서 신앙생활을 잘하며 건실하고 풍족하게 살았더라면 괜찮을까? 탕자의 비유에서 문제의 초점은 무엇인가? 허랑방탕인가? 아니면, 아버지 곁을 떠난 그것인가? 나는 후자라고 본다. 그 비유에서 아버지가 무엇을 가슴 아파했으며, 무엇을 가장 기뻐했는가를 확인해보라. 탕자의 가장 큰 잘못은 아버지 집을 떠난 것에 있다.

다시 베드로의 이야기로 돌아가 보자. 베드로는 왜 물고기를 잡지 못하였는가? 베드로의 경우에도 문제의 핵심은 위치에 있었다. 베드로는 잘못된 곳에 있었던 것이다. 주님의 곁을 떠났기 때문이다. 주님의 곁을 떠난 베드로와 그 결과를 거울삼아 우리는 우리 자신을 향해 질문을 던져야 한다. 혹, 우리 목회에 하나님의 능력과 영광이 충분히 나타나지 않는 것은, 우리 자신의 마음과는 달리 우리가 실제로는 주님의 뜻을 벗어나 엉뚱한 곳을 헤매고 있기 때문이 아닌가라고 물어야 한다. 나는 지금 내가 있어야 할 제자리를 정확하게 지키고 있는지를 확인해야 한다.

아직 세상을 완전히 벗어나지 못한 우리의 본성은 우리의 의식과는 달리 끊임없이 주님으로부터 벗어나려는 습성을 다 씻어내지 못하고 있다. 그러므로 의식적으로 노력해야 한다. 주 안으로, 말씀 안으로, 성령 안으로 들어가 머물려고 항상 노력해야 한다. 우리가 하나님의 말씀 안에 머물러 있으면 말씀을 볼 수밖에 없고, 말씀이 속에서 끓어오를 수밖에 없고, 말씀이 증거 될 수밖에 없으며, 역사가 나타날 수밖에 없다. 부흥이라는 결과가 나타날 수밖에 없다. 우리는 그러한 부흥을 경험하기를 열망해야 한다.

하지만 우리는 대개 성경을 보아야 하니까 본다, 내가 본다, 보고 싶은 대로 본다는 식으로 접근한다. 그래서는 안 된다. 마치 스펀지를 물에 담근 것처럼, 하나님의 말씀에 나를 담그니 그 말씀이 내 밖에도 있고 안으로도 스며들어와 꽉 채워져야 한다. 그래서 그 말씀이 내게 보이고 그 말씀이 나를 읽어내는 그런 읽음과 들음과 깨우침이 있어야 한다. 설교도 그와 같아야 한다. 내가 하고 싶은 설교를 만들거나 얻어오는 것이 아니다. 설교는 배워서 하는 것이 전부가 아니다. 설교자로 불러주신 주님께 붙어있고, 주님과 교통함이 있으면 설교는 자연스럽게 흘러나온다. 주님께서 깨우쳐주시는 대로 하면 된다. 명설교자의 노하우를 얻어서 잘하겠다는 발상은 세상적인 접근방식이다. 목사가 주님께 제대로 붙어 있다면 뿌리에서 올라오는 수분과 영양분을 줄기를 통해 제공받아 열매를 맺게 된다. 결코 나뭇가지의 능력이나 요령에 좌우되는 것이 아니다. 결국, 베드로는 자신의 실력에 의해서가 아니라 주님의 말씀에 순종해서 물고기를 많이 잡을 수 있었다. 마찬가지로 하나님은 아담과 이브가 타락한 직후에, 죄악으로 인해 하나님과의 영적 교통이 끊어졌을 때, 하나님은 아담에게 물으셨다.

여호와 하나님이 아담을 부르시며 그에게 이르시되 네가 어디 있느냐 지금까지 언급한 것처럼, "네가 지금 어디에 있느냐?"라는 이 질문에 주목해야 한다. 이 질문을 우리 자신에게 항상 던져야 하고, 대답해보아야 한다. 그렇다. 선지자 이사야처럼 하나님 앞에 대기하고 있다가 "내가 여기에 있나이다"라고 즉각적으로 대답할 수 있어야 한다. 아니, 하나님과 더불어 교통하고 있었기에 굳이 물어볼 필요도 없을 정도여야 한다. 타락한 아담을 찾듯이 하나님께서 "네가 어디에 있느냐"라고 물으실 필요가 없을 정도여야 한다. 아담을 찾는 하나님의 이 질문은 아담은 본래 있어야 할 자리에 머물러 있지 않았다는 것을 의미한다. 그 결과는 파멸이다. 파멸과 죽음의 운명이기에 진리와 생명의 삶을 찾기가 그토록 힘든 일이 되었다.

우리는 우리도 모르는 사이에 자리를 옮기고 관점을 바꾸고 편을 바꾼다. 그러다보니 어렸을 적에는 아무것도 아닌 것에 기뻐하고 유치한 것을 자랑하기도 하였지만 어른이 되어서는 아무것도 아니라고 버리고 유치하다고 등을 돌렸다. 실은, 내가 바뀌었다는 점을 깨달아야 한다. 어른이 되었다는 것이 세상의 가치를 익히고 더욱 이기적이고 탐욕스러워졌다는 것을 의미한다면 진정한 자기 자리를 잃어버린 것이다. 그래서 어른이 되면서 행복을 잃어버렸다. 어른이 되어서도 어렸을 때처럼 순수한 행복을 누리려거든 어렸을 때의 순수함을 유지하고 거기에 냉철한 지혜를 더해야 한다. 순수함을 지키려는 노력과 지혜를 키우는 지적 노력을 기울여야 어렸을 때처럼 행복할 수 있다. 이 두 가지 노력은 "나도 무엇인가를 줄 수 있는 목사가 되리라"라는 명제로 귀결된다. 사랑해주고 나눠주고, 인정과 자비를 베풀어주는 교회가 되도록 애쓰면 외적 성장은 지체되고 교인 수는 늘지 않기 십상이다. 하지만 행복한 교회가 된다. 그 반대로, 악착같고 인정머리 없고 계산적일수록 교회의 외형을 쉽게 키울 수 있다. 하지만 행복한 교회가 되기 어렵다. 교회가 커지면서 신앙생활은 힘들어지고 행복감은 사라져간다. 가장 나쁜 것은 교회도 형편 없이 작고 행복하지도 않은 교회이다. 살아 있는 믿음을 가진 신자이며 올바른 교회라면 크던 작든 행복해야 한다.

변함없이 행복하기 위해 우리는 늘 "네가 어디에 있느냐"라는 질문을 자신에게 던져야 한다. 자신의 존재를, 자신의 가치를, 자신의 규범을 돌이켜 찾아보았을 때 언제나 주님 앞에, 주님 안에, 주님과 함께 하고 있다는 자신감으로 "내가 여기에 있나이다"라고 대답할 수 있어야 한다. 그리고 무엇을 하든지 하나님과 구세주의 영광을 위한 것이어야 하고 무엇인가를 줄 수 있기 위한 것이어야 한다. 성공하고 싶은가? 그렇다면 당신의 열정에 불을 붙이라. 당신의 설교와 목회를 뜨겁게 태우라.

좋은 열매를 맺어야
좋은 목사다

가롯 유다보다도 사울 왕이
훨씬 더 불행한 인물이다. 사울 왕은 좋은 믿음과 멋진 외모와 성령
충만을 받고 왕이 되었다. 왕이 된 직후까지도 하나님을 영화롭게
하였고 하나님께 대한 감사와 순수한 마음을 지닌 겸손한 신앙인이
었다. 하지만 마귀가 부추긴 시기와 질투에 무너졌다. 사울 왕의 시
기와 질투는 욕심과 결합하여, 하나님께서 세우신 왕의 직분과 소명
보다는 왕의 영광과 권력에 눈멀게 만들었다. 사울은 다윗과의 경쟁
에서 패배한 것이 아니라 스스로 부패하고 악해졌고 파멸하였다.

오늘날 한국교계를 바라보면 사울 왕의 전철을 밟는 목사가 많은
것 같다. 하나님께서 이끌어주시는 비전, 주님과 함께 꾸는 꿈으로
목회를 해야 하는데 욕심에 이끌려 목회하면서도 자신만은 그렇지

않다고, 바르게 하고 있다고 착각하는 목사들이 많다. 당신은 어떤 가? 예를 하나 들어보자. 당신이 애지중지 돌보던, 그리고 당신이 믿었던 정말 좋은 신자가 당신의 교회 인근에 있는 다른 교회로 옮겼다고 가정해보자. 당신의 교회보다 그 교회를 다니는 것이 신앙 성숙에 훨씬 더 좋을 것 같고, 온 가족이 더 행복하게 신앙생활을 할 수 있을 것 같아서 옮겼다는 말을 당신이 들었다고 가정해보자. 무슨 생각이 가장 먼저 떠오르는가? 그 사건이 다른 교인들에게 미칠 파급력? 헌금의 감소? 아니면, 그 교인이 한 말이 정말 사실이고, 그 선택은 정말 현명한 선택이라는 생각인가? 그러면 당신의 감정은 평안한가? 아니면, 가슴 깊은 곳에서 분노가 치밀고 배신감에 치를 떨며 괘씸하다는 생각에 그 교인의 얼굴을 생각하기도 싫은가?

지기 싫은 성미, 다른 교회에 교인을 빼앗기지 않는 억척스러움은 교회의 외적 성장에 도움을 주기는 하지만 민족복음화에는 도움이 되지 않는다. 그렇다면 우리는 시야를 넓혀야 한다. 나 한 사람이 어떻게 목회를 하고 어떤 교회를 세워야 하나님을 영화롭게 하고, 나라와 민족에 유익을 끼칠 수 있는지를 생각하면서 자신의 모습을 가다듬어야 한다. 자신이 매일 인생의 발걸음을 디딜 때 어떤 영향을 받으며 사는지, 어떤 영향권에 속하는지를 검증해야 한다. 어떤 누구도 예외 아니다. 아무리 큰 은혜를 받고 역사를 이뤘더라도 하늘로부터 오는 선한 영향을 받고 있지 않으면 필시 사탄으로부터 악한 영향을 받고 있는 것이다. 사탄의 역사는 훼방과 모독을 목적으로 한다(유 1:8-10). 하지만 그 귀결은 멸망이다. 우리가 사명을 끝까지 잘 감당하기 위해서는 끝까지 자신을 잘 살펴야 한다.

● 마태복음 13:19-23

아무나 천국 말씀을 듣고 깨닫지 못할 때는 악한 자가 와서 그 마음에 뿌려진 것을 빼앗나니 이는 곧 길 가에 뿌려진 자요 돌밭에 뿌려졌다는 것은 말씀을 듣고 즉시 기쁨으로 받되 그 속에 뿌리가 없어 잠시 견디다가 말씀으로 말미암아 환난이나 박해가 일어날 때에는 곧 넘어지는 자요 가시떨기에 뿌려졌다는 것은 말씀을 들으나 세상의 염려와 재물의 유혹에 말씀이 막혀 결실하지 못하는 자요 좋은 땅에 뿌려졌다는 것은 말씀을 듣고 깨닫는 자니 결실하여 어떤 것은 백 배, 어떤 것은 육십 배, 어떤 것은 삼십 배가 되느니라 하시더라

기초단계 : 문장 분석과 이해

성경을 깊이 파고드는 능력을 기르려면 많이 읽고 반복해서 써야 한다고 누차 강조하였다. 하나님께서 우리에게 교훈을 주실 때 의도적으로 택하신 단어들과 어법은 하나님의 마음과 생각 깊은 곳으로 우리를 이끌어가는 단서들이다. 그 단서들 자체가 문장 속에서 갖고 있는 상호관계를 바르게 분명하게 파악하지 않고서는 강력한 설교가 나올 수 없다.

마태복음 13장 19절에서 23절은 소위 "씨 뿌리는 비유"로 알려진 비유를 예수님께서 친히 해석해주시는 부분이다. 이 대목을 읽는 독

자는 먼저 다음과 같은 부분에 초점을 두고 내용을 정리해야 한다고
본다.

1) 뿌려진 씨는 하나님의 말씀을, 밭은 그 말씀을 들은 사람의 밭
   을 의미한다.

2) 말씀을 깨닫지 못하거나 마땅한 결실을 맺지 못하는 것은 전적
   으로 밭에게 책임이 있다.

그 다음에 생각해야 할 것은 뿌려진 씨가 풍성한 열매를 맺지 못
하는 원인은 무엇인가라는 점에서 살펴보아야 한다.

1) 길가: 듣고도 깨닫지 못함.

2) 돌밭: 듣고 깨닫지만 환란을 당하면 곧 넘어짐.

3) 가시떨기: 세상의 염려와 재물의 유혹에 말씀이 막혀 결실치
   못함.

세 번째로 생각해야 할 것은 그렇다면, "좋은 땅"이란 무엇이냐는
점이다. 왜 이 질문을 해야 하는가? 대개, 이 비유에는 좋은 밭을 포
함하여 네 가지 종류의 밭이 있다고 가정하고 단순하게 설교를 해버
리는 목사들이 있다. 이런 식으로 본문을 이해하면 목사는 청중들에
게 네 가지 종류의 밭이 있으니 좋은 밭이 되라는 설교를 하게 될 뿐
이다. 네 종류의 밭이 있다고 굳이 말하고 싶다면 할 수 없지만 엄밀
히 말하자면, 만족한 결실을 맺는 단계에 도달하지 못하도록 만드는
네 가지 원인을 설명하는 것이 본문의 목적이다. 신앙의 성숙은 씨
뿌림으로부터 시작해서 단계적으로 성장해서 풍성한 결실을 맺는

데까지 도달한다는 점과, 각 단계에서 신앙성숙을 좌절시키는 핵심적인 방해요소와 그 출처를 다음과 같이 정리할 수 있다.

	단계	방해요소	방해요소의 출처	방해의 내용
1	길가 단계	무지	본성	깨우침
2	돌밭	환란	외부로부터	뿌리내림
3	가시떨기	유혹과 염려	내면으로부터	극복

간략하게 도표로 정리해보면, 주인을 기쁘게 하는 열매를 풍성하게 맺는 좋은 밭이 되는 과정에서 겪는 영적 싸움이 어떤 것이며, 주님께서 가르치고자 하는 교훈이 무엇인지가 분명히 나타난다. 나는 그것을 다음과 같이 정리하였다.

첫째, 풍성한 결실을 주인 앞에 내놓아야 좋은 밭(땅)이다.

풍성한 결실을 맺은 좋은 밭이 되지 않으면 안 된다. 풍성한 열매를 맺지 못하는 자는 천국에 들어가지 못한다.

둘째, 풍성한 결실을 맺는 좋은 밭이 되기 위해서는 깨우침, 뿌리내림, 극복의 전 과정을 성공적으로 거쳐야 한다.

셋째, 좋은 열매를 만들어내는 것이 아니다. 씨앗이 가진 생명력과 기회를 보장하기만 하면 된다.

넷째, 주인 앞에 좋은 열매를 풍성하게 내놓기 전에는 어느 누구도 방심해서는 안 된다.

그러므로 옥토가 내놓는 30배, 60배, 100배의 결실에 초점을 맞추기보다는 우리 마음에 뿌려진 천국의 말씀을 깨닫고 그 깨달음이 풍성한 결실에 이르도록 지켜내는 영적 싸움에 초점을 맞추는 것이 훨씬 낫다.

···········
심화단계 : 연구
···········

마태복음 13장 19절에서 23절의 비유는 "씨 뿌리는 비유"라기보다는 "천국의 비유"의 하나라고 보는 것이 더 낫다. 우리에게 "당신은 지금 어느 단계에 있는가?"라고 묻고, 지금까지 잘해왔다는 것으로는 결코 충분하지 않고 끝까지 잘해야 한다고 말해준다. 마귀는 처음부터 마지막까지 방해꾼이며, 그의 방해는 모든 수단을 사용하고 심지어, 우리 마음속에서조차도 역사한다고 지적해준다.

물론, 성경에는 이 비유 이외에도 "반석과 모래," "지혜로운 종과 어리석은 종"의 비유도 있다. 이 세 비유를 비교해보면 성경이 우리에게 주고자 하는 메시지는 분명하다. 최종적 운명이라는 결과는 30배, 60배, 100배라는 외적 수치에 좌우되는 것이 아니라 시작과 과정이 자연스럽게 맺어주는 결과물이다.

1. 당신 자신의 열매가 있는가?

누군가가 당신에게 "지금, 당신은 어떤 상태에 있는가?"라고 묻는다면 당신은 뭐라고 대답할까? 이 질문을 받는 순간, 왠지 비위가 상하고 귀에 거슬려서 "여보쇼, 이래봬도 내가 목사(혹은 장로)요"라고 답하고 싶은가? 이 말은 "당연히 옥토지!"라는 말에 다름 아니다. 그러나 이런 식의 대답은 동문서답이다. 본래의 질문은 천국 말씀을 깨달은 단계인가, 뿌리를 내리고 있는 단계인가, 뿌리를 내리고 성장하며 열매를 맺어가며 자라고 있는 과정에 있는가, 아니면 마지막 단계 즉, 충분히 익은 좋은 열매를 주인 앞에 내놓을 수 있는 단계에 있는가를 묻는 것이다. 결코 당신의 직업을 묻는 것이 아니다. 당신의 직업과 연결해서 묻는다면 열매를 잘 맺어 주님을 기쁘게 한 목사인가 아니면 열매가 없는 목사인가를 묻는 것이다. 만일 열매가 없다면 무엇 때문인가를 반성하라는 의미이다.

그런데 성경본문을 묵상해보면, 열매 없는 이유가 아무리 좋아도 소용없다는 점을 눈치 챌 수 있다. 중간에 망실된 열매가 아무리 많아도, 그 이유가 아무리 그럴듯해도 소용이 없다. 열매를 잃어버린 것 자체가 잘못이다. 폭풍에 시달리다 열매를 매달고 있던 나뭇가지가 찢겨나가도 소용이 없다. 열매를 풍성하게 내놓아 주인을 기쁘게 해드려야만 의미가 있다. 주님께서 열매를 내놔보라고 내민 손 위에 당신의 열매를 올려놓아야 한다. 그 열매를 보고 주님은 그 열매를 올려놓은 당사자를 기뻐하신다는 의미이며, 그 당사자를 즐겁게 천국으로 인도하신다는 뜻이다.

"열매"라는 점을 좀 더 생각해보자. 성경본문의 문제제기를 목회자들에게 적용하자면, 몇 명짜리 목회를 하느냐고 묻는 것이 아니다. 30명이냐, 60명이냐, 100명이냐, 혹은 수천, 수만 명이냐를 묻는 것이 아니다. 하나님께서 당신에게 뿌린 그 씨가 맺은 열매, 당신이 경작해서 맺은 열매를 묻는 것이다. 진짜 당신이 목회하는 양떼와 그 양들을 통해 맺은 열매를 내놓아야 한다. 훔쳐온 것은 소용이 없다. 주님께서 당신에게 뿌린 씨가 맺은 열매가 아니다. 굴러들어온 것도 소용이 없다. 빌려온 것도 소용이 없다. 어쩌다가 잠깐 들린 것도 소용이 없다. 교인 중에 어떤 교인이 자기 양인지 남의 양인지 어떻게 알 수 있느냐고 묻지 말라. 그것은 자신이 안다. 목자는 자기 양을 알고, 양은 자기 목자를 안다고 성경은 선언한다. 따라서 이 양이 내 양인지 남의 양인지를 모른다면 당연히 내 양이 아니기 때문이다.

2. 열매 맺는 것은 어려운 일이 아니다

마태복음 본문을 보면 풍성한 열매를 맺기 위해서는 천국 말씀을 깨우쳐야 하고, 닥치는 환란을 이겨내야 하고, 유혹과 염려를 극복해야 한다. 인간세상에서 이 세 가지는 무척이나 어려운 일이다. 평생에 걸쳐 단 한 가지라도 제대로 해내기가 어려울 수도 있다. 깨우침, 이김, 극복이 인간 본성의 한계를 넘는 것일 때는 당연히 그렇다. 그러나 성경 본문의 비유에서 씨에 빗댄 것은 "천국 말씀"이다. 창조주 하나님, 만물의 아버지의 무한한 생명의 능력이 담긴 말씀이다. 그 능력이 싹을 틔우고 자라고 열매를 맺는다. 그 능력을 불신앙과 부패한 본성으로 질식시키지 않고, 더러운 유혹의 욕심을 따라 내버리지 않으면 된다.

일명 진돗개라고 불리는 박병선 집사의 요청에 따라, 내가 담임하는 교회에서도 집회를 열었다. 그 때 박병선 집사가 자신의 인생과 전도에 관해 간증하였다. 그 간증에 담긴 전도원리와 열정은 참으로 본받아야 마땅하다. 무엇보다도 마태복음 13장의 이 비유의 중요한 측면을 적나라하게 보여주기 때문이다. 박병선 집사는 16대를 한 집에서 살아온 종가에서 태어나고 살았다. 당연히 골수 유교집안이었다. 이 집에 시집온 아내의 끈질긴 전도를 통해 예수를 믿자 바로 전도를 시작했다. 전도대상자를 가까운 곳에서 찾았다. 평생을 한 마을에서 같이 자란 친구를 찾아갔다. 친구를 전도하기 위한 대화는 이런 식이었다.

> 박 : "어이, 친구! 나 말이여 교회에 나가네."
> 친구 : "어, 그런가?"
> 박 : "자네도 교회에 나가세!"
> 친구 : "난 안 다니네!"
> 박 : "알았네"

박병선 집사는 여기까지 말을 나누고 돌아갔다. 대개의 전도자일 경우, 이 친구의 완고함을 알고 친구와의 인간관계를 파괴하기를 원치 않기 때문에 여기에서 포기한다. 그런데 박 집사는 그렇지 않았다. 그 다음날 다시 찾아가서 말을 건다.

> 박 : "어이, 친구! 나 말이여 교회에 나가네."
> 친구 : "어, 나 어제 들었네! 나 어제 교회에 안 간다고 그러지 않았는가?"

박　　　: "알았네"

그런데 박병선 집사는 다음날에도 다시 찾아와 똑같은 말을 반복한다.

박　　　: "어이, 친구! 나 말이여 교회에 나가네."
친구　　: "어, 나 이제 세 번째 들었네! 나 교회에 안 간다고 그러지 않았는가?"
박　　　: "알았네"

매일, 그리고 만날 때마다 매우 단순한 이 말을 반복하였다. 며칠 반복하면 거의 대부분 욕을 해댄다고 한다. 하지만 박 집사는 사람들이 욕을 하거나 말거나 똑같은 말을 끊임없이 반복하였다. 하지만 욕을 하다가도 지쳐서 결국 그 친구는 박병선 집사에게 "언제 나가면 되겠는가?"라고 손을 들었다. 그것이 첫 번째 전도였다. 그런데 사람은 너무 지겨워서 욕을 할 정도면 다른 친구들에게도 일러바친다. 첫 번째 전도대상자인 친구가 박병선 집사에게 손을 들었을 때도 그 친구는 다른 친구들에게 전화를 걸어서 투덜댔다.

"나 진돗개한테 잘못 걸렸네. 나 돌아버리겠어. 자네 그 친구가 교회에 나가자고 하면 그냥 나가게. 나 미쳐버리겠네."

첫 전도대상자가 박병선 집사의 끈질긴 전도에 손을 들면서 주변 친구들에게 이렇게 소문을 내놓은 결과, 박병선 집사가 전도를 하러 가서 "어이, 친구! 나 말이여 교회에 나가네"라는 말을 꺼내기가 무섭게, 깜짝 놀라며 "언제 나가면 되겠는가?"라고 대답을 해버리게 되었다. 이렇게 해서 1년에 750명을 전도했다고 한다.

목사의 직분은 전도로 끝나지 않는다고 항변하는 이들도 있다. 물론, 가르치고 이끈다는 보다 막중한 직무가 있다. 목사는 평신도들에게 전도하라고 당부하고, 평신도들이 전도해온 사람들에게 복음을 가르치고 신앙생활을 잘하도록 하기만 하면 된다는 의미인가! 만일 그렇다면 목사는 다른 사람들을 천국에 잘 가도록 돕기만 하고 정작 자신은 천국에 안 가도 될까? 성경은 다른 사람들을 천국에 도달하도록 도움을 주는 사람도 천국에 갈 수 있다고 말하지 않는다. 오히려 반대로 말한다. 바울은 남에게 구원의 복음을 전파한 후에 자기는 버림받을까 두려워서 자신을 쳐서 복종케 한다고 말한다(고전 9:27). 목사도 참다운 신자다운 삶을 살아야 하고 신자로서의 열매를 맺어야 한다. 목사가 먼저 풍성한 열매를 맺는 좋은 밭이 되어야 한다. 목사가 좋은 밭이 되지 못하면 평신도들을 좋은 밭으로 만들지 못한다. 되어본 적이 없으니 그것이 무엇인지, 어떻게 되는지를 모르기 때문이다. 자신이 열매를 맺지 못하니 오히려 열매를 맺는 다른 사람을 향해 시기와 질투를 품게 되기 때문이다.

그러면, 한 번 옥토는 영원한 옥토인가? 한 번 열매를 잘 맺었으면 그것으로 끝내도 되는가? 그렇지 않다. 지력을 회복하기 위해 한두 계절 혹은 한두 해를 쉴 수는 있지만 농사짓기를 포기한 좋은 땅은 없다. 좋은 땅이라면 쉬는 경우는 있어도 놀려두지 않는다. 농사를 짓지 못하는 겨울에도 다가올 새 봄에 농사를 지을 준비가 진행된다. 토양에 영양분이 부족하면 퇴비를 더하기도 한다. 봄이 되면 농사지을 준비를 본격적으로 한다. 땅을 갈아엎어 퇴비가 잘 섞이게 하고 흙을 충분히 부수어 가늘고 약한 뿌리가 잘 뻗어 내릴 수 있게 한다. 한 번 옥토는 영원한 옥토가 아니기 때문이다. 좋은 밭은 반복해서 새로운 열매를 맺어야 하기 때문이다.

　그런데 실상은 반대로 진행되는 즉, 퇴보하는 경우도 많다. 옥토였다가 가시밭이 되었다가 자갈밭이 되었다가 결국 길가 땅이 되고 만다. 시골 어느 교회 사택 뒤에 자그마한 텃밭이 있었다. 처음 방문했을 때는 거기가 텃밭인줄 알아채지 못하였다. 몇 년 째 농사를 짓지 않고 방치해두었고, 그쪽으로는 쓰레기를 버리러 갈 뿐이어서 버려진 공터인 줄 알았다. 몇 년 뒤에 다시 방문해보니 예쁜 텃밭으로 바뀌어 있었다. 전과는 달리, 갖가지 채소가 심겨진 땅은 곱게 일궈져 있었다. 흙이 곱다고 하니, 그 목사는 몇 년 동안 버려져 있었고 사람들이 밟고 다닌 탓에 삽날이 들어가지 않을 정도로 단단히 굳어서 새로 일구느라 정말 허리가 부러지는 줄 알았다고 말한다. 하지만 계속해서 농사를 지으면 일구기가 그만큼 쉬워질 것이다. 우리 자신을 돌이켜보아야 한다. 계속해서 마음 밭을 일궈서 좋은 밭의 상태를 유지하고 있는가? 작고 약한 씨앗도 충분히 흙에 묻히고 힘없어 보이고 가느다란 뿌리도 죽죽 뻗어 내리고 이슬과 비를 스펀지처럼 빨아들이는 것과 같이 내 마음 밭의 상태는 어떠한가? 상태인가? 끊임없이 돌맹이를 거둬내고 뭉친 흙덩이를 깨뜨려야 한다. 그냥 방치해두면 가시덤불이 무성해지고 단단하게 굳어서 알곡이 뿌리를 내리지 못하고 모든 좋은 영양분을 흘려 내버리게 된다.

3. 마귀도 판단하고 행동한다

마귀도 지능이 있고 교활한 꾀를 내는 영적 존재이다. 교회를 열심히 다니는 사람들 중 진짜 신자인지 가짜 신자인지, 힘이 센 신자인지 병약한 신자인지, 유혹에 넘어갈지 안 넘어갈지 안다. 사람이 무슨 능력으로 마귀의 역사를 물리치겠는가? 마귀는 어떤 사람을 두려워할까? 확신이 있다고 큰 소리 치는 신자인가 아니면 정말 확신이 있는 사람인가? 항상 기도하여 주님의 능력을 덧입는 신자인가 아니면 기도 없이 사는 목사인가? 당신이 가슴 깊은 곳에서 우러나오는 눈물로 기도했던 때가 언제였는가? 은혜의 단비가 마음을 충만하게 채웠던 때가 언제였는가? 마귀는 결코 우리를 흔들지 못한다. 마귀는 결코 우리를 함부로 범접하지 못한다. 우리는 아무리 어린아이와 같아도 주님의 소유이기 때문이다. 우리가 흔들리는 것은 우리 자신에게 원인이 있다. 기도하지 않고, 스스로 의심에 빠지고, 스스로 뒷걸음질 친다. 마귀는 우리의 틈을 이용해서 우리가 균형을 잃고 스스로 넘어지기를 기다린다. 마귀는 우리가 기도를 중단하고 말씀을 깊이 연구하기를 멈추고 하나님의 말씀에 따라 살기를 잊어버린다. 그래서 우리가 힘이 빠져있을 때 유혹의 미끼를 던진다. 내 가슴에 은혜의 단비가 그쳤는데도 주님 앞으로 달려가지 않을 때, 흙이 단단히 굳어 거북등마냥 쩍쩍 갈라지기 시작했는데도 하나님을 앙망하지 않을 때, 마귀는 우리에게 파멸의 손을 내민다. 마귀가 던진 환상에 속고 미끼를 덥석 무는 허당 목사의 신자들은 어찌 될까?

어떤 아버지가 있었다. 아들을 보니 한심하기 짝이 없어서 참다못해 "야, 이놈아! 링컨은 네 나이에 독학으로 공부를 했어. 그런데 너는 지금 뭐하고 있는 거야?" 야단을 쳤다. 그러면 아들은 뭐라고 대답하였을까? "네, 아버지! 열심히 하겠습니다"라고 대답하였을까? 아들은 아버지의 생각과는 전혀 다르게 "아버지! 큰 소리 좀 치지 마세요. 링컨은 아버지 나이에 대통령을 했어요"라고 대답하였다. 아이는 지금 만 52세에 링컨은 대통령이 되었는데 아버지는 지금 무엇하고 있느냐는 뜻이 전부가 아니다. 아들 눈에 아버지가 바르지 않았던 것이다. 목회도 마찬가지이다. 은혜의 샘이 말라버렸고, 머리 되신 주님과의 교통함도 없고, 은혜의 감격을 잊은 지 오래된 목사는 자기가 설교를 통해서 좋은 영향을 미친다고 아무리 생각하더라도 실제로 교인들은 은혜의 감격을 잊어버린 신자가 될 뿐이다.

대전에서 연합집회를 할 때 선배 목사 한 분이 다가와서는 뜬금없이 "장 목사! 자네 진짜 능력 있다"라고 말하였다. 그렇게 말하는 까닭을 물으니 "자네 교회 ○○○ 집사는 내가 전에 목회하던 ○○교회에서 내 멱살을 잡았던 사람이야. 그 사람 지금은 순한 양이 돼서 차분하게 신앙생활을 잘하는 것 같아서 그래"라고 대답했다. 그래서 나중에 그 집사를 만났을 때 그 이야기가 생각나서 물었다.

"집사님! 옛날에 ○○교회에 다닐 때 담임목사님 멱살을 잡았어요?"

"헤헤~ 죄송해요."

"그런데, 왜 우리 교회는 조용히 다녀요?"

"여기 와서 목사님 보니까, 전처럼 그랬다가는 오히려 혼줄 나겠던데요 뭐~"

글쎄, 길고 잡은 것은 실제로 대봐야 알겠지만 그래도 겉보기에는 내가 덩치가 크고 기골과 근육이 튼튼해 보인다. 그래서 그 집사도 나를 힘으로 안 될 것이라고 한눈에 판단한 것이다. 이렇듯 육신도 보면 판단이 되는 경우가 있듯이, 마귀도 건드려봐야 얻을 것이 없다고 판단되면 어쩌지 못하고 떠난다. 사도행전 19장에는 바울이 안수하면 성령이 임하고 방언을 하게 될 뿐만 아니라 바울의 몸에 앞치마나 손수건만 얹어도 귀신이 떠나고 병이 나았다는 말씀이 있다.

하나님이 바울의 손으로 놀라운 능력을 행하게 하시니 심지어 사람들이 바울의 몸에서 손수건이나 앞치마를 가져다가 병든 사람에게 얹으면 그 병이 떠나고 악귀도 나가더라 _행 19:11-12

질병 혹은 악한 귀신은 그 손수건이나 앞치마가 어떤 신령한 능력자의 몸에 닿았던 것인지를 알아채고, 제발로 알아서 나간다는 말이다. 성경에 기록된 이야기는 진실하며 거짓이 없다고 믿는다면 목사들은 이 말씀에 특별히 주목해야 한다. 본문의 뒤에, 제사장 스게와의 일곱 아들도 따라 행하다가 창피를 당했다는 기록이 나온다.

> 유대의 한 제사장 스게와의 일곱 아들도 이 일을 행하더니 악귀가 대답하
> 여 이르되 내가 예수도 알고 바울도 알거니와 너희는 누구냐 하며 악귀
> 들린 사람이 그들에게 뛰어올라 눌러 이기니 그들이 상하여 벗은 몸으로
> 그 집에서 도망하는지라 _행 19:14-16

악귀가 "내가 예수도 알고 바울도 알거니와 너희는 누구냐 하며"
덤벼들었다. 사탄도 아닌 졸개 마귀에게 일곱 명이나 되는 아들들이
얻어터지고 옷을 빼앗겨 벌거벗고 달아났다. 얼마나 변변치 못한
가? 이것은 능력의 차이다. 능력의 차이가 다른 결과를 맺었다. 우리
는 단지 성품만 좋은 사람이 되어서는 안 된다. 하나님께서 씨 뿌리
신 대로 싹이 나오고 줄기가 나와 결실을 풍성하게 맺는 목사가 되
어야 한다. 열매를 풍성하게 맺는 목사와 그렇지 않은 목사는 이처
럼 차이가 난다. 당연히 최종 운명도 다르다. 그러므로 우리는 날마
다 어떤 열매를 맺고 있는지 확인하고 돌보아야 한다.

진정한 사랑으로
역사하라

우리가 세상에서 획득할 수 있는 참되고 올바른 지식은 자연적 지식과 초자연적 지식이다. 이 두 지식은 서로 완전히 다른 두 가지 원천에서 흘러나온다. 자연적 지식은 자연인이 자연적 세계를 관찰하고 추리하고 확인하여 알아낸 것이다. 초자연적 지식은 하늘로부터, 하님께서 주신 영적 지식이다. 초자연적 지식의 최고 절정은 그리스도의 복음이다. 세상이 처음 존재할 때의 모습, 첫 사람의 탄생, 첫 사람에게 깃든 영혼의 기원에 관한 지식은 자연적 지식이 전혀 제공해주지 못한다. 자연적 지식으로부터 초자연적인 것에 관한 지식을 획득한 척할 때 종교는 거짓이 되고 철학은 헛됨에 빠진다.

첫 사람 아담이 자신의 존재를 확인할 수 있는 것도 첫 눈을 뜬 이

후에나 가능하다. 첫 눈을 뜨자마자 자신의 팔과 다리, 몸통을 구석구석 살핀 뒤에 자신의 몸은 흙에서 나왔다는 것을 아담 자신이 어떻게 알 수 있었을까? 자신의 몸은 흙을 빚어 만든 것이며, 하나님께서 불어넣어주심으로써 자신이 생령이 되었다는 사실은 어떻게 알아냈단 말인가? 이런 종류의 지식은 비록 세상의 물질에 관한 지식일지라도 하나님께 속한 지식이며 하나님께서 말씀해주시지 않으면 결코 알아낼 수 없는 그런 지식이다.

작품이 존재한다는 것은 창작자의 존재를 전제한다. 인간은 무에서 유를 창조하는 능력이 없다. 여자로 태어난 것이 마음에 들지 않는다고 해서 자신을 남자로 바꾼다거나 그 반대로 할 능력이 없다는 것, 머리카락의 수 혹은 자신의 신장身長을 마음대로 늘리거나 줄이지 못한다는 것 등등은 인간은 조물주가 아니라는 증거가 된다. 그러므로 인간은 조물주가 아니므로 당연히 피조물이다. 피조물이므로 조물주의 선재先在를 전제한다. 그러나 이와 같은 지극히 단순한 사실에 대한 정확한 인식조차도 하늘에 속한 지식이다. 왜냐하면 세상만물 그리고 인간이 존재한다는 사실을 명확히 인식하면서도 창조주가 없다고, 창조주가 존재한다는 사실을 도무지 확신할 수 없다고 주장하는 사람들이 있기 때문이다. 창조주의 존재를 부정하는 사람들은 하늘에 속한 것을 모르는 무지 상태에 있다. 기실, 인간은 예외 없이 영적 무지 상태로 태어난다.

사람이 태어나서 성장한다는 것은 자신과 주변세계에 관한 지식을 체득하는 과정이다. 지적 능력을 획득하고 확충하는 과정이다.

어른이 되었다는 것은 그 지적 능력을 지혜롭게 활용하여 자신의 존재목적을 성취하는 단계가 되었다는 의미이다. 그러나 하늘에 속하고, 영에 속한 것을 깨우치지 못한 채 자연의 범주에 속하는 지식과 능력만으로 살아가는 경우가 많다. 사람으로 하여금 이처럼 어처구니없는 불완전성을 탈피하여 완전하고 참된 인생을 살게 하기 위해 하나님은 계시를 주셨고 복음도 주셨다. 그러므로 신자는 자연적 지식과 영적 지식을 모두 사용할 수 있고, 땅에 속한 지식의 불완전성, 편협성, 오류를 하늘에 속한 지식에 의해 바로 잡아 온전하게 사용할 수 있는 존재인 것이다.

신자는 자신의 참된 기원, 자신의 존재 원리를 아는 영적 지식뿐만 아니라 하나님으로부터 오는 영적 사랑도 경험적으로 아는 존재이다. 피조물이 획득한 자연적 지식과 능력은 별개이다. 세상 철학도 원수를 사랑해야 옳다는 것을 안다. 하지만 그 지식을 획득하였고 원수를 사랑하기로 결단하였다고 해서 원수를 사랑하는 능력이 그 지식과 더불어 저절로 생기지 않는다. 이것 역시 참된 영적 지식과 다른 점이다. 참된 지식은 그 자체에 능력을 내포하고 있다. 그래서 성경을 전체적으로 볼 때, 하나님을 믿는다는 것과 하나님을 안다는 것 그리고 하나님을 사랑한다는 것은 본질적으로 거의 같은 말이다.

하나님은 영靈이시다. 영이라는 말은 하나님께는 육이 없으시다는 의미이다. 하나님은 영이시기 때문에 하나님의 본체는 여러 가지가 뒤섞인 복합적인 구성체가 아니며 나뉠 수도 없다는 의미이기도 하다. 그래서 하나님은 단순하시다. 그 하나님은 사람을 사랑하신다. 그러므로 하나님의 사람 사랑은 우리가 상상할 수 있는 가장 완벽한 것 그 이상의 사랑이다. 하나님의 그 사랑은 하나님 자신의 본질적 속성에 따라 영적이며 단순하며 무한하다. 육체를 가진 남녀 간의 사랑, 동물들의 사랑과는 근본적으로 다르다. 영혼 깊숙한 곳까지 완벽하게 채워준다. 신자는 다른 피조물과 사랑을 주고받는 동시에 창조주 하나님으로부터도 사랑을 받는다. 그리고 그 사랑에 반응한다. 하나님으로부터 오는 사랑은 신자의 존재를 그 영혼 깊숙한 곳에서부터 전 존재를 완벽하게 채우고 완전케 해준다. 그래서 하나님을 참으로 아는 자는 완전해질 수 있다.

사람 사이에 주고받는 사랑도 단순하게 육적 사랑이라고 하지만 부모자식, 연인, 부부, 친구 등등의 관계에 따라 천차만별이다. 하나님과 나누는 사랑도 사람의 현상태에 따라 질과 양이 다를 수 있다. 그래서 부족한 신자, 넘어지는 신자가 나온다. 부족한 신자를 온전하게 회복해주기 위해 존재하는 기관이 바로 교회이다. 교회의 그 본질적 사역을 감당하기 위해 교회에 직분자들이 존재한다. 그 정수精髓가 말씀사역이다.

1. 뜨거운 사랑보다 배려의 사랑

청춘남녀가 처음 눈이 맞았을 때는 자신들의 사랑이 순전히 동물적이며 욕정에 이끌리는 측면이 강하면서도 진실한 사랑이라고 여긴다. 그렇게 시작해서 영혼으로도 통하게 되고 늙어서는 육적 사랑에 둔감해지고 영적 사랑만 남는 경우가 많다. 이것을 옛 사람들은

늙은 부부는 의리로 산다는 말로 표현하였다. 여기에서 말하는 의리
는 조폭의 의리가 아니라 세월의 경륜이라는 동아줄로 묶인 깊은
정, 배려를 가리킨다. 음식을 먹은 뒤의 접시를 보면 당사자들이 어
떤 사랑을 하는지 알 수 있다고도 한다. 서로 뜨겁게 사랑하는 모습
을 과시하며 어서 맛있는 것을 먹으라고 권한다. 하지만 마지막에
접시 위에 맛없는 것들만 남는다. 그리고 그 남은 것들에 아무도 선
뜻 손을 내밀지 않는다. 젊은 연인들에게 이런 경우가 많다. 반면에
해로한 늙은 부부는 무덤덤하다 못해 퉁명스럽기까지 한다. 별말 없
이 먹지만 맛있고 좋은 것들만 접시에 남아 있다.

　전자는 말로는 상대방에게 맛있는 것을 먹으라고 말하지만 정작
맛있는 것을 각자 자기 입에 넣기 바빴던 것이다. 그러다보니 맛없
는 것들만 접시에 남았다. 반면에 후자는 상대에게 맛있는 것을 먹
으라고 말해야 소용이 없고 자기가 가장 맛없는 것부터 골라먹음으
로써 상대방이 더 맛있는 것을 먹을 수밖에 없도록 만들었다. 배려
깊은 행동이다. 사랑한다는 말보다, 상대방을 위해 내가 손해를 감
수하고 더 나쁜 것을 기꺼이 감당해주는 행동이 더 깊은 사랑이다.
전자의 사랑은 사랑이 아니라는 말이 아니다. 사랑이긴 하지만 깊은
영적 교감이 부족하니 배려의 부족을 문제로 느끼지 못한다. 상대방
을 향해 영혼 깊숙한 곳에서부터 나온 애정이 말없는 배려의 행동으
로 나타나는, 그 무엇이 부족하다. 그 부족한 면을 후자가 보여준다
는 의미이다. 후자가 보인 정신을 흔히 "배려"라고 하지만 깊은 사랑
이 없으면 깊이 배려하기 힘들다. 그렇듯 깊은 배려가 영적인 사랑

에 더 가깝다.

사람은 뜨겁고 격정적이며 육적인 혹은 육체의 사랑도 필요하다. 하지만 늙은 부부의 배려처럼 고차원적인 사랑도 절실하게 필요하다. 이 본질적인 사랑을 어디에서 채울 수 있을까? 세상에 교회가 존재하는 의미가 무엇인가? 사람이 신자로서 교회에 출석하는 까닭이 무엇인가? 사람에게는 가장 고차원적인 영적 사랑, 하나님께서 자신의 가슴에서 쏟아내 주시는 영적 사랑을 필요로 하기 때문이다. 하늘로부터 오는 영적 지식이라는 것도 그 본질은 하나님의 자비와 사랑을 참으로 아는 것에 다름 아니다. 그러므로 목사는 교인을 사랑하되 정신적 차원의 사랑을 뛰어넘어 하나님이 주시는 영적 사랑으로 사랑해야 한다. 당신의 설교는 그 사랑을 전달하는 통로의 역할에 부족함이 없어야 한다.

2. 설교는 영적 사랑을 전달하는 통로

비록 신앙이 없을지라도 인간은 영적 존재이기 때문에 영적 지각력을 가지고 있다. 그 지각의 내용을 정확히 몰라도 느낌을 가질 수 있다. 그래서 불신자도 하나님의 영적 사랑을 깨달을 때 감동할 수 있고, 다른 사람의 사랑을 영적으로 감지할 수도 있다. 그래서 상대의 고통과 아픔을 자신의 고통과 아픔으로 받아들 수 있다. 영적 교감이 꺼지면 상대방의 고통에 전혀 무감각해지기도 한다. 반대로 상대가 고통을 받는다는 사실을 알았을 때 시원하게 여기고 즐거워하기까지 한다.

다윗의 아들 압살롬은 왕권에 대한 탐욕스러운 조바심 때문에 아버지를 향해 반역을 일으켰고 아버지에게 말할 수 없이 커다란 모욕을 주었다. 그러다가 결국 패역무도한 반역자 압살롬이 죽었다. 아버지 다윗은 반역의 우두머리 압살롬의 처단보다도 아들 압살롬의 안위를 걱정하였다. 압살롬을 향한 다윗의 마음은 어떠했는가? 다윗 자신이 받은 수치와 모욕을 잊어버린 채 아들 압살롬이 하나님으로부터 받은 보응을 몹시 슬퍼하며 "압살롬 내 아들아, 내 아들아!" 하며 통곡을 하였다. 다윗은 자신을 치욕스럽게 만든 반역자 압살롬을 여전히 가장 차원 높은, 영적 사랑으로 사랑하였다.

왕이 구스 사람에게 묻되 젊은 압살롬은 잘 있느냐 구스 사람이 대답하되 내 주 왕의 원수와 일어나서 왕을 대적하는 자들은 다 그 청년과 같이 되기를 원하나이다 하니 왕의 마음이 심히 아파 문 위층으로 올라가서 우니라 그가 올라갈 때에 말하기를 내 아들 압살롬아 내 아들 내 아들 압살롬아 차라리 내가 너를 대신하여 죽었더면, 압살롬 내 아들아 내 아들아 하였더라 _삼하 18:32-33

목사가 설교 중에 교인들의 잘못을 책망하든지 혹은 목사를 괴롭히다가 잘못된 교인들을 언급할 때 죽은 압살롬을 향해 쏟아놓는 다윗의 마음과 같은 마음으로 사랑하는지 그런 사랑이 식어버렸는지 청중은 바로 감지할 수 있다. 정말 책망하더라도 다윗과 같은 심정으로 해야 할 것이다.

3. 진정한 사랑이 운명을 바꾼다

한신대에서 교수생활을 하고 은퇴한 정태기라는 분이 있다. 이 분이 교수로 재직할 때 한신대 옆에 사찰이 있는데 어느 날 그 절의 스님이 미친 아이 하나를 데려왔다. 그 아이가 미쳐서 자살을 하려는데 그 스님이 도저히 감당이 안 되어 정태기 교수에게 데려왔다고 한다. 그래서 정태기 교수는 우선 아이의 이야기를 들어보기로 하였다.

그 아이는 본래 머리도 좋고 공부도 잘했다. 하지만 몸이 많이 약해져서 장기결석을 하였다가 학교에 가보니 그 사이에 담임이 바뀌었다. 새로 부임한 담임선생은 의욕이 넘쳤고 아이들에게 중간고사에서 전교 최우수반으로 만들자고 하였다. 장기결석을 한 이 아이가 성적이 좋을 리가 없었다. 선생은 시험을 본 후에 그 아이를 반 앞으로 불러내더니 모두가 보는 앞에서 아이의 머리를 몽둥이로 통통 치면서 반 평균을 깎아먹은 놈이라고 망신을 주었다. 선생님은 그 아이가 건강이 좋지 않아 장기결석을 한 터라 학과수업을 따라잡을 수 없었다는 이유를 전혀 배려해주지 않았다. 오히려 창피를 주고 때리려 들었다. 병약한 그 아이는 겁을 먹고 무서워서 얼떨결에 맞지 않으려고 도망치다가 어딘가에 걸려 넘어졌다. 반 아이들은 그 모습을 보고 더욱 깔깔대며 웃었다.

이 사건 이후로는 이 아이는 중요한 시험일수록 망치기 일쑤였다. 시험지를 보면 머릿속이 하얗게 되고 도무지 아무 생각이 나지 않았다. 일류대학에도 충분히 들어갈 정도로 총명하고 공부를 잘했기에 잔뜩 기대하던 아버지조차 아이가 이해할 수 없을 정도로 성적이 떨어지고 다시 오를 가능성이 없다고 느끼자 크게 실망하고는 "이 녀석! 나가 뒈져 버려!"라는 말을 하기에 이르렀다. 아버지는 실망하고 속이 상해서 내뱉은 말에 불과하지만 아이의 가슴은 돌이킬 수 없이 찢어졌다. 아이는 재수, 삼수를 해도 점수가 나오지 않았다. 결국 견디다 못해 죽으려고 하던 중에 그 사찰에 가게 되었다. 그리고 그 사찰의 중은 아이를 감당하지 못해 정태기 교수에게로 데려온 것이었다.

그 아이가 만난 정태기 교수는 목포 신안 앞바다의 증도라는 섬마을에서 1939년에 태어났다. 해방될 때까지도 섬에는 학교도 교회도 없었다. 해방된 후에 30대의 열혈 청년이 태기가 사는 증도에 들어왔다. 40명가량의 섬마을 아이들을 때로는 바닷가에, 때로는 사랑방에 모아놓고 글자를 가르치고 읽고 쓰는 법도 가르치기 시작했다. 독립군 이야기를 해주면서 함께 울고 웃고 하였다. 성경도 가르쳐주었다. 그런데 아이들의 욕이 너무 심했다. 아이들은 욕을 욕이라 여기지 않을 뿐만 아니라 말하는 사이사이에 습관적으로 아주 심한 욕을 섞었다. 선생님은 처음에는 아이들을 "얘들아! 욕하면 안 돼. 그러면 훌륭한 사람이 될 수 없어. 알았지?"라고 잘 타일렀다. 아이들은 선생님을 좋아하고 잘 따르니 선생님이 타이를 때마다 "네!"라고 대답하지만 욕쟁이 말버릇은 영 고쳐지지 않았다.

선생님은 궁리 끝에 아이들 각자에게 "욕 표"라는 것을 10장씩 나누어주었다. 그리고는 욕을 할 때마다 "욕 표"를 한 장씩 내놓도록 하였다. 욕을 하면 욕 표를 빼앗기고 욕을 하지 않으면 욕 표를 모을 수 있도록 하였다. 선생님은 욕 표를 많이 모으면 상을 주고, 욕 표를 모두 빼앗긴 아이는 발가벗고 백사장을 뛰는 벌을 주겠다고 약속하였다. 물론 아이들의 욕지거리 습관은 그리 쉽게 고쳐지지 않았다. 욕 표는 아이들 사이를 왔다 갔다 하였고, 어떤 아이는 차라리 벙어리처럼 입을 닫고 말을 하지 않기도 하였다. 어느덧 정태기는 선생님으로부터 받은 10개의 욕 표 가운데 9개를 빼앗겼다. 그래도 남은 욕 표 한 장을 빼앗기지만 않으면 벌을 받지 않는다. 그래서 태기는 저녁에 아예 일찍 잠자리에 들기로 하고 동생에게 이불을 깔라고 시켰다. 그런데 동생이 말을 듣지 않았다. 태기는 성질이 나서 자기도 모르는 사이에 입에서 "저 새끼가 이불 깔라니까! 씨!"라는 말이 툭 튀어나왔다. 그러자 창문이 스르륵 열리더니 "태기, 너! 방금 욕했지? 욕 표 내놔!"라는 소리가 들렸다. 정태기는 마지막 남은 욕 표마저 빼앗겼다. 상 받을 욕심에 태기네 집 창문 밑에 숨어서 태기가 욕하기만을 기다리고 있던 친구가 있었던 것이다.

다음 날, 학교에 가니 선생님은 학생들에게 욕 표를 내놓으라고 하셨다. 아이들은 저마다 가지고 있는 욕 표를 내놓기 시작했다. 50장을 내놓는 아이도 있었다. 그 아이는 욕을 전혀 하지 않고 욕한 아이의 욕 표만 뺏은 것이다. 선생님은 욕 표를 하나도 갖고 있지 않은 아이도 몇 명 정도 될 테니 운동장을 같이 뛰라고 하면 될 것이라고 생각하셨다. 그런데, 막상 확인해보니 욕 표를 하나도 갖고 있지 않은 아이는 오직 1명, 태기뿐이었다. 다른 아이들은 아무리 욕을 해댔어도 욕 표를 두어 장씩은 가지고 있었다.

선생님은 태기에게 앞으로 나와 종아리를 걷으라고 하셨다. 태기는 선생님의 그 말에 오히려 안도하면서 앞으로 나갔다. 종아리를 몇 대 맞는 대신에 아이들이 보는 앞에서 혼자 발가벗고 백사장을 뛰지 않아도 되는구나 싶었다. 그런데 태기의 종아리를 치는 회초리가 생각보다 너무 아팠다. 태기는 너무 아파서 그만 때리라고 말하려는 찰나 자신의 종아리를 치는 선생님이 눈물 흘리는 모습을 보았다. 그때 "내가 너를 얼마나 믿었는데"라는 선생님의 혼잣말이 태기의 귀에 들렸다. 선생님의 눈물을 보고 혼잣말을 들은 태기는 선생님이 자기를 얼마나 기대하고 사랑하였는지를 실감하게 되었고 종아리를 때리는 매가 아프지 않았다. 태기의 가슴은 불덩이처럼 뜨거워지기 시작하였다. 태기는 "나도 우리 선생님처럼 훌륭한 사람이 될 거야!"라는 목표를 품게 되었다. 결국 이 사건은 태기로 하여금 후미진 섬마을 벗어나도록 만드는 계기가 되었을 뿐만 아니라 60년대에 유학시험을 통과하여 전액 장학금을 받고 미국 유학을 다녀오게 만든 원동력이 되었다. 정태기는 그 섬마을 최초로 박사학위를 받고 교수가 되었다.

훗날 교수가 된 정태기와 자살을 결심한 아이, 두 사람은 담임선생님으로부터 매를 맞았다. 하지만 두 사람의 운명은 극적으로 달라졌다. 아마도 중이 데려온 아이가 덜 아프게 맞았을 것이다. 그런데도 태기의 경우와는 달리 그 아이는 자신감을 잃고 절망에 빠져 마침내 자살을 선택하게 되었다. 도대체 무엇이 이 차이를 만들어냈는가? 매를 때린 선생님의 마음속에 진정한 사랑, 아이의 영혼을 따뜻하게 덮어주는 영적 사랑이 있었느냐 없었느냐가 그 차이를 만들어 냈다.

  생모와 계모, 생부와 계부도 마찬가지다. 아이가 야단을 맞아도 생모에게서 맞으면 금방 풀리고 앙금이 남지 않는다. 하지만 계모에게서 맞으면 매우 아프게 느끼고 영혼에 더욱 깊은 상처를 준다. 계모가 아무리 사랑한다고 해도 생모처럼 영혼의 깊은 곳에서 나와서 아이의 영혼 깊숙한 곳을 채워주는 그런 사랑을 하기가 쉽지 않다. 계모가 생모처럼 사랑하기 어려운 것은 사실이지만 아이는 그 차이를 감지한다. 자신을 대신해서 목숨을 내놓을 정도로 사랑한다는 것을 아이가 본능적으로 감지하기에 생모의 매에는 마음의 상처를 입지 않지만, 아이의 본성과 필요를 충분히 채워주지 못하는 사랑만 하는 계모의 매는 자기를 싫어해서 때리고 그만큼 자기를 향한 미움이 큰 매로 느껴 상처를 입는다.

  정태기 교수 이야기를 한 번 더 하자. 정태기는 유학시험에 당당히 합격하여 나이 30에 큰 꿈을 꾸며 미국 맥코믹 신학교에서 유학생활을 시작하였다. 하지만 5년이 되도록 아무런 성과를 내지 못하였다. 교수나 학생들 앞에서는 한마디 말도 못하는 벙어리가 되었고 너무나 소심해서 늘 고개를 숙이고 다녔고, 다른 사람들이 말을 걸어오는 것도 무서워서 눈조차 마주치지 못하였다. 그러니 5년이 지나도록 공부가 될 리가 없었다. 우수한 인재를 양성한다고 여겨 전액장학금과 생활비까지 보조해주는 학교 측도 단단히 실망하였다.

지도교수가 학교생활에 적응하고 학과수업을 잘 따라오도록 도움을 주려고 애썼지만 정태기는 지도교수를 피하기만 했다. 교수와 면담 약속을 잡아놓고도 만나러 가지 않았다.

학교 측은 정태기 학생의 문제를 처리하기 위해 교수회의까지 열었다. 다른 학생들이었다면 박사학위까지 받을 수 있는 5년이라는 시간을 허송세월하고 아직 시작조차 제대로 못한 정태기가 골칫거리였다. 교수회의는 정태기를 퇴학시켜야 한다고 결정 내렸다. 그러면서 마지막 조치를 취했다. 그때 막 부임한 오츠 교수에게 정태기를 맡겼다. 이제 정태기의 운명은 생면부지의 오츠 교수에게 달렸다. 의사이자 신학자인 오츠 교수는 교수회의의 결정에 따라 정태기를 만나기로 하였다. 교수 만나기를 피하려는 정태기와 가까스로 약속을 잡아서 만났다. 오츠 교수 앞에서 35살의 늙은 학생 정태기는 눈을 내리깔고 땀을 뻘뻘 흘리며 떠듬떠듬 말을 하였다. 오츠 교수는 한 가정의 가장이며 목회자인 정태기를 정신연령이 8세 이하이며 성격, 감정, 능력, 대인관계가 모두 유아수준이라고 결론 내렸다. 그리고는 켄터키의 한 치유공동체를 소개해줬다.

정태기는 자존심이 상했지만 그대로 귀국할 수 없어서 교수가 추천해주는 공동체를 방문하였다. 하지만 이곳에서 정태기는 놀라운 경험을 하였다. 100여 명 앞에서 떨면서 입조차 떼지 못하고 있었을 때 누군가가 다가와 정태기를 꼬옥 안아주었다. 누군지도 모르는 사람이 정태기와 마찬가지 어려움을 겪었고 그래서 이해해주고 다독여준다는 사실을 진심으로 느낄 수 있었다. 정태기는 자기 앞에 있는 사람들이 자신과 동등한 사람들이며 자신을 인격적으로 받아주고 있다는 사실을 발견하였다. 정태기는 마음이 열리기 시작하였고 입을 열어 자신에 대해 말하기 시작하였다. 그러자 그 앞에 모여 있는 사람들은 깊은 관심으로 귀를 기울여주고 공감해주고 함께 울며 함께 분노하고 함께 기뻐했다. 그렇게 일주일을 공동체에서 보낸 뒤에 학교로 돌아왔다. 하지만 정태기는 놀랍게 달라졌다. 캠퍼스를 활발하게 걷고 사람들에게 자신 있게 먼저 말을 거는 정태기의 모습을 보고 학생들과 교수들은 깜짝 놀랐다. 수업 중에도 당당하게 자기 의견을 발표하였다. 당연히 공부도 달라졌고, 과정도 무사히 마칠 수 있었다.

무엇이 정태기라는 소심한 실패자를 이렇듯 놀랍게 바꿔놓았는가? 그것은 "영혼 깊숙한 곳에서 나와, 영혼을 따뜻하게 덮어주는 사랑"이었다. 영혼을 평강으로 덮고, 영혼 깊숙한 곳으로부터 굳센 힘과 담력을 갖게 만들어주는 사랑은 바로 복음 안에 담겨 있다. 우리 구속주가 바로 그런 사랑을 하신다. 그 사랑을 전달해주고 깨우쳐줄 사명을 우리에게 맡기셨다. 그러므로 사람들이 목사를 만나면 "영혼을 향한 하나님의 사랑"을 우선적으로 그리고 강력하게 느낄 수 있어야 한다. 세상 모든 사람이 나를 버려도 이 목사님만큼은 나를 이해하고 나를 진심으로 위해주고 나를 사랑해줄 것이라는 확신을 가질 수 있도록 만들어줘야 한다. 그리고 목사는 진실로 그렇게 사랑할 수 있어야 한다. 이것이 목사로서 가지고 있어야 할 중요한 자질이며, 설교에 담아야 할 중요한 요소이다. 성경은 이런 사랑은 믿음보다도 더 중요하다고 선언한다.

> 그런즉 믿음, 소망, 사랑, 이 세 가지는 항상 있을 것인데 그 중에 제일은
> 사랑이라 _고전 13:13

그러므로 성경이 가르치는 이 사랑은 모든 신자가 지녀야 할 최우
선적인 자질이며, 목회자가 회복해야 할 기본적인 덕목이다. 영혼을
향한, 영혼을 품는 이 사랑은 목사 자신과 자기 가족, 자기 교회를
향해서만 아니라 한국 사회와 민족 전체를 향해 넘쳐흘러야 한다.

4. 진짜 + 가짜 = 타락

진정한 사랑을 하되 끝까지 진정한 사랑을 해야 한다. 영혼을 감
동시키는 사랑, 무엇보다도 하나님으로부터 오는 참 사랑은 사람을
사람답게 만들어주고, 담력과 힘을 부여해주는 가장 중요한 요소이
기 때문이다. 목사는 하나님의 그 사랑을 "말씀"을 통해 최대한 순수
하게 전달해줄 책무가 있다. 진짜 "은혜"와 진짜 "말씀"이 만날 때
참된 조화가 이뤄진다. 진짜에 가짜를 섞으면 단지 진짜의 농도가
흐려지는 것만으로 끝나지 않는다. 진짜와 가짜가 섞이는 것은 결코
조화가 아니다. 참기름에 콩기름을 섞어서 팔면 어떤 누구도 깨와
콩의 절묘한 조화라고 부르지 않는다. 사기행각일 뿐이다. 타락일
뿐이며 변질에 다름 아니다.

예를 들면, "야! 니 새끼 귀여운 줄 알면 남의 새끼도 귀여운 줄 알

아야 돼!"라는 것은 조화이지만 "야! 진짜 돈 귀한 줄 알면 위조지폐도 귀한 줄 알아야 돼!"라는 것은 타락이다. 마찬가지로, "야! 장로교 귀중한 줄 알면 침례교도 귀중한 줄 알아야 돼!"라는 것은 조화인 반면에 "야! 기독교 귀중한 줄 알면, 불교도 귀중한 줄 알아야 돼!"라는 것은 잘못이며 비진리이다. 목사는 사람들의 인기를 얻으려고 섣불리 진리와 비진리를 섞으려고 해서는 안 된다. 참된 사랑을 참된 가르침 즉, 진리를 통해 올바르고 조화롭게 전달할 수 있다. 그러나 지극히 인간적인 술수와 기교로는 참된 사랑을 충분히 지속적으로 전달할 수 없다.

목사가 설교를 열심히 하다가 착각에 빠지는 경우가 많다. 설교하다가 보니 사람들이 다른 때보다 덜 졸고 사람 수도 많아지면 자기가 설교를 잘해서 그런 줄 알 안다. 아무렇게나 떠들어도 회중석에서 아멘, 아멘 하니까 청중이 바보인줄 착각한다. 목사는 지나치게 자기감정, 자기판단에 치우치면 안 된다. 교인들도 매우 정확한 귀를 가지고 있다는 점을 늘 염두에 두어야 한다. 교인들의 가슴은 설교자가 입으로만 사랑하는지 육적 소욕에 대한 강렬한 사랑을 가지고 있는지, 참으로 영혼을 사랑하는지를 분간할 수 있다. 그러니 함부로 거짓된 것, 부족한 것, 땅에 속한 것을 섞으면 안 된다. 예전에는 훌륭한 설교자들의 설교를 구하기 힘들었다. 귀중한 자료랍시고 힘들게 구해서는 목사들끼리, 신학생들끼리 주고받으면서 활용하였다. 하지만 지금은 텔레비전과 라디오만이 아니라 인터넷과 휴대폰을 통해 거의 모든 설교와 각종 자료에 무차별적으로 접근할 수 있는 세상이 되었다.

과거에는 "정말, 교인들은 의리가 없어. 다 죽게 생긴 걸 기도해서 고쳐놓고, 은혜 받게 해 놨더니 또 딴 교회로 홀딱 가버렸어"라는 식의 변명이 통했다. 그러나 지금은 목사 자신이 달리 생각해야 한다. 어쩌면 떠난 교인을 붙잡고 속내를 말해보라면 "목사님! 벼룩도 낯짝이 있죠. 제가 왜 은혜를 모르겠습니까? 제가요, 웬만하면 안 가려고 했죠. 근데 도저히 못 견디겠어요. 그래서 갔어요"라고 말할지 모른다. 이 말이 이해가 되지 않는가? 목사로부터 받은 은혜 때문에 남아 있어야 한다는 생각과, 다른 목사들과 비교해보니 자신과 가족의 신앙생활을 위해서는 떠나야 한다는 생각 사이에서 그 교인이 얼마나 고통을 겪었을지도 생각해보아야 한다.

목사는 자신에게 무엇이 부족한지를 빨리 깨달아야 한다. 결코 사소한 것의 부족을 깨닫고 그것이 진정한 이유라고 착각해서도 안 된다. 신세를 크게 지고 은혜를 많이 입은 신자가 사소한 것을 참지 못하고 떠날까? 그 사소한 변명의 이면 깊은 곳에 혹시 진짜로 참된 무엇이 결핍되어 있는 것이 있을 수 있다. 참된 것, 진실한 사랑이 부족한 것을 온갖 잡다한 속된 것으로 메꿔왔다면 누가 말해줘서가 아니라 목사 자신이 깨우쳐야 한다.

오래 신앙생활을 한 교인이 하나도 변하지 않고 어느새 목사 속을 썩이는 골치 덩어리가 되어 있다면 그 교인을 뭐라고 하기 전에 먼저, 그 교인에게 감사할 줄 알아야 한다. 그럼에도 불구하고 여전히 믿어보려고 교회에 붙어 있다는 점, 아직 내 설교를 들으려고 와서 앉아 있어준다는 점에 감사해야 한다. 거룩한 변화가 없다는 것은 교인 그 자신에게도 큰 책임이 있지만 변화의 능력을 전해주고 일으켜줘야 할 목사의 부족함에도 책임이 있다. 해묵은 교인의 인격에 변화가 없다면 그 교인을 감싸주고 인격적 변화를 야기해야 할 목사의 인격에 변화의 능력이 부족하였다는 점도 반성할 필요가 있다.

하나님이 목사의 가슴에 넣어준 뜨거운 열정은 하나님과 그리스도의 사람을 향한 진실한 사랑을 통해 일으킨 것이다. 그러므로 목사의 말과 행동, 말씀 증거와 사역에는 언제나 하나님의 은혜와 주님의 사랑이 흘러넘쳐야 한다. 예수 그리스도의 죽으심과 피 흘리심, 그리고 부활이라는 사건을 설교를 통해 드러냄으로써, 그 중심에 있는 죄악을 씻어주고 부패를 물리치며 놀라운 치유력을 발하는 사랑이 전달되도록 해야 한다. 목사는 언제나 그 사랑으로 일을 하고 역사를 일으키는 존재임을 명심하자.